国外医疗保障改革追踪研究（2017年报告）

部分国家（地区）最新医疗保障改革研究（2017年报告）

中国医疗保险研究会
中国劳动和社会保障科学研究院 编

中国财经出版传媒集团
经济科学出版社
Economic Science Press

图书在版编目（CIP）数据

部分国家（地区）最新医疗保障改革研究.2017年报告/中国医疗保险研究会，中国劳动和社会保障科学研究院编.—北京：经济科学出版社，2018.8
ISBN 978-7-5141-9649-8

Ⅰ.①部… Ⅱ.①中…②中… Ⅲ.①医疗保健制度-体制改革-研究报告-世界-2017 Ⅳ.①R199.1

中国版本图书馆CIP数据核字（2018）第191677号

责任编辑：周国强
责任校对：郑淑艳
责任印制：邱　天

部分国家（地区）最新医疗保障改革研究（2017年报告）
中国医疗保险研究会
中国劳动和社会保障科学研究院　编
经济科学出版社出版、发行　新华书店经销
社址：北京市海淀区阜成路甲28号　邮编：100142
教材分社电话：010-88191343　发行部电话：010-88191522
网址：www.esp.com.cn
电子邮件：zhouguoqiang@esp.com.cn
天猫网店：经济科学出版社旗舰店
网址：http：//jjkxcbs.tmall.com
固安华明印业有限公司印装
787×1092　16开　12.5印张　300000字
2018年8月第1版　2018年8月第1次印刷
ISBN 978-7-5141-9649-8　定价：58.00元
（图书出现印装问题，本社负责调换。电话：010-88191510）
（版权所有　侵权必究　举报电话：010-88191586
电子邮箱：dbts@esp.com.cn）

项目协调团队

负责人：熊先军　中国医疗保险研究会副会长
成　员：李静湖　中国医疗保险研究会副秘书长
　　　　马　新　中国医疗保险研究会对外联络部主任
　　　　刘　颖　中国医疗保险研究会对外联络部专员

项目研究团队

主持人：莫　荣　中国劳动和社会保障科学研究院副院长、研究员
组　长：李明甫　中国劳动和社会保障科学研究院室主任、研究员
成　员：张玉杰　中国劳动和社会保障科学研究院室副主任
　　　　翁仁木　中国劳动和社会保障科学研究院助理研究员
　　　　闫　蕊　中国劳动和社会保障科学研究院助理研究员
　　　　殷宝明　中国劳动和社会保障科学研究院助理研究员

目 录

第一章 2017年世界医疗保障改革的环境分析 1
第一节 2016～2017年全球经济形势分析 1
第二节 全球就业趋势 5
第三节 全球和地区工资趋势 8
第四节 医疗卫生服务体系的改革 10

第二章 美国医疗保障改革追踪研究 21
第一节 美国劳动力市场情况 21
第二节 美国的医疗卫生体制分析 22
第三节 美国的医疗保障支付制度介绍及改革 30
第四节 美国近几年药品定价制度及改革思路 34
第五节 近几年美国诊疗项目改革及思路 37
第六节 美国医生薪酬 39

第三章 加拿大医疗保障改革追踪研究 41
第一节 加拿大概况 41
第二节 加拿大医疗保障制度现状 43
第三节 近年加拿大医疗保障制度改革情况 50

第四章 瑞士医疗保障改革追踪研究 56
第一节 瑞士基本情况 56
第二节 瑞士医疗保障制度现状 57
第三节 近年瑞士医疗保障制度改革情况 66

第五章　新西兰医疗保障改革追踪研究……73

第一节　新西兰卫生系统成绩斐然……73
第二节　药品管理局和药品经费控制制度……75
第三节　地区卫生管理局和医疗保险支付制度……80
第四节　新西兰医疗卫生系统的重大改革……88

第六章　以色列医疗保障改革追踪研究……93

第一节　以色列国家概况……93
第二节　医疗保险制度概况……94
第三节　以色列医疗保障支付制度……97
第四节　医疗服务的提供……109
第五节　以色列近来医疗保障改革……110

第七章　巴西医疗保障改革追踪研究……115

第一节　巴西基本情况……115
第二节　巴西社会保障体系……118
第三节　巴西医疗保障改革……120
第四节　巴西医疗保障改革效果与评价……124
第五节　巴西医疗保障改革最新进展……126

第八章　德国医疗保障改革追踪研究……130

第一节　德国概况……130
第二节　德国医疗保障制度的最新发展……130
第三节　医疗保险制度的运行（筹资、日常管理、待遇支付等）……136
第四节　相关的医疗卫生服务体系及费用支付……143
第五节　最新改革动态……146

第九章　墨西哥医疗保障改革追踪研究……148

第一节　墨西哥基本情况……148
第二节　墨西哥社会保障体系……151
第三节　墨西哥医疗保障改革……154

第四节　墨西哥医疗保障改革效果与评价 ·············· 158
　　第五节　墨西哥医疗保障改革最新进展 ·············· 163

第十章　捷克医疗保障改革追踪研究 ·············· 168
　　第一节　捷克概况 ·············· 168
　　第二节　近一年医疗保障改革政策和思路 ·············· 170
　　第三节　近几年支付制度介绍及改革 ·············· 174
　　第四节　近几年药品定价制度介绍及改革 ·············· 184
　　第五节　近几年诊疗项目管理制度及改革 ·············· 185
　　第六节　其他医疗保障改革措施 ·············· 186

参考文献 ·············· 187
后记 ·············· 190

第一章 2017年世界医疗保障改革的环境分析

第一节 2016~2017年全球经济形势分析

一、全球经济形势有所改善但仍然充满不确定性

2016年,全球GDP为75.65亿美元,按不变价格计算同比增长2.4%,与2011年持平,是自2010年以来增长率最低的一年,比预期要低,2015年全球GDP增长率则为2.8%[①](见图1-1)。造成自2008年开始的经济长期下滑是由各种原因造成的,包括全球经济发展前景的不确定性和一系列的政策转型(如利率的波动),抑制了投资和贸易的增长,减少了总需求。但综观全局,全球经济局势将获得些许改善。根据联合国《2018年世界经济形势与展望》,2017年全球经济增长趋强,增长速度达到3.0%(按购买力调整计算增长率为3.6%),是自2011年以来的最快增长;2017年全球约有2/3的国家的增长速度高于2016年。据联合国的预测,2018年和2019年的全球经济增长速度也能达到3.0%左右(见图1-2)。经济增长的趋势来源于新兴经济体的预期增长,东亚和东南亚仍然是全球最具活力的地区;阿根廷、巴西、尼日利亚、俄罗斯经济衰退的结束,也为全球增长率的提高做出了贡献。对于发达国家来说,经济增长前景的预期也将高企,但增长幅度将保持在2%之内。发达国家经济体的整体经济增长从2015年的2.1%下降为2016年的1.6%,但2017年回升为1.8%(2000~2007年,发达国家的平均经济增长率接近3%)。导致2016年全球经济放缓的部分原因是美国和欧洲的表现低于预期。发达国家对未来经济前景的预期改善有一些不确定性,将对全球经济增长的前景产生更大的影响。2017年全球经济形式传递了积极的、令人鼓舞的增长趋势。联合国《2018年世界经济形式与展望》强调,虽然2017年全球经济增长短期有所改善,但全球经济仍然面临风险,包括贸易政策改变、全球金融环境突然恶化,以及地缘政治局势的日益紧张。

---

① IMF. World Economic Outlook: Too Slow for Too Long. Washington, DC, 2016, Apr.

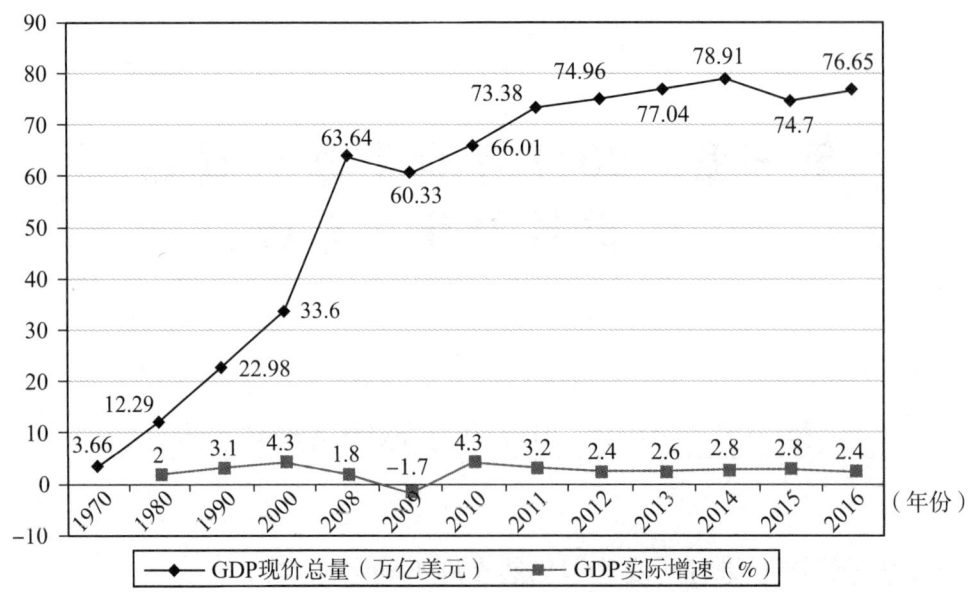

图 1-1　1970~2016 年全球 GDP 规模和增速

资料来源：联合国统计司。

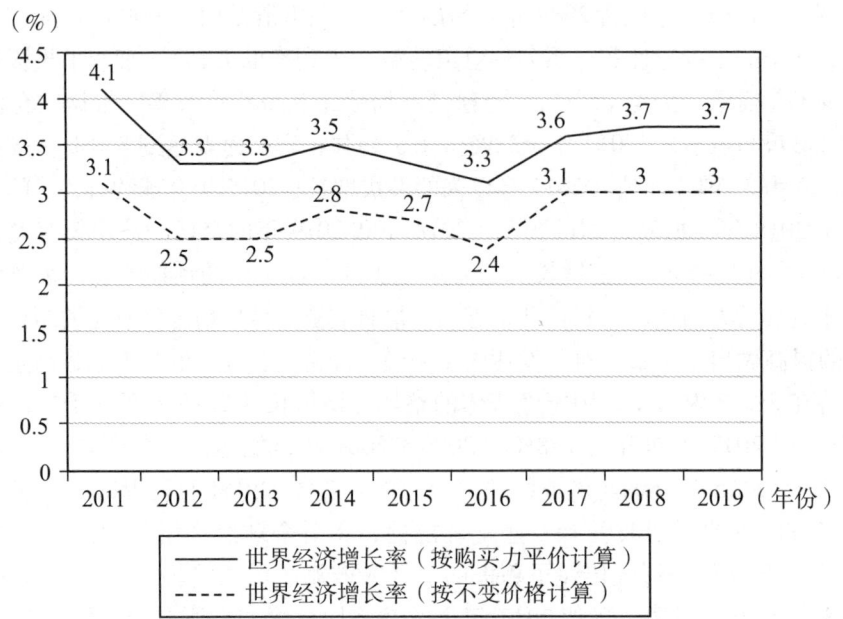

图 1-2　2011~2018 年世界经济增长情况与展望

资料来源：联合国《2018 年世界经济形势与展望》。

二、发达经济体的经济增长强劲

自 2008 年全球金融危机爆发以来，世界经济尚未完全恢复，如果不采取促进增长的联合行动与包容性增长模式,世界经济仍然有较高地陷入慢增长陷阱的风险①。从图1-2可以看出,全球GDP在2012~2014年间增长率为3.3%~3.5%,但2015年下降至3.2%,2016年则为3.1%。在全球需求相对较弱的背景下,世界经济的增速放缓,石油和大宗商品价格下降,发达经济体的低膨胀、大型新兴经济体的货币贬值,使得全球经济增长形势不容乐观。发达经济体与新兴经济体、发展中经济体之间的经济增长率的差距大幅度缩小见表1-1。然而,发达经济体在2015年的适度增长并不足以抵消世界其他地区经济增长的明显减速。

表1-1　　　2006~2016年全球不同经济体的经济增长率(GDP)　　　单位:%

项目	2006年	2007年	2008年	2009年	2010年	2011年	2012年	2013年	2014年	2015年	2016年
新兴经济体和发展中经济体	8.1	8.6	5.8	2.9	7.5	6.3	5.3	5	4.6	4	4.2
发达经济体	3	2.7	0.1	-3.4	3.1	1.7	1.2	1.2	1.9	2.1	1.6
全球	5.5	5.7	3	-0.1	5.4	4.2	3.5	3.3	3.4	3.2	3.1

资料来源:国际货币基金组织世界经济展望数据库,2016年10月。

(一) 发达经济体的 GDP 增长率

发达经济体的GDP增长率从2012年和2013年的1.2%左右上升至2014年的1.9%和2015年的2.1%。2014年和2015年的经济增长是德国、英国和美国等一些国家相对强劲的经济增长的结果,三个大经济体的消费和投资比其他国家恢复得更为强劲。但许多发达经济体的GDP增长率仍相对较低,生产率增长缓慢,投资被低水平的总需求和经济活动拖累②。采取财政紧缩政策的国家中,西班牙和葡萄牙2014年和2015年的GDP增长率终于转为正增长,但是GDP仍低于危机前的水平;希腊自2008~2016年的8年中,有7年GDP均是呈现萎缩的趋势,2016年的GDP较2008年危机爆发前仍低30%左右。2017年,世界经济增长的加速在一定程度上得益于美国、日本、欧洲、加拿大等几个发达国家经济的强劲增长。阿根廷、巴西、尼日利亚和欧罗斯联邦经济发展改善,走出周期性衰退也是2017年全球经济高增长率的原因之一。

(二) 发达经济体的通货膨胀率

发达经济体的普通消费价格通胀率从2013年的1.4%下降到2014年的0.3%,成为自全球金融危机爆发以来的通货膨胀率的最低水平(见表1-2)。这种低通货膨胀率在一定程度上反映了石油和大宗商品整体需求疲软和低价格。因此,很多发达经济体的通胀率远低于本国央行设定的通胀目标。在欧元区,特别是2013年以来,通货紧缩的风险一直

---

① ILO. Inclusive Growth and Development Founded on Decent Work for All, Statement by Guy Ryder, ILO Director - General, to the International Monetary and Financial Committee of the 2016 Annual Meetings of the Boards of Governors of the World Bank and the IMF, 2016, 6, Oct.

② IMF. World Economic Outlook: Subdued Demand: Symptoms and Remedies. Washington, DC, 2016, Oct.

存在，越来越多的国家经历了2014~2015年的负通货膨胀。尽管超低利率现在可能会比最初预期的时间更长，但通缩压力依然存在。虽然通货紧缩起初可能是影响实际工资的一个因素，但实际上它是把"双刃剑"。自2010年以来，新兴国家和发展中国家的GDP增长率一直在下降，尽管各国GDP增长率及其下降的幅度差异很大。表1-1显示，新兴经济体和发展中经济体连续五年经济增长下降，GDP增长率从2010年的7.5%下降到2015年的4%。一些国家，如巴西和俄罗斯，经历了严重的衰退，但东盟的一些成员国经济活动却仍然比较活跃。中国的经济放缓对新兴市场和发达国家整体经济增长产生重要影响，特别是对亚洲诸国。新兴经济体和发展中经济体的价格通胀基本保持稳定，三年稳步下降后，通货膨胀率稳定在2015年的水平（见表1-2）。较低的石油和商品价格，以及国内需求减弱，都是有利于降低通货膨胀率的因素，但包括哥伦比亚、墨西哥、俄罗斯和南非在内的几个新兴经济体由于急剧的货币贬值带来的出口商品价格降低、进口商品价格上升抵消了以上有利于降低通货膨胀率的因素带来的效果[①]。

表1-2　　　　　2006~2016年通货膨胀率变化情况（一般消费价格）　　　　单位：%

项目	2006年	2007年	2008年	2009年	2010年	2011年	2012年	2013年	2014年	2015年	2016年
新兴经济体和发展中经济体	5.8	8.5	9.2	5	5.8	7.1	5.8	5.5	4.7	4.7	4.5
发达经济体	2.4	2.2	3.4	0.2	1.5	2.7	2	1.4	1.4	0.3	0.8
全球	4	4.3	8.3	2.7	3.7	5.1	4.1	3.7	3.2	2.8	2.9

资料来源：国际货币基金组织世界经济展望数据库，2016年10月。

（三）新兴经济体经济增长、通货膨胀率比较

表1-3和表1-4分别给出了2010年和2015年新兴经济体和发展中国家的经济增长率和通货膨胀率。亚洲新兴经济体和发展中国家、中东和北非，以及撒哈拉以南非洲，经济增长和价格通胀都以不同的速度下降，但仍保持积极的势头。2010年以来，尽管亚洲新兴经济体和发展中国家的GDP增长持续下降，但仍然是迄今经济增长最强劲的地区。在这期间，中国的经济放缓，经济增长率从2010年的10.6%下降至2015年的6.9%。在撒哈拉以南非洲，以南非和尼日利亚为代表的非洲大型经济体经济放缓，但2015年仍然能够保持正增长。相比之下，拉丁美洲和加勒比的国内生产总值增长率下降至零，但通货膨胀率上升，巴西经济增长情况反映了这一趋势，GDP增长率从2010年的7.5%下降至2015年的-3.8%，通货膨胀率从5%增加至9%。在独联体国家，GDP收缩，物价急剧上涨，俄罗斯的GDP增长率从2010年的4.5%下降至2015年的-3.7%，通货膨胀率从6.9%增加至15.5%，大大降低了工资的价值。

---

① IMF. World Economic Outlook: Subdued Demand: Symptoms and Remedies. Washington, DC, 2016, Oct.

表1-3　2010年和2015年世界不同地区年均经济增长（按不变价格计算的GDP）

年份	独联体国家	亚洲新兴经济体和发展中国家	拉丁美洲和加勒比地区	中东和北非	撒哈拉以南非洲
2010	4.7	9.8	8.1	5.2	7
2015	-2.8	8.8	0	2.1	3.4

资料来源：国际货币基金组织世界经济展望数据库，2016年10月。

表1-4　2010年和2015年世界不同地区的通货膨胀率（一般消费价格）

年份	独联体国家	亚洲新兴经济体和发展中国家	拉丁美洲和加勒比地区	中东和北非	撒哈拉以南非洲
2010	7.2	5.1	4.2	8.2	8.2
2015	15.5	2.7	5.5	8	7

资料来源：国际货币基金组织世界经济展望数据库，2016年10月。

第二节　全球就业趋势

自2010年以来全球经济增长率的下滑已经波及就业领域，使全球的失业率进一步上升。根据国际劳工组织的报告，2015年全球失业率为5.8%，意味着2亿人口失业[①]，比2007年的失业人数增加了3000万人。发达经济体的失业率有所减少，从2010年的8.1%下降至2015年的6.7%，如德国的失业率从2010年的6.9%下降至2015年的4.6%，英国的失业率则从2010年的7.9%下降至2015年的5.4%，美国的失业率从2010年的9.6%下降至2015年的5.3%[②]。在美国和其他一些国家，劳动参与率下降，因此失业率的下降夸大了就业复苏的效果。2015年，西班牙和希腊的失业率仍然很高，分别为22.1%和25%。鉴于2016年全球经济令人失望的表现，以及对未来经济发展地区趋势的展望，减少体面工作赤字的工作已经停滞，关注点转移至全球经济是否有能力提供足够数量的工作岗位、提高现有就业人群的工作质量、确保以包容的方式分享收益（见表1-5）。全球就业产生如下几个方面的趋势。

表1-5　2016~2018年全球失业、脆弱就业和就业贫困趋势及发展预测

分组	2016年	2017年	2018年	2016年	2017年	2018年
	失业率（%）			失业人口数（百万人）		
全球	5.7	5.8	5.8	197.7	201.1	203.8
发达经济体	6.3	6.2	6.2	38.6	37.9	38.0

---

① ILO. World Employment and Social Outlook: Trends. Geneva, 2016.
② ILO. Global Wage Report 2016/17: Wage Inequality in the Workplace. Geneva, 2016.

续表

分组	2016年	2017年	2018年	2016年	2017年	2018年
	失业率（%）			失业人口数（百万人）		
新兴经济体	5.6	5.7	5.7	143.4	147.0	149.2
发展中经济体	5.6	5.5	5.5	15.7	16.1	16.6
分组	2016年	2017年	2018年	2016年	2017年	2018年
	脆弱就业率（%）			脆弱就业人口（百万人）		
全球	42.9	42.8	42.7	1396.3	1407.9	1419.2
发达经济体	10.1	10.1	10.0	58.1	58.2	58.1
新兴经济体	46.8	46.5	46.2	1128.4	1133.6	1138.8
发展中经济体	78.9	78.7	78.5	209.9	216.1	222.3
分组	2016年	2017年	2018年	2016年	2017年	2018年
	极度和中度就业贫困率（%）			极度和中度就业贫困人口（百万人）		
新兴和发展中经济体	29.4	28.7	28.1	783.0	776.2	769.4
新兴经济体	25.0	24.3	23.7	599.3	589.9	580.3
发展中经济体	69.0	67.9	66.7	183.6	186.3	189.0

资料来源：国际劳工组织的动态计量经济模型，2016年11月。

一、全球失业情况

2016年，全球失业率为5.7%，随着劳动力供给量的增加，2017年失业水平和失业率仍然保持高位，达到5.8%，即全球增加340万失业人口，失业总人口达到2.01亿。2018年，全球失业率将保持稳定，劳动力的增长速度仍会超过工作岗位的创造速度，将会有270万新增失业人口。

2016年几次严重的经济衰退影响到2016年和2017年的劳动力市场，新兴经济体的劳动力市场环境恶化，2016~2017年新兴经济体的失业人口增加了3.6%，失业率攀升至5.7%。拉丁美洲和加勒比地区的失业率2017年将增加0.3%，达到8.4%，其中巴西的失业情况最为严重。

相反，发达经济体的失业率2017年下降，失业人口减少67万人，从2016年的6.3%下降至2017年的6.2%。欧洲，特别是北欧、南欧和西欧，失业水平和失业率都持续走低，但幅度不大，并且结构性失业有恶化的趋势。加拿大和美国的情况也是如此。2016年第二季度，欧盟28国，失业人口中找工作超过12个月的占47.8%，而2012年第二季度这一比例为44.5%；2016年第二季度，失业人口中找工作超过2年的已经达到600人。

二、全球脆弱就业人口14亿，并仍有扩大的趋势

处于脆弱就业形式的工人面临高度的不稳定性，常常难以参与各种缴费性的社会保障

计划。脆弱性就业改善幅度很小,在接下来的两年中仅能减少0.2%,而2000~2010年间,每年下降的比例为0.5%。2017年,处于脆弱就业形势的工人占所有就业人口的42%,全球范围内共有14亿脆弱就业人口。事实上,新兴经济体的就业人口中有一半是脆弱就业者,发展中国家的脆弱就业者则达到所有就业人口的4/5。因此,全球每年新增脆弱就业人口1100万,南亚和撒哈拉以南非洲是受脆弱就业影响最大的地区。

三、消除就业贫困的速度变缓,威胁到可持续发展目标减贫目标的实现

2016年,就业贫困问题仍然严重,南亚地区的接近一半的工人、撒哈拉以南非洲近2/3的工人处于极端或中度就业贫困中。长期以来,就业贫困呈现出下降的趋势,2017年仍然能够保持这一趋势,但减少就业贫困发生率的速度下降。发展中国家日收入低于3.10美元的工人每年约增加300万人。

四、机会不平等和社会不满仍然存在

新兴和发展中经济体,近年来的趋势是与过去20多年贫困率下降和生活水平上升的趋势相违背的。自1990年以来,每天生活费不足3.10美元的人口的比例已经减少一半,约占人口的36%。但这一进步存在着地区的不平衡,中国和许多拉丁美洲国家大幅度改善,但亚洲和非洲的部分地区的贫困率依然居高不下[1]。世界银行最近的一份报告强调了劳动力市场在减少贫困、通过增加就业计划和收入减少经济增长不平衡问题的重要性[2]。尽管许多国家已经扩大了社会保障体系,但世界人口中有很大一部分仍然没有医疗保险和养老福利,更多的人口在失业、残疾、工伤或生育的情况下,没有儿童和家庭福利[3]。总体劳动力市场和社会发展趋势的背景下,不同的群体之间存在非常大的差异,特别是劳动力市场的性别差异,覆盖多个领域,并且很难被打破。例如,2017年北非女性劳动力的失业率是男性的2倍;阿拉伯国家的就业机会的性别差距更大,女性的失业率是男性的2倍多,相差12个百分点;非洲、亚太地区和阿拉伯国家的妇女的脆弱就业率一直很高。2016年,南亚82%的妇女处于脆弱就业中,而男性的比例则为72%。与此同时,鉴于全球的不稳定性加剧,几乎所有地区的社会动荡或不满的风险都在加剧。根据国际劳工组织的社会不安指数,2015~2016年度,社会动荡在全球范围内都有所增加,全球11个地区中有8个地区的社会不满程度增加,尤其是阿拉伯国家。对社会形势的不满和缺乏体面的工作机会是决定移民的重要因素。事实上,2009~2016年间,除亚洲南部、东南亚和太平洋外,世界上每一个地区的适龄工作人口的移居愿望都在不断增加。在此期间,有移居国外意愿的人口以撒哈拉以南非洲地区的比例最高,为32%,然后是拉丁美洲和加勒比地区为30%,北非则为27%。

---

[1] ILO. World Employment and Social Outlook: Transforming Jobs to End Poverty. Geneva, 2016.
[2] World Bank. Poverty and Shared Prosperity 2016: Taking on Inequality. Washington, DC, 2016.
[3] ILO. Non-standard Employment Around the World: Understanding Challenges, Shaping Prospects. Geneva, 2016.

第三节 全球和地区工资趋势

一、全球工资趋势

根据国际劳工组织的估计,2015 年有 32.1 亿受雇佣的人,其中 16.6 亿(占 51.5%)是领工资和薪金的工人[①]。图 1-3 给出了两种全球平均实际工资增长的变化,平均工资是用月总工资计算而得到的,而不是使用小时工资,因此图 1-3 可以同时反映出小时工资和平均工作时间的变化。图 1-3 中的实线是根据 132 个经济体的实际工资和估计工资数据相结合而得出的全球估计数;另一条虚线是将中国忽略在外的统计,这是因为中国员工人数众多、实际工资增长率仍然非常高,对全球平均工资的数据影响非常大。未将中国统计在内的全球工资预测能够更好地反映世界其他国家的情况,对全球工资走势的预测更为精确。从这条不包含中国的平均工资增长率变化曲线可以看出,2008 年和 2009 年全球实际工资增长率在危机期间急剧下降,2010 年有所回落,2011 年又下降,自 2012 年以来又开始下降,至 2015 年创四年来的最低增长率,增长率不足 1%。

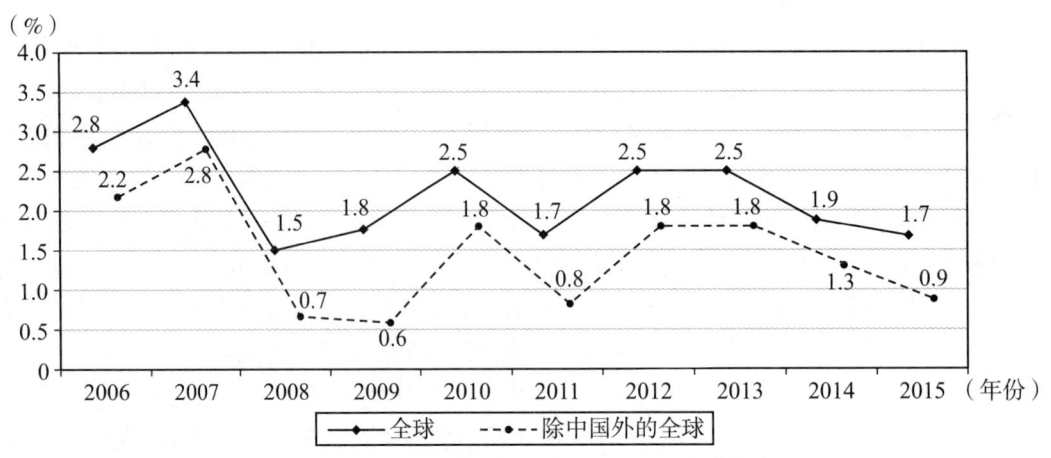

图 1-3 2006~2015 年全球平均实际工资增长率

二、二十国集团国家的工资趋势

图 1-4 给出了二十国集团国家的 2006~2015 年的工资发展趋势。二十国集团汇集了世界主要的发达国家和新兴经济体的国家,国家生产总值约占世界 GDP 的 3/4,雇用了全球 16.6 亿雇员中的 11 亿雇员。图 1-4 给出了二十国集团作为一个整体的工资发展趋势、

---

① ILO. Key Indicators of the Labour Market. 9th Edition. Geneva, 2015.

二十国集团中新兴经济体成员和二十国集团中发达国家成员的工资发展趋势。2006~2015年期间，二十国集团新兴经济体的实际工资增长率显著高于二十国集团的发达国家。但自2012年以来，二十国集团新兴经济体的工资增长开始减速，在以后的三年中下降4个百分点，2015年的工资增长率成为2006年以来的最低点。同时，二十国集团的发到国家的平均工资增长率自2012年起则从0.2%增长至2015年的1.7%，是自2006年以来的最高增长率。由此，二十国集团发达国家成员和新兴经济体之间的工资增长差异急剧下降。二十国集团发达国家2015年工资的高增长率是否会在将来再次发生，还是只是一个消费物价通胀下降而带来的独立事件？

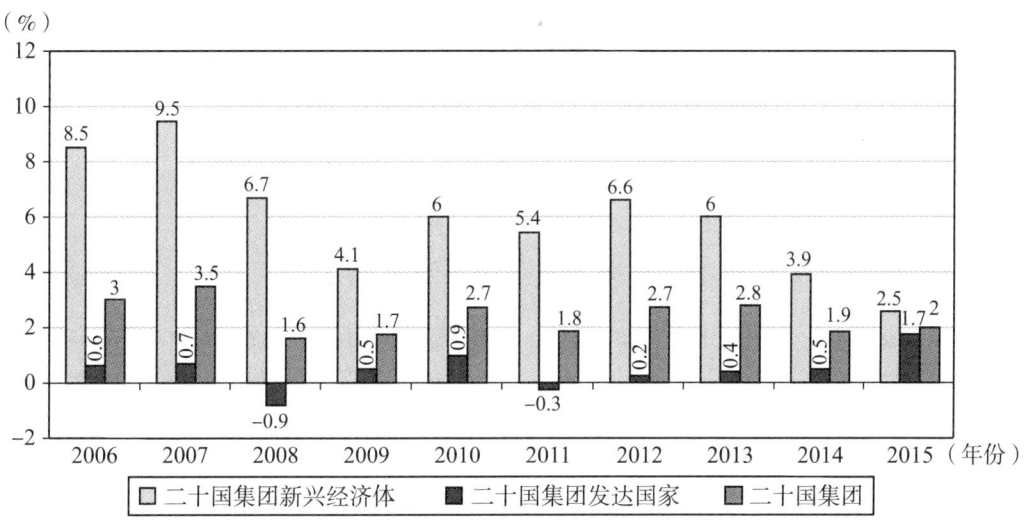

图1-4　二十国集团国家2006~2015年年平均实际工资增长情况

三、地区工资趋势

从地区工资增长看（见表1-6），亚太地区实际工资增长2015年仍然强劲，达到4.0%；中亚和西亚则为3.4%；阿拉伯国家为2.1%；非洲为2.0%。拉丁美洲和加勒比地区2015年的实际工资则下降了1.3%（巴西工资水平大幅度水平影响很大），东欧的实际工资下降了5.2%（主要是俄罗斯联邦和乌克兰的工资水平下降造成的）。

表1-6　　　　　　　2006~2015年全球不同地区年度平均实际工资增长率

地区	2006年	2007年	2008年	2009年	2010年	2011年	2012年	2013年	2014年	2015年
北美	1	1.1	-0.9	1.4	0.8	-0.3	0.4	0.4	0.8	2
北欧、南欧、西欧	0.5	0.8	0.2	0.8	-0.2	-0.7	-0.8	0.2	0.7	1.5
东欧	11	13.3	9.5	-2.3	4.1	2.1	6.6	4.4	1.8	-5.2
中亚、西亚	5.1	7.9	1	-2.8	5.7	6.7	5.5	4.8	4.8	3.4

续表

地区	2006年	2007年	2008年	2009年	2010年	2011年	2012年	2013年	2014年	2015年
拉丁美洲和加勒比地区	4	2.9	0.2	0.9	1	1.2	2.4	1.3	-0.2	-1.3
亚太地区	4.6	5.1	2.8	4.4	5	3.8	4.5	4.6	3.1	4
非洲	2.5	3.3	4.6	0.8	5.8	2.7	3.8	5.3	-0.3	2
阿拉伯国家	-0.5	1.4	-0.9	0.4	3.9	5.3	5	3.3	7.8	2.1
欧盟	0.8	1.1	0.8	0.7	-0.2	-0.8	-0.9	0.3	1.1	1.9

第四节 医疗卫生服务体系的改革

一、国际医改理论的发展

（一）世界卫生组织倡导全方位覆盖的医改理论

全方位覆盖意味着，每个人都可以按照自身的需要使用促进性的、预防性的、治疗性的、康复性的、姑息性治疗等类型的卫生服务；这些卫生服务是优质高效的；这些服务的使用不会导致使用者陷入财政危机。世界卫生组织对全方位覆盖的定义，产生三个相关联的目标。一是医疗服务的机会公平，所需要的人都可获得，而不是仅仅为能付得起钱的人所特有的。二是服务质量足够好，患者能够通过获得的服务改善健康状况。三是人们应该不受财务风险的影响，确保不会因使用服务而陷入困境。

全方位覆盖是世界卫生组织基于1948年世界卫生组织宪章中"健康是人的基本权利"、1978年阿拉木图宣言"人人享有健康"而提出的，是贯穿所有与健康相关的可持续发展目标的发展方向。世界卫生组织在其2010年的报告中强调，效率是可持续发展的关键，向全方位覆盖目标迈进的同时，不但要增加更多的卫生经费，还要使这些经费更具有价值。在世界范围内，卫生经费的浪费比例高达20%~40%，重视初级医疗保健的普及是对有限的资源最有效的普及方式。2014年，世界卫生组织和世界银行联合发起全方位覆盖的监督框架，包含各种服务覆盖指标和目标，监测各会员国的全方位覆盖实现的程度。[1] 2015年8月，联合国通过《2030年全球可持续发展议程》，涵盖17个可持续发展的目标，以及169个子目标，确保经济、社会、环境的可持续发展，旨在结束全球贫困、为所有人构建尊严生活且不让一个人被落下的路线图。[2] 健康是《2030年全球可持续发展议程》中的重点所在，包括1个综合性目标和13个分目标，涵盖了所有的卫生领域优先发展的事宜，也与其他目标的实现有着紧密的关系。[3] 全方位覆盖是实现以上目标的基石

---

[1] WHO, The World Bank. Tracking Universal Health Coverage: First Global Monitoring Report, 2014.
[2] 联合国2030年可持续发展议程：17个目标. 中国抗癌协会, 2015-12-09.
[3] WHO. World Health Statistics 2016: Monitoring Health for the SDGs, Sustainable Development Goals, 2016.

和关键,是强有力卫生制度的基础。

(二) 部分国家和地区的医改理念

一些国家和地区在国际卫生组织全方位覆盖的医改理论的指导下,根据各自卫生服务体系的现状和发展需要,持续对卫生制度进行改革和完善。在这一过程中,为解决不同的问题,倡导所需的改革发展理念,主要涵盖了以患者为中心、重视预防、促进资源的均衡发展与整合、控制卫生经费与促进效率等几个方面。以患者为中心的理念,给予患者更多的声音和选择,是美国和法国近年来卫生制度改革中强调的重点,通过一系列、持续不断地朝着更加以患者为中心的医疗保险的创新,是改善医疗保健质量、促使医疗保健成本增长出现弯曲的最佳途径。对疾病的预防,不但符合大健康的卫生制度的终极目标,并且是降低卫生经费增速最有效的方法,因此,美国和中国台湾地区采取不同的模式努力践行疾病预防的理念。医疗资源的均衡发展是一国或地区卫生制度有效运行的基石,医疗资源分布的不平衡在各个国家和地区都一定程度地存在。促进医疗资源的均衡发展,需要采取一揽子相关的制度安排,日本采取了合理差异化、整合发展的理念,实现医疗机构之间的整合模式在各地区间既有共性又有差异,既有医疗机构之间的纵向整合,又有医疗机构、养老机构、卫生机构间的横向整合。中国台湾地区则从20世纪80年代起,就重视医疗资源均衡发展的理念,采取多轮的改革和计划,逐步实现人人享有便捷的医疗资源。卫生经费的控制是每个国家和地区在医疗卫生制度发展中都面临的问题,也是发展中必须贯彻的理念。在控制卫生系统经费支出的同时,必须提高医疗资源的使用效率,也就是提高整个卫生体系的效率,因此,各个国家和地区都在寻求降低费用、提高效率的途径。

二、医疗服务体系的发展和改革

从广义上讲,医疗服务体系类似于一个"工业部门",包含所有服务于人类的治病和卫生保健的机构、产品、服务程序、资源、市场等。从狭义来看,医疗服务体系主要包括医院(人力资源、硬件设施与环境、服务)、保险公司(设计保险计划和保险运作)、管理机构(制定法规、协调、教学科研)等。这些机构按照一定的机构相互分工协作,构成了一个国家或地区的复杂而有富有一定特色的体系。本书的医疗服务体系是从狭义的角度来限定的。随着医疗需求的不断增长,医疗费用支出也在增长,如何在有限的卫生资源和不断增长的医疗需求之间实现平衡是各个国家和地区所面临的巨大挑战。各个国家和地区都希望建立一个优质、持续、有效的医疗卫生服务体系。目前,医疗卫生服务体系面临的挑战主要表现在:一是如何在有限的医疗资源下获得一个更忧的医疗服务;二是如何在有限的预算下优化资源、配置利用好资源;三是如何保证医疗经费的持续性和稳定性;四是如何保障所有患者机会均等地获得安全有效的药品和服务。各个国家和地区医疗服务体系各有特色,主要与各个国家和地区的历史、文化背景、社会经济状况、政治制度等相关。根据资金来源、服务导向、付费方式及政府的干预程度等维度,大体上可以分为国家保障型、社会保险型和商业保险型等。由于医疗服务体系的不同,各个国家和地区在医疗卫生投入、人均卫生服务费、每千人拥有的医生数量、人口平均预期寿命、医院的利用率、药品费用占医疗卫生总支出的比例、保险的覆盖率和经费上均有不同。每种医疗服务体系都有不同的特点和优胜之处，各个国家和地区也都在借鉴其他国家的模式，以不断改革和完善自己的医疗服务体系。

（一）医疗卫生服务体系的整合

近几十年来，医疗卫生服务需求一直面临着人口老龄化趋势加剧、人均期望寿命不断增长、慢性病发病率和死亡率逐年提高等挑战，而供给侧则面临医疗技术革新导致成本持续增加、医院数量和规模日益庞大等问题。从部分国家和地区医疗服务体系变迁的过程来看，医疗服务体系必须是一个连续的、协同的体系，才能达到提高整体效率、控制费用和促进人们健康的目的。

由于不同的国家和地区卫生体制环境和内容的不同，医疗卫生服务体系整合的形式多种多样。很多国家并不要求以所有权为基础进行整合，为了实现不同法人实体机构间协同合作，可以通过合同或协议整合连接部分服务。美国20世纪90年来以来，开始用整合服务提供系统的概念应对变化的医疗服务环境。例如，美国的医疗保险机构凯撒医疗集团通过按人头付费建立管理型医疗或健康维持组织。同时，还出现管理服务组织，为医生群体提供行政服务和职业辅助服务的机构。近年来，美国的医疗服务系统展现出不同程度、不同维度的整合，既包括地区层面医院系统的水平整合，也包括不同功能医疗机构的垂直整合（如医院收购诊所）。英国NHS系统，建立了医疗保健整合网络。2010年卡梅伦政府对NHS系统进行最大规模的改革，绝大多数NHS服务将由全科医生联盟购买，全科医生联盟将能够使NHS专业人士为了患者和社区的利益改善卫生服务。服务体系没有变化，全科医生接诊患者后，可以决定将患者转诊至更多医疗机构，比如NHS医院、私立医院或第三方机构。德国通过整合出击卫生保健机构、医院和医疗保险公司，对糖尿病、乳腺癌和冠心病患者实施疾病管理计划。为促进公立医疗效率的提升和公立医院的改革，德国政府给予公立医院和私立医院同等地位和待遇，并用医疗保险的签约、支付方式的变革等促进医疗服务提供体系的私有化进程。

20世纪90年代，日本医疗机构的经营模式也随之发生转变，由单一的基础医疗服务向提供保健、医疗、福祉一体化的综合服务模式转变。为保证农村偏远地区的医疗服务并抑制医疗资源的过度需求，日本各级卫生管理部门制订医疗计划，将医疗圈划分为三级，规定各医疗圈内医疗床位的总量，形成区域医疗支援医院制度。2010年，法国出台了"大科室"的医院管理模式。根据病情的相关性，将一系列相互联系的科室整合，形成一个综合治疗区。实施"医疗网计划"，合理配置医疗服务资源。1985年，中国台湾地区卫生主管部门开始实施医疗网计划，目标在于促进医疗服务资源均衡发展，统筹规划医疗机构及其人力资源分布，建立分级诊疗制度，落实医疗本地化，消除健康不平等的现象。时至今日，医疗网计划共实施了7期。为支持区域卫生管理局管理和支持服务的规范和采购更加协调，新西兰修改相关法律条款，使在财政紧缩的背景下，卫生系统能够提供高质量的卫生医疗服务和残疾支持服务。根据国际标准，新西兰卫生系统绩效显著，但需要继续寻找革新工作方式。通过这些努力，新西兰将确保新西兰人未来的健康和福利。

新西兰卫生系统与世界其他各国的卫生系统一样，面临着老龄化和慢性病带来的负担的挑战。在这种情况下，政府希望卫生系统仍然能够持续提供优质的卫生服务，改善现有问题领域的绩效。为此，政府制定了新西兰卫生战略指导公共卫生系统的改革。这一战略将在很长一段时间内，通过改变服务方式达到更好地服务新西兰人的目的。该战略由两部分组成。第一部分为新西兰卫生战略的未来发展方向，为 2016～2026 年这未来十年卫生系统发展的顶层设计。在分析卫生系统所面临的现有挑战和机遇的基础上，规划未来卫生系统发展的蓝图，包括这一蓝图的文化和价值观，确立了未来五大改革战略主题。第二部分是新西兰卫生战略 2016 年行动路线，确定了未来五年中战略发展中的 27 个改革发展领域。

（二）医疗保险制度改革对医疗服务体系改革起引领作用

在实际工作中，医疗保障体系与医疗服务体系的互动关系充满了冲突与合作，对立与和谐及交换与竞争的多种可能性。在对部分国家和地区的医疗服务体系改革的梳理过程中发现，作为需求方的医疗保险的发展，直接促进了医疗服务体系的发展；医疗保险的改革，深刻影响着医疗服务体系的发展方向；医疗保险在医疗服务体系改革中发挥着基础性作用。

20 世纪 30 年代，由于 1929 年美国全面爆发经济危机，患者支付不起医药费、医院倒闭、医生失业。面对医患所处的双重困境，得克萨斯州达拉斯贝勒医院的贾斯汀医生尝试设立了教师医疗保险计划（贝勒计划），统计教师们日常的医疗费用，以此确定每月需要交纳的最低保险费用。自此，医疗保险快速发展，医疗保险的扩张，使医院特别是营利性医院迅速发展。但 60 年代商业保险组织获得发展，医疗照顾计划和医疗补助计划颁布实施，医疗服务获得了资金支持；第三方长足组织鼓励向营利医院购买服务。因此，50 年代，营利性医院下降的趋势得以转变，稳定在 13.5% 左右。这说明，医疗保险的支付和报销所涵盖的范围，对医疗服务体系的发展方向和趋势起着主导作用。为促进公立医疗效率的提升和公立医院的改革，德国政府给予公立医院和私立医院同等地位和待遇，并用医疗保险的签约、支付方式的变革等促进医疗服务提供体系的私有化进程。德国医疗服务行业自 90 年代至今，经由三个时期的医保付费制度改革推动了从医疗服务私有化的进程。法国的卫生体系位居世界一流水平，如果追溯到中世纪，法国的现代卫生体系与其社会保障制度，尤其是与其医疗保障制度密不可分的。该体系自 1945 年开始发展，从 60 年代起随着一系列重大改革的实施而加速壮大。卫生体系和社会保障制度之间的强有力的协同作用现在可以让几乎全体法国人享受高质量的就近医疗服务。法国最典型的是 2004 年的改革重新明确了法定医疗保险机构职责，在以下三个方面加强了它的权力。一是规定医疗保障待遇（在医疗服务方面）的职责从法国卫生部转移到法定医疗保险机构；二是与医生进行集体谈判，并且谈判结果不再需要政府批准，法定医疗保险机构对谈判协议的财务结果负全部责任，承担财务风险；三是医疗保障制度的财务管理工作，赋予法定医疗保险机构更大权力，使其对医疗卫生支出有更大的控制力。

（三）初级医疗在医疗服务体系中的重大作用

从部分国家和地区医疗服务体系发展中可以看出，医疗服务体系整合的实现在于是否能够建立一个以初级卫生保健为基础的高效率的医药卫生体系。初级医疗在医疗卫生服务体系中发挥重大作用，能够促使医疗服务从过去的以疾病为中心向以健康为中心转变，促进医疗服务全民覆盖和可及，并实现以居民的实际健康需求为基础的服务。

初级卫生保健是 NHS 医疗体系的主体，主要由全科诊所和全科医生提供。根据卡梅伦改革方案，英国全科医生将组合成新的医疗服务购买组织"全科医生联盟"，掌管 NHS 近 80% 的预算，约 800 亿英镑。德国所有社会医疗保险机构均实施守门人制度，即参保者自己选择一位家庭医生作为首诊者，在那里接受初级卫生保健，尤其是普通门诊服务，然后通过转诊再到医院接受专科医疗与住院服务。中国台湾地区虽然没有设置强制性的守门人制度，但是通过相关政策和措施引导就医流向。一是通过健保支付引导公众有序就医，在支付标准上，向基层医疗机构、转诊患者、不住院或短时间住院的患者倾斜。二是在服务体系的设计上，严格控制区域内医疗中心和大医院的床位规模，根据床位数量配置医务人员。医院岗位有限，医务人员逆向流动下沉到基层，并且不同层级医疗机构医务人员的薪酬待遇和职业环境差别不大，保证了基层的医疗质量和水平。

瑞士还通过了相关改革以促进初级保健服务。2010 年，20 万人签名支持将"发挥家庭医疗卫生的作用"作为新的条款写入联邦宪法。作为回应，瑞士联邦委员会建议新条款应合理分配联邦和州的责任，以确保向所有公民提供初级保健服务。另外，新条款明确，联邦政府管理初级保健的培训和执业要求，并给全科医生提供足够的报酬。这项建议最终被议会以及最初的发起者采纳，并作为宪法 117a 条款获得 2014 年 5 月公投通过。初级保健服务方面的进展也被视为十年计划的一个政策重点。所有省区政府都承诺在 2011 年前向其 50% 以上居民提供全天候的（一天 24 小时、一周 7 天）、多学科的初级保健服务。因为 2004 年时，大多数初级保健服务由单个的家庭医生提供，所以这被视为一个重要承诺。从改革结果来看，目前大多数家庭医生已经在多学科诊所中工作。以色列卫生部开办了 1000 多家诊所提供公共卫生服务，医疗计划也在市镇和乡村开办了诊所，提供此类公共卫生服务。卫生部除了通过自有的诊所提供服务以外，还从市政和医疗计划开办的诊所购买服务。卫生部报销市政诊所 70% 的费用，向医疗计划开办的诊所提供免费疫苗，并报销部分费用。

三、公立医院及人事制度改革

（一）公立医院在市场化改革中提升效率

与其他公立机构一样，各个国家和地区公立医院系统普遍存在资源利用效率低下、对患者需求缺乏反应、对成本缺乏有效控制等一系列问题。从 20 世纪 70~80 年代起，通过对公立医院进行市场化方向的组织变革来提高服务绩效，成为世界各国医疗服务体系改革的重点。所谓市场化组织变革，主要是指将决策控制权转移到服务提供方，并让其承受市场或类似市场的竞争压力,以提高其对市场需求的敏感性,提高控制成本的积极性。公立医院改革成效较好地国家,改革中利用最有效的杠杆就是医疗机构财政补偿机制。

在发达国家和地区中,除美国的医疗服务供需方均以非公立机构为主、财政仅为特定少数人群提供医疗保障补贴外,其他国家和地区的医疗机构,无论是公立还是非公立,均以公共财政资金为主要收入来源,只是资金给付的方式不同,并渐渐进行改革。20世纪90年代以前,大多数国家采取的是政府直接拨付为主,但渐渐走向政府补贴社会医保基金,再通过基金向医疗服务提供机构购买服务的方式进行。发达国家和地区对公立医院和非公立医院的服务价格一致,促使公立医院在市场中提高效率才能生存,公立医院的改革才会有所成效。因此,部分国家和地区的公立医院在财务运作、人事安排和日常管理方面拥有更多的经营自主权,成为自我管理和自我约束的法人实体,卫生主管部门委托代表参与董事会、加强对公立医院的监督和管理。90年代早期,以色列曾经试图将政府医院改革成独立的非营利性信托组织,但是没有成功。此后,政府医院的自主性不断增强。

(二) 公立医院人事制度日趋多样化、拥有更多的自主权

通过对部分国家和地区的公立医院人事制度的对比发现,大多数国家和地区的公立医院的医生都是属于公务员编制。美国地方公立医院直接雇用的全职医生就相当于地方公务员,而联邦医院雇佣的医生相当于国家公务员,英国公立医院的医生都是国民健康服务体系的雇员。在日本,对接受派遣的医生来说,如果被派遣至国立医院,医生职位相当于国家公务员;如果被派遣至地方公立医院,相当于地方公务员。随着公立医院的改革,公立医院的人事制度也渐渐放松规制,对医生的管理和招聘医生的模式也都发生了很大的变化。法国公立医院的医生的人事管理就包括全职医生、兼职医生和合同医生等多种模式;公立医院医生有政府医生和医院自主聘用的医生,医院也会外聘非全职医生,专门值夜班和周末班。以色列多数医生是医疗计划或非营利性医院的工薪雇员,其他医生则以独立行医人员的身份与这些机构签约。对于工薪雇员,医学会与主要雇主签订集体谈判协议,确定工资水平。独立签约的医生的工资由每个协议具体规定,不受集体谈判协议的约束。

(三) 医生薪酬补偿模式越来越倾向于基于价值补偿模式

日本、法国、英国等医疗卫生总体绩效较好的国家和地区公立医院的薪酬制度,总体倾向于建立了一个以岗位、职称、年资为基础的固定工资(基本工资)为主的,以超时超额工资津贴以及受同行认可成就的奖励性工资为辅的薪酬体系。随着基于医疗质量和患者满意度的绩效工资模式的出现,部分国家和地区的公立医院也越来越倾向于基于价值补偿模式的医生薪酬补偿模式,医疗机构需要根据医生在医疗质量和患者满意度方面的分值进行奖惩。工资模式也渐渐转变为更注重实现绩效指标,而非根据接诊量多少来决定薪酬。美国大多数医疗机构和医院医生的薪酬采取"80%基本工资+20%绩效工资"的模式。

中国台湾地区公立医院的薪酬为公务员薪资加上不开业奖励,再加上变动性的服务奖励金,其待遇的高低取决于医生的服务绩效。起初,台湾地区公立医院医生的薪酬根据接诊量来决定服务的绩效,但服务的质量和患者的满意度占越来越大的比重。以色列在政府

医院和非营利性医院中，医生领取固定工资，由集体谈判协议规定了工资的具体条款。工资水平主要由职责和工作年限等因素决定。另外，政府医院的某些医生有机会在标准工时之外工作，并由此获得按小时计费或按流程计算的奖金。在最大的医疗计划的医院中，也有类似的安排。

（四）公立医院的薪酬水平与医院的业务收入状况无关

部分国家和地区的公立医院的医生的薪酬，大多数与医院的业务收入无关，而是根据国家规定的固定工资或以协会形式签署的劳资合同为主。美国公立医院医生的工资分配统一实行联邦工资制，医务人员的收入水平与服务质量、数量和病人满意度相关，薪酬水平为社会平均工资的3～8倍，薪水不受医院业务收入的影响。英国公立医院的医生以固定工资为主，工资由医疗委员会与政府协商确定，薪酬水平为社会平均工资的2.5～4倍，医生收入不受医院业务收入的影响。德国公立医院的薪酬主要实行年薪制，向医生发放固定薪酬。在医院执业的专科医生薪酬是固定的，与医院收入没有直接关系，具体以劳资协议为依据，工资标准主要依据医生的专业级别和工作年限及经验。2000年前，日本公立医院的医务人员属于公务员编制，其薪酬来源为国库和地方财政支付，收入不与医院的收益和医生服务量挂钩。日本国立医院的医务人员属于国家公务员，工资由国家统一规定和支付。目前，医生数量严重短缺的都道府县的医生工资最高，交通条件越恶劣，医院医生的工资越高。

（五）公立医院医生薪酬来源日益多样化，多点执业日益宽松

随着医生人力资源市场竞争的加剧，公立医院对医生的薪酬管理政策日益开放，医生薪酬来源日益多样化，对多点执业也越来越宽松，但仍然需要满足一定的前提条件。一直以来，公立医院的医生除按照合同完成医院内的工作任务之内，还可以在医院之外从事相关的有报酬的工作，如多点执业、临床教学等。英国对公立医院医生院外执业的控制比较严格，除了高年资顾问医生可以在私立部门兼职获得额外收入外，绝大部分NHS工作人员领取政府支付的固定工资。2003年版英国顾问医师合同对于私人诊疗业务收入没有限制，但通过提高其为NHS工作的积极性和工作效率，控制私人医疗业务的增长。德国高级医生治疗私立保险患者也可按服务收费。法国公立医院医生的晋升路线是线性的，工资随着资历的增长而提高，享有与医疗活动相关的津贴，部分医生可以私人执业。

以色列社区公共医疗机构的医生在征得雇主同意后可以私人执业，雇主通常允许医生在有限定的工作时间内开展私人执业。医院和政府对此不进行严格的监督，除非出现影响患者利益的重大事项出现。对于在医院工作的医生，法律严格规定公立医院的医生不得进行私人执业。医生可以在私人医院和耶路撒冷的非营利性医院开展私人执业，在公立医院开展私人业务是违法行为。许多政府医院建立了"健康信托"，将其作为法人机构吸引医生在业余时间执业。医生可以与健康信托进行谈判，确定付费方式（按就诊次数或手术数量）。这种方式不是严格意义上的私人执业，在本质上是利用医生夜间的时间向医疗计划提供手术和门诊服务。

四、部分国家和地区药品经费控费制度的改革

世界经济的发展、人口总量的增长和社会老龄化程度的提高都促使药品需求持上升趋势。[①] 因此近年来,各国和地区的药品费用逐年增加,而且药费支出占整个医疗费用支出的比例也在不断上升。[②] 2014 年,加拿大人均药品支出占人均卫生支出的 16%,即人均972 加元。随着 2015 年和 2016 年巴西经济转为负增长,给巴西政府预算带来了很大压力,进一步传导到医疗卫生等政府公共开支,未来的开支压力将更大。2016 年,受政府投入资源应对寨卡病毒(ZIKV)的影响,巴西卫生开支占 GDP 的比例增长到 8.5%。2013 年,医疗计划用于药品和可支配的医疗供应商的费用占其总开支的 20%。药品支出占家庭医疗保健支出的 14%。

(一) 以色列政府加大对医药行业的规范力度

以色列专利药的自付费用是药价的 15%,仿制药为 10%,不得低于 3 欧元。近年来以色列采取多种措施,以鼓励仿制药发展。在所有可报销的药品中,仿制药市场份额已经从 2000 年的 6.1% 增加到 2013 年的 23.9%。但以色列仿制药市场仍然相对较小,2013 年在可报销药品中,数量仅占 23.9%,价值仅占 18.4%。2012 年的一项改革鼓励仿制药生产商进入瑞士市场。政府在医药行业发挥的作用有:第一,对药品的销售进行审批;第二,建立国家医疗保险药品目录,医疗计划必须向参保人提供;第三,规定药品的最高价;第四,向药剂师颁发证书并规范药品市场。以色列共有 4000 多种产品被批准为药品进行销售。

(二) 新西兰对供给方进行管理,成效显著

新西兰一直采取对供给方进行管理的策略,通过药价谈判来降低药品的成本。自1993 年以来,药品管理局就开始对社区使用的药品进行药品目录管理。通过各种手段,但主要是通过对供给方的管理,药品管理局成功控制了社区药品的支出。与其他的发达国家相比,1998~2002 年,新西兰的社区药品支出年均增长率缓慢增长,增长率为 1.46%,而同期美国的为 14.54%,英国 9.7%,而澳大利亚为 12.1%。新西兰全部药品支出中,医院药品占很大一部分。2003 年,医院药品支出为 1.4 亿新西兰元,而社区药品支出为5.39 亿新西兰元。2002 年,药品管理局发起国家医院药品战略,以此管理医院的药品支出。对医院药品价格的管理是其中的三大战略目标之一。其他的两个目标则为对新药的评估和药品质量的提升。药品管理局通过对常用药品的集中采购来降低药品的价格,将医院药品作为药品目录的 H 部分。药品管理局制订一个 3 年期的计划,打算将 90% 的医院药品写进药品目录的 H 部分。鉴于药品管理局在医院支出控费上的卓越表现,2013 年,卫生部将药品管理局对区域卫生管理局医院的药品介入方式做了重大改革。2013 年之前,

---

[①] 2015 年国际医药行业市场概况及发展趋势分析. 中国产业信息网,2015.
[②] 丁赛尔. 国外门诊药品费用控制方式概述. 中国医疗保险,2011 (4):67-69.

药品管理局介入区域卫生管理局医院用药的是全国性采购合同的签订环节；2013 年之后，药品管理局开始负责决定区域卫生管理局医院用药中新药报销的决定权。

（三）墨西哥药品的政府采购

墨西哥政府还致力于提高药品采购的效率。2014 年 10 月，墨西哥社会保障协会同联邦医疗卫生机构和 17 个省级机构共同发起"采购年"行动，通过合同竞标拍卖的方式降低医疗设备和药品采购价格，大约 9000 万居民获益，采购总额高达 37 亿美元。此外，墨西哥社会保障协会还采取措施确保竞标透明性、有效性和一致性，这种机制的推广促进了不同医疗保险计划在既有的预算范围内提高了经费使用的效率。

（四）瑞士的新药价格控制措施

瑞士许多价格控制措施已经在使用以控制新药价格，并且从 2009 年开始，正面目录中的药品每三年就要重新评估一次。如果联邦公共卫生办公室发现某种药品在瑞士的价格高于成本—效益价格（基于其他国家价格和疗效）3% 以上，并且如果这种价格差导致制药公司高出正常营利 2 万瑞士法郎，则联邦公共卫生办公室可以要求制药公司将超出正常营利部分返还给保险公司。从 2012～2014 年，大约 1500 种药品价格降低，节约成本超过 6 亿瑞士法郎。

（五）加拿大处方药计划的失败

除魁北克政府宣布不会放弃或改变本省的处方药计划外，2004 年的加拿大加强卫生保障十年计划也要求省区政府与联邦政府合作，实施全国药品战略。根据这一战略，加拿大将建立全国统一的处方药覆盖和定价政策。尽管初期取得了一些进展，但全国药品战略最终失败了，主要是参与的省区政府对此缺乏兴趣，这成为十年计划一个重要挫折。

五、医疗保险付费制度改革

（一）德国的 DRG 制度及传播

德国 21 世纪初，引入了疾病诊断相关组（DRG）支付系统。DRG 的实施是一个复杂的系统工程，其复杂性在于基础数据的计算和分析、分值确定以及实施效果等多方面。因此，德国走的是自上而下、分步实施的路子。2000 年，以立法形式确定引入 DRG 系统。2001～2002 年为准备期，对 1200 家医院的数据进行分析，并在联邦层面制定统一的 DRG 编码和分值。2003 年 750 家医院自愿实施 DRG，2004 年在全德 2000 多家医院强制实施 DRG。直至 2005 年，经过 5 年的规划设计调试期后，德国才开始正式实施 DRG。在实施之初，基准价格根据医院总费用的历史数据，以及达成协议的 DRG 数量计算来确定，每个医院有一个基准价格。从 2010 年起，基准价格由各州医院协会与医保机构谈判确定，主要考虑上一年的基础数值、当年医保筹资、当地物价变化等因素。因此，基准价格在一州内是统一的，但各州之间有差异。

瑞士2007年开始引入基于DRG的医院支付制度，借鉴德国DRG制度，日益增加本国医院样本（2014年112家）的基础上，逐渐把住院服务、医院投资成本等纳入支付的范围，已经成为瑞士对医院最重要的支付方式。为确保医疗服务质量的提升，瑞士分别于2011年运行全国性医疗服务质量保障制度和2012年运行瑞士住院质量指标体系。新西兰自采用澳大利亚的相关疾病诊断分类系统以来，已经更新至AR-DRG6.0X版本，分组使用的变量包括：诊断情况、程序、性别、年龄、事件和类型、住院时长、假期天数、入院时体重、心理健康法律地位、同一天的状态。

（二）其他国家的支付制度改革尝试

加拿大医疗保障的支付制度以按服务项目付费和总额预算制为主，但近年来许多省份进行了改革探索。2012年，安大略省实施了"为所有人提供卓越保健"，开始实施卫生系统融资改革，包括基于健康的资金分配模式和基于质量的诊疗流程的支付模式。以色列综合医院的收入有80%来自向医疗计划提供医疗服务的收入。1995年实施国家医疗保险法之后，公立医院住院费用报销主要通过按日收费与按病例收费、按流程付费相结合的方式。日间护理是按项目付费。2010年，改革的力度加大，2015年已经建立起280多个标准付费流程。

六、其他方面的改革

（一）继续扩大医疗保险的覆盖面和医疗服务的可及性

2016年，新西兰为13岁以下儿童的家庭提供免费家庭医生就诊服务与免费处方药物；得益于2016年财政预算对药品管理局的1.24亿额外拨款，新西兰为全体民众免费提供针对晚期黑色素瘤和丙型肝炎的新型疗法，意味着约5万名丙肝患者现在可以服用两种治愈率高达90%的新药。2012年墨西哥政府提出了《国家发展计划（2013~2018年）》和卫生部门的国家发展计划项目，旨在建立一个覆盖全民的真正的统一的医疗保障体系，并提出了六项具体措施：①加强健康促进、疾病预防和保护；②保证有质量的医疗卫生资源的可及性；③降低疾病感染风险；④缩小不同人群不同地区之间医疗保险覆盖差距；⑤确保医疗资源的供给和有效使用；⑥推进国家卫生部管理的国家统一医疗保险系统。在这些原则的指导下，墨西哥政府准备强化国家卫生部的职能，加强国家医疗卫生系统与私人医疗卫生系统的合作，同时加强医疗设施的监管，落实质量健康，推进疾病预防和健康的生活方式，提高医疗卫生资源的配置与管理效率。此外，在该计划下还建立了一项流动医疗服务，专门解决贫困落后地区的医疗服务需求。

（二）解决医疗从业人员短缺问题的战略

新西兰卫生战略的挑战之一就是卫生从业人员的可持续性。解决这一挑战的途径之一就是充分利用药剂师。新西兰有3500多名执业药剂师，其中75%在社区药房工作，提供一系列的服务。医院药剂师占全部药剂师的13%，2%的药剂师在初级医疗服务小组工作。2014年，卫生部成立药学指导小组，成员由初级医疗、二级医疗、医学、护理、药房等人员组成。指导小组为卫生部提供独立的咨询，就药剂师技能的充分利用、整合药房与其他医疗保健服务的契合、卫生部有关药房服务的项目等领域提供专业的建议和意见。药房行动计划是将作为医疗保健人力综合服务模型的基础部分的药剂师服务，以创新的方式实施，使新西兰人能够获得药品与医疗保健服务的公平路径。

为了解决医生短缺的问题，巴西政府还引进"更多医生"项目，鼓励国内外医生到巴西偏远贫困缺乏医生的地方去工作。巴西政府还允许地方政府进行创新，部分地方政府在资源非常有限的条件下发展出一些非常成功做法，例如相邻的地区建立医疗卫生联盟进行资源共享。除了投入人力、物力，2013年，巴西政府还宣布一项新的激励措施：投入41亿美元（相当于每年医疗预算的10%）让私营公司与公立医疗机构合作，一起研发新的药物和设备。2015年，巴西政府通过一项法律：允许外国企业对巴西医院进行投资。

（三）护理服务覆盖面扩大的尝试

2003年《医疗保障革新协议》和2004年《加强医疗保障的十年计划》，设立了一个联邦减少候诊时间基金（10年55亿加元），以支持省区政府在五个领域减少候诊时间，包括癌症、心脏病、视力恢复、关节置换术和诊断扫描。在十年计划中，政府同意将医保覆盖范围扩展到家庭护理服务的三个方面：一是住院服务回家后两周时间内；二是精神病院住院回家两周时间内；三是临终的家庭护理。目前加拿大大多数省区能够提供这些有限的家庭护理服务。

自2010年，以色列在国家医疗保险领域进行了重大改革。2010年，非美容性儿童牙齿健康服务转入国家医疗保险范围。2015年，将精神疾病纳入国家医疗保险待遇。2014年，卫生部开通了专门网站，公布了国家医疗保险待遇的详细内容，并实时更新医疗保险的重要信息。政府通过解决信息不对称问题，增强对参保人的保护，促进保险市场有序竞争。截至2015年6月，机构长期护理服务、疾病预防、成年人牙科等医疗服务不包含在待遇包之内。从2010年开始，卫生部将减少不平等性作为自己的战略目标之一，并制订了多年期计划不断出台政策解决该问题。主要实施了6个方面的政策。第一，针对弱势群体和低收入者，扩大了医疗保险待遇范围，免除了母婴疾病预防自付费用，减少了药品的自付费用等。第二，加大公共医疗投入，控制私营部门的发展。第三，加大了服务的可获得性，并在某些地区加大了医疗专家的人力资源投入，并增加医院床位、高级医疗器械、医疗专科、急救中心投入。第四，解决少数民族的特殊需求，建立能够提供翻译的呼叫中心，要求医疗服务机构能够满足少数民族相应的文化需求，实施针对特定群体的项目。第五，推动部际间部门合作，促进国民健康。如与教育、体育主管部门共同促进健康的生活方式，参与多部门合作的减贫战略，与社会团体代表共同商讨如何解决医疗服务不均衡问题。第六，收集、分析、发布关于医疗服务不平衡的信息，加大医疗服务质量、等待期及其他主要指标的披露力度，并建立研究中心追踪分析医疗服务不平衡的数据。

第二章 美国医疗保障改革追踪研究

第一节 美国劳动力市场情况

美国经济规模世界第一,2015年GDP为17.4万亿美元,比2014年增长2.6%,而2014年美国经济增长2.4%;2016年,美国的GDP为18.6万亿美元,占全球GDP总量的24.42%。[①]

2015年美国人口3.21362789亿,其中白人75%、黑人12.3%、拉美裔12.5%、亚裔3.6%;总和生育率2.0。美国白人比例日益减少(预计2050年后小于50%),少数族裔迅速增加。2015年美国劳动力市场总体表现较好,体现了高度的灵活性和流动性,全年新增就业265万人。美国劳动力市场的法律及机制比较完善,自我调节能力强。多年来,美国工会势力日渐衰落,2015年美国工会组织率为11.1%,其中私营部门为8.5%,而1983年为20.1%。美国近年来失业率逐渐下降,如表2-1所示。美国失业率在金融危机后迅速上升,2009年10月达到10.2%,达到26年来的最高,随后下降,2011年1月为9.1%,2012年1月为8.3%,2013年1月为7.9%,2014年1月为6.6%,2015年1月为5.6%,一直下降至2016年1月的4.9%。从图2-1可以更加直观地表现美国失业率的下降走势。

表2-1　　　2011年1月~2016年9月美国按月失业率变化情况　　　单位:%

年份	1月	2月	3月	4月	5月	6月	7月	8月	9月	10月	11月	12月
2011	9.1	9.0	8.9	9.0	9.0	9.1	9.1	9.1	9.0	8.9	8.7	8.5
2012	8.3	8.3	8.2	8.1	8.2	8.2	8.3	8.1	7.8	7.9	7.7	7.8
2013	7.9	7.7	7.6	7.5	7.6	7.6	7.4	7.3	7.2	7.3	7.0	6.7
2014	6.6	6.7	6.7	6.3	6.3	6.1	6.2	6.1	5.9	5.9	5.8	5.6
2015	5.6	5.7	5.5	5.4	5.5	5.3	5.3	5.3	5.1	5.1	5.0	5.0
2016	4.9	4.9	5.0	5.0	4.7	4.9	4.9	4.9	5.0	—	—	—

资料来源:美国劳工统计局,2016年。

[①] The World Bank. World Development Indicators. 2017-12-14.

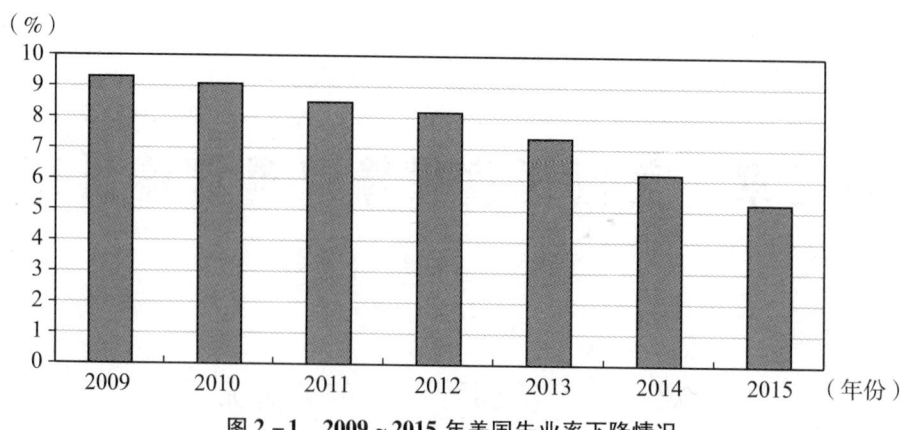

图 2-1 2009~2015 年美国失业率下降情况

资料来源：美国劳工统计局，2016 年。

当然，美国劳动力市场仍然有很多问题。首先，美国尽管总体失业率处于较低水平，但是青年失业率仍然较高。2015 年 16~32 岁青年失业率为 8.2%，16~24 岁的青年失业率则更高。其次，美国劳动力参与率逐年下降。2008 年，美国劳动力参与率为 66%，到 2015 年 11 月下降为 62.4%，在经合组织国家中属于较低水平。有经济学家认为，美国近年失业率下降的一个原因是劳动力参与率的下降。再次，美国工人工资水平没有明显上升。最后，美国非全日制工作人员数量和比例均有上升，而且大多数人从事非全日制工作是非本人自愿选择的。

第二节 美国的医疗卫生体制分析

一、美国医疗卫生体制现状

2011 年，美国的医疗保障系统雇用了 15.7% 的劳动力，总支出达到 2.7 万亿美元，相比于 1980 年翻一番，占 GDP 的 17.9%。[①] 2014 年，美国人均医疗保健费用为 9523 美元，医疗保健支出总额（3 兆亿美元）占 GDP 的 17.5%，比 2013 年增长了 5.3%。2013 年，64% 的医疗保健支出是由政府出资的[②]，主要通过医疗保健计划、医疗补助计划、儿童医疗保险计划，以及退伍士兵管理局的医疗保险项目支付。政府的医疗费用补贴也从 1980 年的 31.1% 增长到了 2011 年的 42.3%。市民的自费比例从 23% 下降到了 11%。政府主要管理的医疗保障项目有老年医疗保健计划（Medicare）、医疗补助计划（Medicaid）和联邦雇员以及退休人员的医疗保险。其他公民通过工作单位或自己购买等方式从私有保

[①] U. S. Health Care Workforce Larger Than Ever, https://www.npr.org/2012/03/19/148939366/u-s-health-care-workforce-larger-than-ever.

[②] Leonard K. Could Universal Health Care Save U. S. Taxpayers Money? . U. S. News & World Report, 2016-01-22.

险公司中购买医疗保险。2014 年,美国总人口的 89.6%(2.832 亿人)有某种类型的医疗保险,66%的工人参与了私营保险计划;在参保的人群中,36.5%的人是参加了医疗保健计划(5050 万人)、医疗补助计划(6165 万人)或退伍士兵管理局负责的医疗保险就其他军事医疗保险计划(1414 万人);近 3290 万美国人没有医疗保险。[①] 2016 年,91.2%的美国人有某些形式的医疗保险,5300 万 65 岁及以上的人参加了联邦医疗保健计划,2.72 亿非机构居住的、65 岁以下的获得雇主提供的医疗保险(1.55 亿人)或非雇主提供的医疗保险(9000 万人),其中 2700 万人没有任何医疗保险。[②] 2016 年,美国的整体医疗保障结构如图 2 - 2 所示。

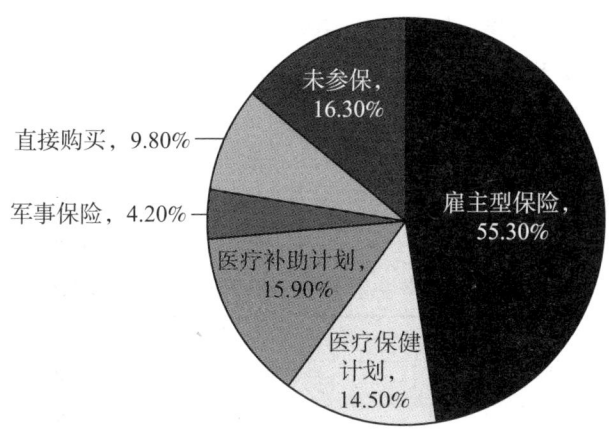

图 2 - 2　2016 年美国按照参保主体划分的参保比例

注:个人可有多种保险选择所以总和超过 100%。
资料来源:美国卫生和公众服务部,2016 年。

(一)美国政府负责的医疗保障

1. 医疗保健计划

医疗保健计划是由联邦政府管理的全国性的社会保险项目。从 1966 年开始,美国政府向残疾人、肾癌晚期、肌萎缩侧索硬化症和 65 岁以上的公民提供的医疗保险。医疗保健计划平均报销承保病人 48%的治疗费用,剩余费用病人可以通过补充保险或其他方式支付。医疗保健计划的资金一部分来自薪资税,为收入的 2.9%,年薪超过 20 万美元的需支付 3.8%。一部分资金来自投保人所交的保险费和基金收益,收入高的老年人需额外支付附加税。

此制度由四个部分构成。A 计划:医院保险。覆盖住院费用,包括双人病房、住院就餐和检测。B 计划:医疗保险。基本上覆盖门诊费用,医生看诊、护理、脊骨按摩治疗、

[①] Smith J C, Medalia C, U. S. Census Bureau. Current Population Reports, pg 5 Health Insurance Coverage in the United States: 2014, U. S. Government Printing Office, Washington, DC, 2015.

[②] Federal Subsidies for Health Insurance Coverage for People Under Age 65. CBO, 2016 - 03 - 24.

X射线等治疗。截至2015年,病人花销小于147美元时全部自理,超过147美元后保险付全部费用的80%。C计划:即联邦医疗保险优先计划。购买了这部分计划的投保人每月交一次保费。此部分可覆盖前两部分未覆盖的服务,减少自付额和20%的共付额。D计划:即处方用药计划。任何拥有A、B计划的受益人都可以申请D计划。此计划实际上由私有医疗保险公司设计管理。处方用药计划可以选择其覆盖的药品种类,覆盖的百分比。但是该计划不能向医疗保健计划报销不被承保的药物,一旦发现这种行为,处方用药计划必须返还该部分金额到医疗保障救助服务中心。

2. 医疗补助计划

是美国各州政府向贫困者、儿童以及高医疗花费人群提供的医疗援助和补贴。法律规定,收入在贫困线133%以上的美国公民以及合法居住者有资格参与医疗补助制度。政府帮助这些受保人支付私有医疗计划的保险费。低收入并非此项目唯一的准入要求。接受者必须属于法规规定种类中的一类才可接受帮助。比如低收入家庭有幼龄儿童;怀孕妇女;低收入老年人。2016年,医疗补助计划覆盖了5700万人(见表2-2)。

表2-2 　　　　2015年和2016年美国医疗补助计划的覆盖人群情况　　　　单位:百万人

医疗补助计划	2015年	2016年
总数	68.5	70.9
老年人	5.5	5.7
盲人/残疾人	10.5	10.6
儿童	28.0	28.0
成年人	15.4	15.5
扩展到的成年人	9.1	11.2

3. 儿童医疗保险计划

该项目1997年由联邦政府设立,之前的名称是州立儿童医疗保险计划,由美国卫生和公众服务部负责管理,为各州提供配对资金,特别用来资助收入超过医疗补助制度标准但无法承担私人医疗保障的有孩子的家庭,可看成医疗补助制度的扩展部分。根据联邦的要求,各州运营儿童保险计划的权限很大,根据自身的情况,可以由放在医疗补助计划的扩展计划中实施,也可以单独设立儿童医疗保险计划。一般来说,儿童保险计划提供的医疗服务包括常规检查、免疫、医生上门服务、处方药、牙科和视力诊疗、住院和门诊治疗、实验室和X射线服务、急救服务。儿童医疗保险项目为家庭收入未能满足医疗补助计划资格要求的家庭中19岁以下的儿童提供的医疗保险服务,各州设定相关的收入标准。美国有46个州和哥伦比亚特区设定的收入标准是联邦贫困线的200%,24个州设定的收入为联邦贫困线的250%及以上。各州可以收取一定的注册费用、保险费、起付线、共同付费等,但总的自付费用不能超过家庭收入的5%。儿童医疗保险计划的经费来源由联邦政府和各州按照医疗补助计划能帮医疗救助比例来设定的公式计算的。为了鼓励各州扩大儿童医疗保险计划的覆盖范围，国会制订了提高儿童医疗保险经费补助比例的方案，即比医疗补助计划的补助比例提高15%，全国的平均补助比例为71%。例如，如果一个州的医疗补助计划获得联邦50%的联邦配对资金，则其儿童医疗保险计划可以获得联邦65%的配对资金。2016年，儿童医疗保险计划的覆盖了890万儿童。

4. 联邦雇员健康福利计划

此项目是基于1959年的《美国联邦雇员健康福利法》而设立的，是为政府雇员提供的健康福利，允许公务员在保险市场选择私有医疗保险计划，并且由政府平均承担72%~75%的保险费用，授权人事管理局与若干私人保险公司签订合同，由后者为联邦雇员及其家属提供保险计划。[①]

5. 原住民医疗服务

美国政府1935年建立的专门为原住民提供医疗服务的项目，由美国卫生和公众服务部管理，负责向联邦承认的美洲土著部落和阿拉斯加原住居民提供直接的医疗和公共卫生服务，只在尽量提高其健康状况。[②] 该项目为大约220万名美国印第安人和阿拉斯加土著居民提供了医疗保健，由26家医院、50个保健中心和32个保健站组成。[③]

6. 军人医疗保障体系

这是由联邦政府出资、经办的医疗保障计划，属于免费的医疗保险。美国的军人医疗保障体系由军队卫生系统和退伍军人医疗系统构成。前者由国防部医疗管理中心统一进行管理，为现役、退休、预备役军人及其家属提供医疗保障服务，后者主要由退伍军人事务部下属的退伍军人医疗事务管理局统一管理，为战争中致伤致残的退伍军人和低收入退伍军人提供医疗保障服务。军人卫生系统共有59所医院、363所医疗诊所、281所牙科诊所，各类卫生工作人员138224人，其中军人84946人，文职人员53278人。退伍军人医疗系统是美国唯一由政府直接提供服务的医疗系统，医疗机构设施归国家所有，工作人员为政府雇员，拥有1243家医疗机构，包括170家医疗中心、1063家门诊诊所，每年为900万名注册退伍士兵提供医医疗服务。2015年，美国军队医疗体系的支出为418亿美元，而退伍军人医疗系统的支出为647亿美元（见表2-3）。

表2-3　　　　　　　　　　2015年美国卫生支出情况

总支出	3.2056万亿美元
GDP占比	17.8%
人均支出	9999.0美元
医疗保险	2.3845万亿美元

---

① Congressional Research Service. Laws Affecting the FEHBP.
② Quick Look. Newsroom. Retrieved, 2017-11-01.
③ About IHS. www.ihs.gov. Retrieved, 2017-11-01.

续表

私人医疗保险	1.0721 万亿美元
医疗保健计划	6462 亿美元
医疗补助计划	5451 亿美元
州立儿童医疗保险项目	146 亿美元
国防部	418 亿美元
退伍士兵事务部	647 亿美元

7. 老年医疗保障全包项目

此项目为超过 55 岁，但不满足医疗保健计划"家庭看护"条件的老人提供医疗服务。服务包括基本和专科治疗，护理，社会服务，治疗（职业、物理、语言、复健等），药物，日常看护，家庭护理，病人转移，住房医疗改造以及所有项目认为可最大化受益人健康程度的护理。

（二）美国私有医疗保险的特点

美国的医疗机构大多属于私营性质，绝大多数美国人通过商业保险公司购买私人医疗保险。美国私有医疗保险具有以下特点。

1. 健康储蓄账户

以消费者为中心的医疗保险允许投保人使用健康储蓄账户中的存款，此保险的高自付额有效地减少了医疗开销。健康储蓄账户是免税的储蓄账户，只要储蓄的资金用于符合规定的医疗支出，那么所有的存款、资本利得和提款都是免税的。此账户通常与高自付额医疗计划相连，最适合那些能够负担自付额的较富有人群。

2. 管理式医疗

用来控制医疗开销并且提高医疗服务治疗的方式。在美国，主要有三大类管理式医疗保险公司：即健康维护组织、优选医疗机构，以及定点服务组织。

二、奥巴马医疗改革

（一）奥巴马医疗改革的主要内容

《平价医疗法案》没有改变现存的美国医疗保障系统，旨在原有的基础上扩大医疗保障的覆盖率，增加医疗保障的可承担性，提高医疗服务的质量并且减缓美国医疗保障花销的增长。此法案要求所有美国公民都必须购买医疗保险，不参与保险的公民需要缴纳罚款，因宗教信仰或经济困难的原因无法参保的公民可以免交罚款。法案还对私人医疗保障行业与公共医疗保障项目进行了改革，将 3000 万没有医疗保障的美国公民纳入医疗保障的覆盖范围。该法案主要有两个部分：《患者保护与平价医疗法案》和《保健与教育协调法》。

《患者保护与平价医疗法案》规定了如何提高医疗保险覆盖率，又规定如何对低收入人群进行经费补助，以便他们能够购买医疗保险。它强调应由个人、家庭、小企业雇主选择自己想要的医疗卫生服务，减低数以万计的普通家庭和小企业主的医疗保险费用，减轻他们每年自付的医疗卫生费用，将疾病预防项目纳入免费的医疗保险范围。设立医疗保险交易中心，使医疗保险公司失去了以前的垄断地位，并只能凭质量和价格进行竞争。小型企业雇主为员工购买医疗保险，不仅可以在交易中心享受到优惠的保险费用，而且将享受到政府给予的税收优惠。

《保健与教育协调法》修订了《患者保护与平价医疗法案》并增加了《学生资助与财政责任法案》。该法案对平价医疗的修订包括：在2020年前缩小医疗保健制度中的甜甜圈缺口①等一系列增大保险覆盖率的政策；全额补偿在医疗保健制度范围内的患者。《学生资助与政府责任法案》规定，学生贷款由教育部直接负责。从2014年开始，毕业生每月还学生贷款的金额无须超过收入的10%；对于按时还贷的学生，还贷20年后，所有未还清的贷款将全部清零。

2010年，美国总统奥巴马签署了《平价医疗法案》，2014年开始实施。对于已经通过工作被保险的人群，医疗保障的变化不大，看病的上限下降，还可以免费享受预防性医疗服务。在大公司工作却没购买保险的公民的医疗保障现状会有所改变。政府要求50人以上的大公司为全职员工购买保险，否则付罚金。小型公司不会面临相同的罚金但有相应的激励政策。为了让小型公司更加容易购买保险，政府建立了特别的保险市场。一些为员工购买保险的小公司可以免除一部分税收。与现在不同的是，承保人不能在员工生病时上涨价格。所以更多的人会通过工作购买保险。

最高法院规定各州政府以及立法机构必须共同决定公民是否可以加入医疗救助制度。经过各州认定的公民可享受基本免费的医疗服务。和现在相同的是，很多人会通过政府获得保险。接受医疗保健制度的老年人不会有太大的变化。医疗救助制度扩大，覆盖更广，特别是对贫困的成年人援助力度较大。由于政府的援助，很多私人保险计划有可能会承保收入低的成年人。

即使工作单位提供了医疗保障，再加上医疗救助制度扩展，但是仍然有一些人没有保险。对于那些没有保险，或者觉得公司提供的保险太贵的人来说，他们可以在医疗保险市场自己选择购买保险。近几年来，由于奥巴马医疗保障改革，保险计划的数量大大增加，再加上私人保险公司在医疗保险市场上良性竞争，公民可以根据自己的需求及保险价格选择合适的保险计划。每一个医疗保险计划根据报销程度划分为最便宜的铜计划、银计划、金计划到昂贵的白金计划。所有的计划都会覆盖一些大家所需的基本服务，如医院门诊、心理咨询、相关药物服务等。

---

① 甜甜圈缺口：在计划D中，投保人全额支付医药费直到310美元，310美元之后只用支付25%直到总医药费达到2800美元，超过2800美元后，患者需再次承担所有费用直到4550美元，之后计划支付95%。2800~4550美元无计划覆盖的区间称为甜甜圈缺口。

在美国，市场的作用在于规范保险公司，使其公平竞争。平价医疗法案规定保险公司必须给所有人提供保险，无论投保人是否健康；并且不能因为投保人的病史多收保险费。经过改革之后，男女老少所交的保费趋同，年轻人保费上升，老人保费下降。年轻人在26岁之前可以使用其父母的医疗保险计划以减少开销。然而这些变化没有降低医疗保险的价格。所以很多人会发现购买新保险是更加便宜的选择。当然，仍然会有人比之前付更多的钱，但他们能享受更好的服务。美联储在没有医疗保险市场的州建立自己的保险市场，与州立保险市场不同的是，政府会返还大多数人的税金，让更多的人买得起医疗保险。并且，很多贫困人群不用付全额保险费。美国医疗保险的资金来源主要是税收，特别是健康产业的税收。个人同样也需要付税，富有的人出得更多。投保时间是固定的，投保人不能在非购买时期购买保险。

（二）美国医疗保障的运作关系

美国医疗保障的利益相关者包括政府、承保人和消费者，这三个支点之间相互支撑相互制约，缺一不可（见图2-3）。

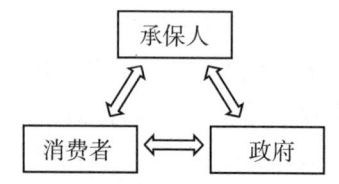

图2-3 美国医疗保障的三者关系

资料来源：Jon Gruber（2011）。

1. 承保人

承保人就是保险公司，奥巴马医保承诺承保人必须承保所有公民，无论是否生病或存在较大的患病风险，无论是否年龄小、有病史，必须至少付保险费的80%~85%。政府通过私人保险计划承保被保护的人群。

2. 消费者

所有美国公民必须参保（individual mandate），如果不参与保险则需承担相应的税费惩罚。

3. 政府

为雇主提供补贴，惩罚未投保公民以及雇主，督促公民投保。从社会各处收取税金，支持医疗保险花销。

4. 美国政府对于不参保的个人或公司进行处罚

对不参保个人的罚金：2014年95美元或者1%的税前收入；2015年325美元或者2%的税前收入；2016年695美元或者2.5%的税前收入。处罚金额逐年提高，以促使个人参保。

针对雇主的罚金：1~50人的公司免罚；50~199人的公司需交每人每年3000美元的罚款；200人及以上的公司必须承保所有员工，否则公司就是违法的，处罚更加严厉。

（三）美国医疗改革思路

1. 医疗保障改革的总体方向

奥巴马医改的目标是提高医疗保障的覆盖率，让美国公民享受到廉价、质量好、项目全的医疗服务，从而提高人民的生活质量。其2014~2017年的计划是：继续为穷人扩大医疗补助制度；补助购买者或公司，惩罚未购买者或公司；提高各地收益；减少政府花销。

2. 美国市场化的保险市场存在的问题

美国医疗保险市场化的主要问题是风险调整和逆向选择。当面对单一医疗保险时，风险较低的人群不会购买比自己期望值更高的保险，而风险高的人群期望值高于社会平均值，愿意购买保险。所以整体的参保人数位于社会平均保费与公民边际成本的交点处。当消费者面临多种医疗选择时，不同的风险人群可以根据自己的期望选择合适的医疗计划，整体的参保意愿将会提高，总体参保人数上升，市场此时会倾向于对健康状况不同的人群，比如年轻人和老年人，提供不同的保险费吸引不同的人群参保，赚取各人群的消费者剩余。

为了使医疗保险计划收益更大，美国保险公司常常选择一些风险选择的策略。

（1）美国医疗计划的风险选择策略。

收益设计：医疗计划会包含一些计划来吸引健康的顾客。

保费歧视：一些医疗计划会直接在计划介绍中写出面对不同人群收取不同的保费，比如年轻人和老年人，不投保慢性病患者等。

搅动计划：建立新的计划来吸引愿意更换计划的人，通常这些人都是年轻健康的公民。

计划水平的服务变化：计划中的服务拥有选择投保人群的功能。

处方强度变化：给投保人增加额外的诊断使其看起来更虚弱。

（2）减少风险选择的策略。

管理计划选择的策略；再保险吸引亚健康人群的医疗计划；分担风险：减少吸引健康人群后的优势，例如，混合支付方式（给定医院限额并降低挂号费用）；风险调整：降低吸引健康人群投保前的优势。

3. 平价医疗法案中对应的管理方式

平价医疗法案建立了三个减少互换风险选择的项目。这三个项目分别是风险调整、再保险和风险走廊。

风险调整相关规定如下："特别要求。秘书处做风险调整决定时应该考虑以投保人个人为单位,应该考虑与其相关的所有人;风险调整支付以及再保险支付条件下的投保人的健康状况、年龄、收入、个人投保还是家庭投保,以及地方医疗保障平均开支的差异。"

高风险人群相关的风险调整规定如下:"投保人拥有 50~100 项疾病则被定义为高风险疾病人群,这些疾病指医生诊断投保人有高风险疾病史或由美国精算协会推荐认定的方式认定的高风险疾病史。"

4. 未来改革方向

为美国公民提供更多医疗保障选择,减少支出,增加选择的灵活性。保护最易受到伤害的人群,比如有病史、病症复杂等公民能够接受好的治疗,负担得起的治疗。激励医疗保障创新。

第三节 美国的医疗保障支付制度介绍及改革

一、美国医疗保障制度的支付关系

(一) 基本医疗保障支付概念

如图 2-4 所示,美国的医疗保障关系有四个主要的参与者:赞助者、医疗计划/保险公司、消费者/投保人、医疗保健提供者。赞助者可以直接或间接地向消费者收取保险费,然后支付保险公司。在美国,美国政府是医疗保健制度的赞助者,私有企业是私有保险的赞助者,保险公司则是自我保险的赞助者。赞助者最重要的作用是再分配,他们从消费者处收取相同的保费,再根据收入差异另外收取。有了赞助者的中间作用,保险费不会根据投保人的年龄和健康状况不同而有太大的差异。高收入者相比于低收入者需要付更多的保费。

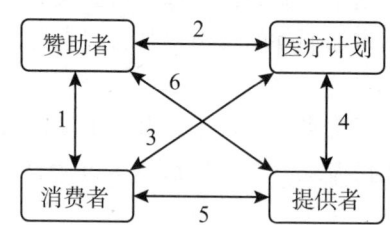

图 2-4 美国的医疗保障关系的四个参与者

医疗计划/保险公司直接承担投保人的医药费用。支付的方式根据投保人选择的医疗计划会有不同。比如:在费用达到一定自付额前全部由投保人自己支付,超出部分由保险公司支付;或者在达到一定金额前医院按一定比例从投保人处收取医疗费,达到一定金额后再由保险公司全额或按比例支付等。消费者或投保人接受医疗服务，在一些情况下选择医疗计划或者赞助者。医疗保健提供者为消费者提供医疗服务，从保险公司或病人处收取费用，一般是医院和医生。医疗计划通常会有自己计划网络内的医院和医生，消费者使用网络内的医疗服务价格更加便宜。

（二）案例分析

波士顿大学的教师每年通过波士顿大学购买私有医疗保险，教师的家庭成员可与教师用同一个医疗计划。波士顿大学作为赞助者保障了有家庭的教师和健康风险较低的年轻教师付相同的保险费。同时为投保人分担75%的保险费用，剩余的保费直接从教师们的税前工资中扣除。波士顿大学从上百种医疗计划中选择了三种计划供员工选择，并且支付保险公司经验等级保费。所有的教职员工可以从三种计划中选择一种也可以选择不参与学校提供的医疗保障计划。举例说明其中一种医疗计划是 BCBSMA PPO，这种计划中有两层提供者。BCBSMA 作为医药费的直接支付者，与不同的医疗服务提供者有不同的医疗费用支付结构。消费者在医疗保健提供者网络内享受的医疗服务是每次 20 美元，网络外的费用需要消费者承担 20%。拥有医疗储蓄账户的消费者可以直接在账户里存钱，该账户可以用于所有的医用支出，这样一来，所有的医疗费用都由税前工资支付。波士顿大学与医疗提供者直接的关系是为每一个教师以及家庭成员指派一位主治医生，但消费者仍然可以选择其他医生。因为经验等级保费根据医疗计划的支出而变化，所以波士顿大学是风险的主要承担者。此案例参与者的关系如图 2-5 所示。

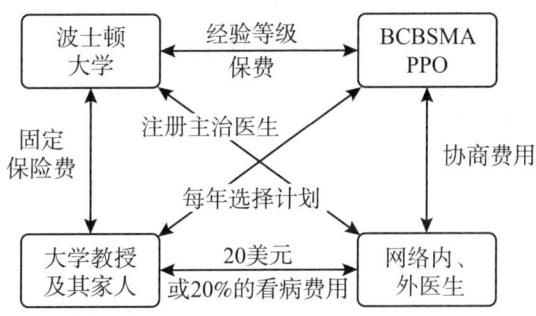

图 2-5 美国波士顿大学的医疗保险关系

（三）参与者之间的财政联系

从以上例子可以看出，各个参与者之间的支付关系有四种：消费者与赞助者；赞助者与医疗计划；医疗计划与医院；消费者与医院。

个人与赞助者之间的支付通常是当个人选择医疗保险计划之后支付给赞助者一定比例的保险费用。在由政府资助的医疗保障和医疗补助制度中，投保人通常不需要或者只需付保费的一小部分。赞助者与医疗计划之间的支付按照保险公司医疗计划的要求，以及投保人的健康状况构成有不同的支付方式。赞助者的再分配作用在这一环节得到体现。在赞助者向投保人无差别收取保费后，保险计划的不同使得保费不同，此时赞助者会向收入较高者处再收取保费。在前面的例子中，病人看病产生的风险由波士顿大学承担，因为它的支付方式是经验等级支付。保险公司根据经验的高低向波士顿大学收取不同的费用。健康人群的保费低，年长人群保费高。投保人和医院之间可能会有支付关系。这取决于投保人所选择的医疗保险计划。有达到一定自付额后保险公司全包的计划，也按次计费的门诊费用。

医院与保险公司之间的支付方式存在很多种。可以分为几个大类：前瞻性支付、按项目支付以及表现支付制度。前瞻性支付是指一种提前决定医疗保障支付金额的补偿方式。美国医疗保障基金委员会的医疗保健计划是美国医疗服务的最大购买方。从1983年开始，医疗保障基金委员会预先付给医院住院病人的医疗费。1987年时前瞻性支付系统已完全到位。医院收到由诊疗关系组（DRG）决定的相关病人的定额治疗费用。其他医疗服务购买者也需要紧跟医疗保障计划的步伐。有一些州已经要求州内所有的购买者根据DRG的讨论结果预先支付医院。这种支付方式将成本控制从需求方转移到了供给方。需求方在按项目付费时自己承担的费用包括自付额和共付额。前瞻性支付使供给方也需考虑成本控制。成本由供给方承担比由需求方承担有三个优势：第一，病人的保险越多，他所承受的财务风险越低，同时道德风险会变高，使医疗效率下降。对于医院机构来说，风险是随机的小概率事件，更容易承受。第二，医院更加容易控制成本。像住院手术这类治疗，主治医生通常都是决策者，病人的发言权并不大。第三，实际上说，从希望控制成本的人手中拿走医疗保险是十分困难的。医疗保障制度的受益人，相关团体十分抵制需求方分担成本，但是让供给方分担成本却十分容易。缺点是医院可能会为了节省成本不提供足够的服务。

按项目支付成本由消费者根据医疗计划的规定承担。如果保险计划覆盖得多，很有可能消费者会接受更多服务，存在道德风险。按表现支付将支付金额与患者接受的服务质量挂钩，而不是与医院提供服务的多少挂钩。这种方法目前还在研究当中。混合型支付，购买者支付给医院一定份额，但是按照一定的比例和医院分担每次治疗费用。这个比例会根据医生更偏向于医院利益还是患者利益变化。从理论上说，此模型可以使消费者享受最优医疗服务的同时让医院的利润最大化。

二、美国自付支出逐年增加

自付款是由消费者支付的医疗相关费用。它们包括直接支付医疗服务费用、共同保险、共同支付和免赔额。

几十年来，美国虽然自付费款项占总费用的百分比已经下降，但是真正的自付费支出实际上大大增加。这是由于美国卫生保健系统的规模发展很快，医疗技术突飞猛进，医疗总体费用大增等造成的。1970年，美国人均自付费支出是128美元，占当年人均个人健康保健319美元花费的40%。到2011年，美国医疗保健消费者自付费达到1146美元，而当年人均花费的个人医疗支出为8187美元，自付费占比为14%。相比之下，在同一时期居民消费价格指数同比增长只有5.8倍。2013年，美国人均医疗支出9100美元，自付费1220美元，占比13.4%。同期CPI上涨6倍，医疗费用上涨28.5倍，自付费上涨9.5

倍。在近几十年自付费普遍上升的趋势中，美国人均自付费在OECD国家中历来排名第二个高，仅排在瑞士之后（OECD，2012a）。

美国各个人口组自付费支付的增长速度是不一样。从1995～2006年间自付费增加的情况看，增长速度最快的是由那些非医疗救助保险（60%）、无保险（46%）和在贫困线以下的个人（35%），而那些有私人保险的个人自付费仅15%（派斯、赵与黄，2009）。从已有的数据分析可以看到，65～79岁之间的美国人的人均自付费最高，女性相对于男性花更多自付费，非西班牙裔白人比其他种族群体花更多的在自付费方面。未满65岁、未参保的自付费支出比有私人保险、医疗补助或其他公共保险计划的人更高。

自付费支付与慢性疾病的数量增加成正比。由慢性疾病数量产生最大的绝对差值自付费是由于处方药的差别。2010年，65岁以上的老人如果有三个或更多的慢性疾病，则平均每年支付了1292美元，而没有慢性病的同样年龄的老人每年仅支出173美元。对于较年轻的成年人，这种差异超过20倍（951美元比45美元）。相比之下，65岁以上无任何慢性疾病的人人均仅支付6个美元的住院服务费和18美元的门急诊服务费，而那些具有三个或三个以上的慢性疾病分别支付了56美元和49美元。

医疗保险对于各类治疗的自付费比例有较大差别。从表2-4可以看到，医院服务支出的自付费比例一直较低，而牙科医疗服务及养老院医疗支出的自付费比例较高。

表2-4　　　　　　　　美国各类医疗支出自付费比例变化情况

医疗支出类型	1970年	1980年	1990年	2000年	2010年	2011年
人均（美元）	319	1023	2662	4568	7934	8187
所有个人医疗保健支出（美元）	63	217	617	1165	2190	2279
自付费支付（%）	40	27	23	17	14	14
医院服务支出（美元）	27	101	250	416	816	851
自付费支付（%）	9	5	5	3	3	3
医师和临床服务支出（美元）	14	48	159	291	519	541
自付费支付（%）	45	30	19	11	10	10
养老院医疗支出（美元）	4	15	45	85	143	149
自付费支付（%）	50	41	40	32	28	27
家庭健康支出（美元）	0.2	2	13	32	71	74
自付费支付（%）	9	15	18	20	7	8
处方药支出（美元）	6	12	40	121	256	263
自付费支付（%）	82	71	57	28	18	17
牙科医疗服务支出（美元）	5	13	32	62	105	108
自付费付款（%）	90	66	48	44	41	42

资料来源：美国卫生及公众服务部，2016年。

第四节 美国近几年药品定价制度及改革思路

一、定价制度

(一) 现状

美国政府目前没有具体规范药品花费,其药品价格大多由市场或者制药公司决定。美国自主研制的药品价格昂贵。其药品开销是其他国家使用相同药品的两倍。在高价的美国药品的情况下,美国政府去年从加拿大购买了 10 亿美元的药物。

药品公司生产出针对某种病症有效的新药品并且得到美国食品和药品管理局的批准后就可以向各保险公司推广自己的产品并且协商产品价格。药品公司首先可根据生产、投资成本来估算药品价格,经过食品和药品管理局的认可后可报价。如果该药品拥有专利且有品牌注册,则价格会高出许多,与之相应的使用该药品的医疗计划保险费也会上涨。总体来说,药品的定价过程并不透明。

许多制药公司表示,他们所设定的高价格是为了支撑药品的研究。药品研制者中大概只有 11% 研制成功并获得销售许可。虽然生产药品成本不高,但是研制开发却相当的花费财力和精力。高端单次临床实验的成本就可以高达 1 亿美元,研发和生产总成本可高达 10 亿美元。批评家则指出只有少数一部分制药公司把资金投入研发中,而其他公司则把大多数资金用在管理和市场销售中。

(二) 影响药品价格的因素

1. 生产

R&D 因素,包括临床前测试、临床试验以及市场销售、生产、注册。

2. 市场

销售链、销售链参与方的数量以及状态,竞争,供给数量,处方药以及非处方药的分配。市场竞争因素对价格的影响较大。市场对价格调节是否有效取决于药品在市场的垄断程度。[①] 具体体现为专利药品和仿制药品的市场管理政策。

就专利药品来说,被专利保护的药品同样也分为基础药物、无替代品、单一来源药物和被保护专利药品,但后两类市场有替代品。单一来源药品有强大的市场垄断性,如最近治疗乳腺癌的赫赛汀药品公司,凭借其垄断地位对政府以及保险公司收取昂贵的药品价格。但垄断药品的价格控制的能力不是无限的,政府会通过价格规范,垄断买方市场等方

---

① Management Science For Health 2012 Chapter 9 Pharmaceutical pricing policy.

式来控制垄断药品的价格。同时，市场会刺激竞争公司研发生产替代品。美国打破垄断药品市场的平均时间为六年。

美国针对非专利药品或仿制药品的管理政策也非常明确。非专利药品没有专利保护，制药商可根据发明者的配方直接模仿生产药品。各制药商进入市场的门槛低，价格竞争使得价格水平维持在较低水平。但市场上同样也存在阻力阻碍竞争公司进入市场。在专利保护时期，垄断者所拥有的市场已经拥有一定的规模，当新牌子的相同产品进入市场时，消费者不愿轻易改变购买决定，他们会认为仿制品质量差。同时，随着竞争者的增多，产品边际利润降低，制药商进入市场的动机减少。药品初始开发厂商可能够通过一些策略延长他们在市场的垄断地位。比如，给试图进入市场的其他制药商制造合法的困难，发展自身产品足以申请专利的小差异。另外，让政府只把注册相关的数据给药品初始的研发商，其他制药商只能在一段时间后才能注册药物。美国目前通过了允许仿制药品在专利保护过期时候快速进入市场的法案。总体来说，引进仿制品是降低药品价格最有效的方式。HIV/AIDS 的药品就是通过这种方式降价。2000 年时，巴西首次引进仿制抗逆转录病毒的药物，当时治疗一位病人一年的药费至少是 10439 美元。到 2006 年 7 月，该药品的仿制品标价为 132 美元。当然前提条件是购买者必须了解市场。

3. 管理与财政

管理成本与财政政策对药品价格的影响也很明显，因素包括：医疗系统的花费；管理行为及限制；药品种类与清单；进口药品限制与支持当地药品生产；国家健康项目相关政策；药品销售渠道；补偿制度；税收；本国药品市场与其他国家经济部门的联系；外国经济活动。

（三）药品价格差异化

（1）制药公司的价格差异化。价格差异化指一家公司对同一产品向不同群体收取不同的价格，通常也称为股权定价。制药公司当拥有以下条件时可以差异化价格：药品垄断市场；不同消费市场的价格弹性不同；买家之间不能再次贩卖产品；有通过差异化价格得到重要药物的协议。

（2）供给链导致的价格差异化。药品制作、运输、储存及销售的整个渠道十分复杂。这一过程中所经历的税收对于最后药品价格的影响较大。所以定价政策需承认供给链会大大降低药品的可负担性。据一个药品定价研究表明，虽然政府将保证金限制到了 40% ~ 50%，但实际的保证金高达 100%，甚至有超过 300% 的情况。

（四）价格的形成过程

（1）第一阶段出厂价。通常是生产商向批发商收取的价格；如果是进口产品，则此阶段的价格为出厂价格加上货物运输的保险。购买方与制药商协商价格的决定因素有：该药品的市场竞争力、买方的质量标准、买方市场的竞争力、价格规范及控制。

（2）第二阶段到岸价格。是把药品送到批发商手中所需要的费用。其决定因素有：

运输公司、保险公司和货仓的收费，各州的税收标准，进口药品和原材料的关税。

（3）第三阶段批发价格。是到岸价格加上批发商的储存费用。批发商可以是私人、公共或者是非营利政府机构。现在越来越多的批发商是与供给方有关系的分配方，成本较低。

（4）第四阶段零售价格。是批发价格加上运输到零售商所需的费用，包括运输保险。在零售商拿到药品之后会根据自己所需的利润提高价格。此阶段的可操作性强，私人部门的价格通常高。

（5）第五阶段分配额价格。这一阶段政府可能会在零售价格的基础上加上额外的税收比如增值税或者商品服务税。欧洲的一项研究表明即使药品的批发价相对较低，加上税收的产品的最终价格仍然比批发价较高的药品高。

二、改革思路

药品定价需要使普通公民能够承担得起基本药物。由于药品的特殊性，市场有时不能达到理想的控制价格的效果，此时政府控制价格等干预是有必要的。但干预方法有待探讨。建立政治性太强的价格管理机构可能会起到适得其反的效果。有人断言菲律宾的仿制药品市场衰退就与药品价格控制有关。政府的价格干预同样也可能会对药品的研发有负面影响。最明显的一个原因是政府干预妨碍了市场定价制度下的可营利性。利润下降会降低研发的积极性。为了不降低药品的开发，需弄清价格是否是 R&D 主要的影响因素。政府可通过减少税收，拨款等方式鼓励药品的研发。主要的价格控制思路有以下几点：

（一）对生产商的价格控制

政府规定出厂价格必须是生产成本加上毛利率，此价格也叫做加成成本价。然而，厂商的生成成本难以获取，特别是跨国公司的研发费用。英国药品价格管理机制规定政府有权拒绝制药公司提高现存药品价格的申请，并且有权要求降低国家健康服务中心购买药品的价格。

（二）对生产商的利润控制

英国药品价格管理机制对制药公司能够从国家健康服务中心赚取的利润定了上限。公司可以在上限范围内自由定价。但从一个国家的角度来看，跨国公司操作仍有转移成本的可能性，从而上报的利润也变得可操控。英国的利润控制因此受到批评。

（三）参考价格和品牌溢价

将一个药物分配到一个具有相同安全性，效率以及成效的药品小组。该小组的所有药品价格都与小组内的最低价格或者平均价格相关。参考价格并不必须是所有同类药品的市场价格，而是基准价格。生产商可以设定比基准价格更高的价格，后果就是与市场内价格更低的同类药品竞争。

品牌溢价通常与参考价格相联系。当第三方,比如保险公司或政府,购买药品且投保人需付共付额时,第三方的补偿金额由同类药品中最便宜的决定。如果病人购买的是参考价格的药品,他们只用支付最小额度,若购买高于参考价格的药品,则需自己补齐差价。这个方法的两个优点是制药商之间有价格竞争和消费者偏向选择低价药品。

(四) 比较价格控制(国际基准)

这种方式比较了不同国家之间的参考价格。本国政府以其他国家参考价格上涨幅度为标准,限制自己国家药品价格的上涨。新药品的价格也设为其他国家的平均或最低参考价格。这种方法的困难之处在于各个国家的包装尺寸、优势以及药品有效成分不一,并且批发购买时产品价格最低,难以作为合理的参考标准。除此之外,供给环节上的各种价格也会因为过程不同产生差异,导致税收和利润不同。一个药品有销售价格、私有保险价格等多种价格,从中选出一个并非易事。基准国家也很难以选择。选择处于同一经济发展水平的国家看似比较合理,但这种国家可能没有有效的控制价格的政策。

(五) 取消关税和其他税金

政府的税收在整个供给链中对商品价格有较大的影响。政府需要权衡税收收益和药品价格。除取消税收之外,政府同样可以控制零售商的边际利率,减少医生人数来降低药品价格。

(六) 固定利润率

利润可固定为批发价格的某一百分比,大约在30%。这一方法存在的问题是制药商可能会给批发商折扣却不给消费者。

(七) 偏离加成

利润为批发价格的变化的百分比:低价药品的利润百分比比高价药品的百分比高。此方法可以促进低价药品的销售,驱动力是零售商的利润最大化行为。

(八) 按人付费制度

药剂师每年根据其所看的病人数量得到补偿,每人所补偿的金额固定,或者每处方补偿。这种系统的目标是防止药剂师从药品价格或者数量中牟利。缺点在于如果药剂师在批发价格上加上利润,这种系统仍然具有可操控性。

第五节 近几年美国诊疗项目改革及思路

医疗保险计划中包含自己所覆盖的诊疗项目,一般来说,消费者更倾向于计划内的项目服务。所以诊疗项目的改革可看做医疗保险计划的改善。保险市场上有多种保险计划可供选择，消费者在选择计划后可选择铜、银、金和白金等级决定保险公司的覆盖程度。

一、美国主要医疗保险计划

（一）补偿计划

医院按提供的服务次数收取费用，保险公司按照一定比例支付给医院，其他由投保人自己承担。选择补偿计划的投保人可以任选医院和医生，每次看病后先自己承担医疗费用再找保险公司承担部分。或者自己承担的费用达到一定免付额后保险公司根据"通常合理的比例"补偿受益人。通常合理比例由当地医生根据当地情况决定。补偿计划的好处在于可以任选自己所需的医疗服务。

（二）健康维护组织

健康维护组织是指在收取固定年费后给投保人提供医疗服务的体系。由联邦政府和州政府管理规范。该体系给每个受益人指派一位主治医生，作为民众接受医疗服务的看门人。除非紧急情况，患者需要主治医生的转诊介绍才能看专科门诊或其他医生。主治医生必须根据健康维护组织的规定才能转诊病人。健康维护组织通常覆盖了补偿计划没有的预防性服务，比如疫苗、乳房X射线检测、胎儿健康检测等，主要侧重防止重大疾病发生。门诊心理咨询等服务受到限制，覆盖较少，可能不会承担高价的服务、诊断和治疗。实验性治疗、可选性服务等非必要服务（如整容）不会覆盖。

（三）独家医疗供应商的组织

除非紧急情况，只能使用网络内的医生专家以及医院。

（四）优先医疗供应商组织

使用计划网络内的医生和医院时价格便宜，使用网络外的医院、医生，药品供应商不需要转诊介绍并且会得到相应的补偿。此项目通过保险公司使用网络内的医疗服务收取费用，而不是收取保费。

（五）服务点计划

使用计划网络内的医生医院的价格较为便宜。同样需要主治医生的转诊介绍才能看其他医生门诊，所得到的补偿减少，并且需要自己负责填写表格、寄账单、保留收据。这种管理式医疗保障结合了健康维护组织和优先医疗供应商组织的特点。

二、改革思路

控制支出、增加医疗计划的可承受性一直是医疗计划的改革重点。从按项目收费再以相应比例补偿的补偿计划，到从不同方面限制投保人接受服务的健康维护组织，优先医疗供应商组织以及服务点计划等项目，都是为了减少医疗支出做出的努力。

健康维护组织的思路在于预防。它覆盖了预防服务的支出。相对于病患的诊断、治疗等病后费用，预防服务的成本较低，可以降低投保人各方面的患病风险，从而减少医疗支出。但数据表明，健康维护组织并没有显著地减少整体的医疗花费。投保人自己所需付的钱有所减少但没有影响保险公司所承担的费用。可能的原因是承保人在只需分担少部分费用的情况下过度使用医疗服务。另一原因可能是健康维护组织组织特别是具有营利性质的内部的管理费用增加，并且有风险选择的倾向。相对的政策是阻止风险选择等平价医疗法案采取的相应做法。优先医疗供应商组织在健康维护组织的基础上增加了一定的灵活性，投保人会因为昂贵的网络外医疗服务倾向选择网络内的服务。

第六节 美国医生薪酬

一、美国医生薪酬支付制度

在美国，医生是专业很强的职业，从上大学开始到独立行医需要至少10年的时间，还需通过多个考试才能拿到行医执照。即使成为医生以后，往往依旧要参加进修完成一定的学分以保持行业资格，因此从行业比较观察，美国医生的薪酬待遇最高。这决定他们不会为区区数百美元的贿赂或红包而铤而走险，在美国，违反道德规定的做法会被禁止行医。

美国医生薪酬的三种支付系统。其一，医院会按时支付主治医生工资，这与其接待的病人数量或提供的服务没有直接关系。其二，医生根据所提供的服务数量获得酬劳。其三，论人计酬，每个病人所付的费用在一段时间内是固定的，不会根据医生提供的服务次数变多而增多。人数计酬可能会使医生为更多的病人提供服务，但是，论人计酬也可能会使医生对每个病人提供更少的服务时间。为患者提供更多服务对病人来说可能是一件好事，但同样也会造成过度治疗，给病人带来风险和不必要的花销。这两种支付方式都有可能给病人带来伤害。目前处在尝试阶段的是按绩效支付。按绩效支付方式给医生提供了为病人提高服务质量的动力，服务质量的提升可以通过预防措施，或临床护理指南等项目的质量看出，因为这些服务最能体现以人为本的特点，所以按表现支付可能会提高治疗效果。然而，这种支付方式就目前来说效果甚微。甚至有观点认为这种支付方式会让治疗效果变差。原因之一是医生可能会放弃风险大的病人，这类病人通常花费大，医生所得的利润少。医生很有可能会阻碍该类型病人求医或立马终止医疗关系。结果就是患有复杂疾病的病人很难找到主治医生。另一原因是即使在治疗过程中，相关医生也会竭尽所能来增加自己的收入，比如要求病人使用项目外的服务。

总体来说，医生的薪酬支付还需以病人的需求为基本，仔细研究、设计和修正，以此来减少医患纠纷并提高医疗效果。

二、药商与医生的关系

医生与药商的联系有多种方式,但大量证据显示商业推广是医生选择药商的主要方式。制药行业的促销包括会议展示、杂志广告、销售代表推销等多种渠道。销售代表的推销对医生的影响最大,有研究表明,60%的医生说销售代表的推销会影响他们的处方决定。药品推销商提供的药物样品让医生在开处方药时更倾向于选择推销商的药而不是之前想选择的药,即使这些药价格更高,或是二线品牌。而药品推销商对医生的影响通常都是潜移默化的。为了让更多的人购买某一医疗计划,很多计划将某一药品划入覆盖范围内,购买计划外药品的价格将十分昂贵,而计划内的药品价格便宜很多。因此,美国一些医院的医生也会得到药商的额外好处或回扣,从而成为灰色收入的一部分。当然,美国政府对于此类问题严格监管,例如,卫生和公众服务部制定了《医药企业规范指南》,一旦发现医生和药商勾结进行不法活动将对双方严肃处理。而且美国医师协会、医院协会也有自律规定,防止利益输送和腐败问题的发生。

第三章　加拿大医疗保障改革追踪研究

第一节　加拿大概况

一、社会经济情况

加拿大位于北美洲北部，东临大西洋，西濒太平洋，西北部邻美国阿拉斯加州，南接美国本土，国土东西跨度5514公里、南北跨度4634公里，领土面积达998万平方公里，是全世界面积第二大国家。国土大部分位于北极圈之内，人口主要集中在南部五大湖沿岸。

加拿大地域辽阔，森林覆盖面积占全国总面积的44%，居世界第六。森林面积4亿多公顷（居世界第三，仅次于俄罗斯和巴西），以亚寒带针叶林为主，产材林面积286万平方公里，分别占全国领土面积的44%和29%。

首都是渥太华，地处安大略省东南部与魁北克省交界处，横跨渥太华河。著名城市有多伦多、温哥华等。其中多伦多市是安大略省省会，加拿大第一大城市和金融中心，也是加拿大英语区域的经济、文化中心。加拿大官方语言有英语和法语两种，是典型的双语国家。

加拿大是英联邦国家之一，英国女王是名义上的国家领袖，加拿大总督是名义领袖的代表，由英国女王任命。加拿大奉行议会负责制，议会制政府包括联邦政府和地方政府两个等级。联邦政府包括总督、枢密院、总理和内阁。同时，加拿大是联邦制国家，由10个省和3个地区组成。省和地区的主要不同在于省是根据宪法条约设立的，而地区是根据联邦法律设立的，但省、区政府在责任上基本一致。这种体制使得联邦政府和地方政府的责任有明确分工。在大多数社会保障项目中，联邦政府的作用是立法、监督和提供部分资金支持，计划的具体执行和大部分资金由省政府负责。

加拿大是西方七大工业化国家之一，制造业、高科技产业、服务业发达，资源工业、初级制造业和农业是国民经济的主要支柱。加以贸易立国，对外贸依赖较大，经济上受美国影响较深。加拿大的石油行业一直是经济增长的主要动力，推动加国贸易转亏为盈，并有很大量的投资。2015年，加拿大GDP总量为1.55万亿美元。

二、劳动力市场情况

加拿大经济并未受2008~2009年全球经济衰退的很大影响，并且此后强势复苏，因此劳动力市场表现相对较好。2016年，加拿大就业岗位共增加21.4万个，同比增长1.2%，成为2012年以来增长最快的一年。相比之下，2015年就业岗位增加15.5万个，同比增长0.9%。2016年，兼职工作岗位继续增加15.4万个，增长4.5%。2016年12月失业率为6.9%，比去年同期下降0.2个百分点；同时，劳动参与率（65.8%）和就业率（61.3%）几乎没有发生变化。具体见图3-1。

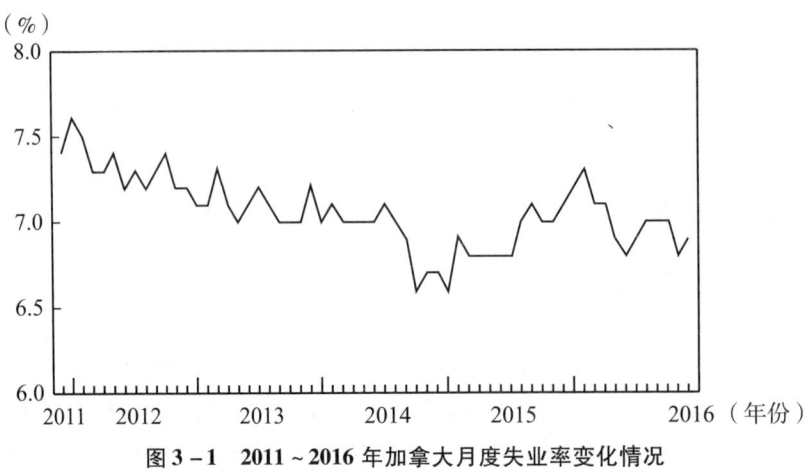

图3-1　2011~2016年加拿大月度失业率变化情况

但加拿大劳动力市场也面临一些新情况和深层次问题。这些新情况包括兼职工作比例的上升和不稳定工作的出现，以及自2008年以来几乎翻倍的长期失业率和逐渐减少的中等技术工作。另外，加拿大虽是一个移民国家，不断涌入的新移民是加拿大经济生生不息的法宝，但加拿大雇主对于新移民的歧视仍然存在。不仅几乎每个行业都需要加拿大的专业资格证书，而且也需具备加拿大本地的工作经验。语言和文化也成为无形的就业屏障，这些门槛使得新移民找工作困难，而且也因此形成一种恶性循环。

三、社会保障制度情况

加拿大是一个发达的市场经济国家，有着十分完善的社会保障体系，为其全体公民，特别是社会弱势群体，建立了一个可靠的社会安全网，以化解公民所遭遇的各种经济和社会风险。长期以来，加拿大一直实行高福利政策，社会福利支出是联邦政府支出计划中最大的一部分。虽然从时间上来看，加拿大社会保障制度建立时间要晚于德、英等国，但其发展速度很快，制度比较完善，在世界上享有很高的声誉。加拿大采取政府直接管理方式，设立专门的管理机构，集中管理社会保障事务。

现代加拿大社会保障制度主要分为三个计划：收入分配计划、医疗保健计划和社会服务计划。具体来说：①收入分配计划又可以按筹资来源分为缴费形成的社会保险和税收形成的收入转移支付。前者即依法强制雇主和雇员缴纳社会保险费，以社会保险基金的形式支付保险待遇，包括加拿大和魁北克年金计划、就业保险、工伤保险（雇主单方面缴费）等。后者即由税收形成基金，用于支付收入补偿项目，如老年保障金、老年福利津贴、社会救济和儿童税收福利等。②医疗保健计划在加拿大社会保障体系中享有特殊的地位，全民医疗得到了普遍认可。加拿大宪法明确规定了联邦政府和省、特区政府之间的医疗保健计划角色和责任，医疗保险的资金来自联邦、省和特区的税收。加拿大的医疗保险制度以公费医疗为主，即由政府出资，政府管理，私营医院或医生提供医疗服务。③社会服务计划又称公共救助计划，是加拿大最早的社会保障形式之一，它是由政府负责筹资和管理，资金来源于政府的税收，通过收入转移的方式，对低收入家庭和个人进行补贴，使他们的生活能维持最低生活水平。以家庭调查为基础的社会救助计划也是自由主义福利体制国家的一个悠久传统。

四、人口卫生情况

根据加拿大最新人口普查数据，2016 年 5 月 10 日这一普查时点上，加拿大总人口大约为 3515.2 万人。比 1871 年第一次人口普查时多出 10 倍，比建国 100 年时（1967 年）的 2000 万人又增长了 1000 多万人。从 2011~2016 年，加拿大人口增长 170 万人，增幅 5.0%，略低于 2006~2011 年的 5.9%。加拿大人口增长主要来自移民增加，大约 2/3 来自移民增加（移入减去移出），1/3 来自自然增长（出生减去死亡）。因为低生育率和人口老龄化，预计未来加拿大人口增长将更加依赖移民。从国际比较来看，加拿大年均 1.0% 的人口增长速度在七国集团（G7）中是最快的。

从人口密度来看，加拿大地广人稀，2016 年每平方公里人口只有 3.9 人，远低于美国的 35.3 人。但加拿大人口又是高度集中的，大约 2/3 人口集中居住在加拿大和美国边境上，这一区域的面积仅占加拿大国土面积的 4%。

2015 年，加拿大出生人口国民预期寿命为 82.2 岁，其中女性 84.1 岁、男性 80.2 岁，预期寿命水平在全球排在第 12 位。其中，冠心病、老年痴呆症、肺癌、中风和乳腺癌是导致加拿大人死亡的五个最大因素。尽管加拿大也面临人口老龄化，但与大多数西方国家相比，问题相对较轻。同时，人口赡养比（即 1~14 岁与 65 岁以上人口占工作年龄人口的比重）也比许多国家低。

第二节 加拿大医疗保障制度现状[①]

加拿大的医疗保险制度源远流长，早在 20 世纪初期就出现了现代医疗保险的雏形。1914 年，加拿大的萨斯喀彻温省实施了一项市政医生计划（municipal doctor plan），专门为投保人提供疾病保险服务。1947 年萨斯喀彻温省又组织了省卫生服务计划（SHSP），该计划明确规定医疗保险的范围主要是住院医疗服务的费用，凡该省居民都可以享受几乎是免费的住院医疗服务。1949 年，不列颠哥伦比亚省也在全省范围实施了类似于 SHSP 的住院服务保险。1957 年，加拿大国会通过和颁布了《医院保险和诊断服务法案》（*Hospi-*

---

① 本部分数据来源为 Canadian Institute for Health Information, "National Health Expenditure Trends, 1975 to 2016"。

tal Insurance and Diagnostic Services Act），开始在全国范围内实施住院服务保险制度，明确提出由省政府和联邦政府各分担一半的病情诊断费用和住院治疗费用。1966 年《全国医疗服务法》（National Medicare）出台，进一步规范了联邦政府和省政府在医疗服务中的费用分担，规定联邦政府与省政府也以 1∶1 的比例共同承担院外医疗服务费用。1972 年加拿大各省和地区均已将私人医生门诊费用纳入公费医疗计划，至此加拿大初步实现了全国范围内实行全面公费医疗保险的目标。1984 年，加拿大政府在合并 1957 年和 1966 年两个联邦医疗保险立法的基础上，颁布了《加拿大卫生保健法案》（Canada Health Act），从指导思想到运行原则得以全面规范和完善，形成了今天的加拿大全民医疗保障体系。

一、管理体系

在长期实践中，加拿大政府已经形成包括联邦政府、省级政府、地区卫生局、第三方力量等在内的多层级医疗保险管理体系。加拿大医疗保障制度的组织和管理主要由加拿大宪法决定。宪法明确了联邦政府、省和地区政府的职责。

联邦政府的职能主要是负责医疗保障的立法、政策制定、监督以及提供宏观性指导。同时联邦政府也要决定对各省医疗保险承担的经济责任，还要为一些特殊人群提供医疗保健服务，比如在居留地生活的加拿大原住民和因纽特人、现役军人、联邦监狱的在押人员以及加拿大皇家骑警等。另外还要制订对医生的培养计划、进行卫生改革，推广医疗卫生研究及相应的信息工作。

根据宪法规定，联邦政府在医疗保障上主要起到"舵手"作用，需要把控加拿大医疗保障制度发展的方向，确保省区政府能够在基本原则上与联邦政府保持一致。联邦政府主要依据《卫生保健法案》对省、区政府进行监督，该法案制定了国家医疗保障系统的五项基本原则。一是公共性原则（public administration）。要求对公共医疗服务必须实行公共管理，每个省区医疗服务计划必须由一个公共权威机构在非营利基础上进行管理，这个管理机构对省区政府的财政转移资金负责。二是全面性原则（comprehensiveness）。要求各省区医疗保险计划应提供广泛的医疗服务，保障项目涵盖住院服务、家庭医生保健服务及相应的诊断检查等。三是普遍性原则（universality）。即全体加拿大居民都有享受医疗保险的权利。四是通用性原则（portability）。各省区的受保人口在全国各地都能享有医疗服务。对国外医疗服务的付费，至少应该相当于该省区为本地居民类似服务所支付的费用标准。五是可及性原则（accessibility）。居民应该合理地获得医疗保险所覆盖的卫生服务，不允许以收入、年龄、种族和健康状况等为由使公民在接受医疗保险服务时受到影响。

省级政府是宪法规定的负责卫生保健的主要责任部门，在很大程度上控制着医疗卫生资源以及医疗服务的数量与质量。具体执行部门是省卫生部，负责贯彻国家的卫生法令和政策、管辖本省或地区的医疗服务、卫生保健及实施医疗保险方案等工作。省和地区政府的医疗保障具体职责包括：管理医疗保险计划，对医院和其他医疗机构、医生的服务进行计划和提供融资，计划和实施健康促进和公共卫生计划，与卫生专业团体协商收费标准等。

在大多数省区，具体医疗服务的组织和提供由地区卫生局（RHAs）来完成，尽管有些地区卫生局的职责范围受到严重限制（如在安大略省地区卫生局不负责初级保健服务)。地区卫生局是省区卫生部的派出机构,负责管理一定区域内的医院、长期护理机构等,并直接提供医疗保健服务或向其他机构购买医疗保健服务。但是,地区卫生局并不负责药品保险计划以及全科医生待遇支付。各省区卫生部直接负责向某些人群提供药品补贴,主要是没有私人医疗保险的老人和穷人。另外,全科医生的待遇支付也由省区卫生部与相关协会定期谈判后确定。

第三方力量包括行业协会和评估机构,在加拿大医疗保险管理体系中也发挥着重要监管作用。

二、筹资结构

2016年,加拿大医疗卫生支出预计为2281亿加元,比上年增长2.7%,占当年加拿大GDP总量的11.1%左右,人均医疗卫生支出为6299加元。从40年时间来看,目前加拿大医疗卫生支出占GDP比重仍低于2010年时的高峰。从图3-2可以看出,1975年至20世纪90年代早期,加拿大医疗卫生支出比重总体呈现上涨趋势;90年代中期,由于政府财政紧缩,医疗卫生支出占比一度下降;但从90年代后期到2010年,加拿大加大医疗卫生投资、卫生支出增长速度接近或超过GDP增长率,导致医疗卫生支出占比呈上升趋势,到2010年达到11.6%的高峰;从2011年开始,受全球金融危机影响,政府缩小了支出项目,医疗卫生支出增长速度低于GDP增长率,支出占比有所下降。

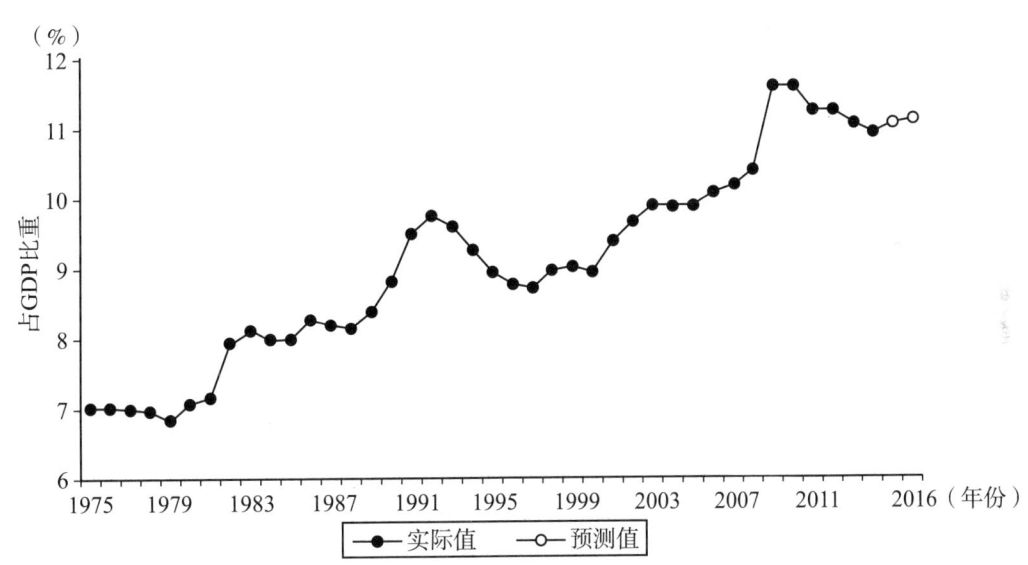

图3-2 1975~2016年加拿大医疗费用支出占GDP比重变化情况

从国际比较来看,加拿大医疗卫生支出处于较高水平。2014年,在35个OECD成员国中,人均医疗卫生支出最高的仍然是美国(11126加元),加拿大人均医疗卫生支出5543加元,排在荷兰(6505加元)后面,但高于法国(5384加元)、澳大利亚(5187加元)、英国(4896加元)。从医疗卫生支出占GDP比重来看,加拿大(10.0%)低于美国

(16.6%)、法国（11.1%）、德国（11.0%）、瑞典（11.2%）、荷兰（10.9%），但高于英国（9.9%）、新西兰（9.4%）和澳大利亚（9.0%）。

从医疗卫生支出来源看，2016年大约70%来自公共部门。公共部门融资来源包括联邦、省区和市政府、工人补偿委员会以及其他社会保障计划。私人部门融资主要包括个人自付以及私人保险公司。其中，省区政府是支出主体，占65%左右，剩下的5%来自其他公共部门。自1997年以来，加拿大医疗卫生支出来源中公共部门的比重就相对稳定，一直保持在70%左右。私人卫生支出占30%，其中包括个人自付支出（14.6%）、私人医疗保险公司（12.2%）和非消费性来源（如医院非医治患者产生的收入，占3.3%）。个人自费人均支出从1988年的278加元已经增长到2014年的868加元，年增长率4.5%。人均私人保险支出同期从139加元增长到734加元，年增长率6.6%。

从医疗卫生支出结构来看，2014年，医院（29.5%）、药品（16.0%）和医生（15.3%）是三大支出渠道，合计支出占比超过60%。尽管2016年三个项目支出继续增长，但加拿大省区之间存在一些差别。

根据表3-1，从时间角度来看，医院支出占医疗卫生支出的比重已经从20世纪70年代中期的45%下降到2014年的29.5%，不过其比重从2001年以来就保持稳定。药品支出比重从80年代中期开始增长，并从1997年开始成为仅次于医院支出的第二大部分，2014年占比为16%。医生薪酬支出占医疗卫生支出比重从1988年开始有所下滑，但从2005年开始反转，比重逐步增加，主要由于医生数量增加（见图3-3）。2014年医生薪酬支出比重水平已经恢复到80年代末的水平。

表3-1　　　　　　加拿大不同省区医院、药品和医生支出情况

省区	医院 人均支出（加元）	医院 年增长率（%）	药品 人均支出（加元）	药品 年增长率（%）	医生 人均支出（加元）	医生 年增长率（%）
纽芬兰	2600	3.2	1004	1.2	932	3.5
爱德华王子岛	2169	0.5	911	0.9	769	-1.0
新斯科舍	2165	0.1	1134	2.1	907	1.0
新不伦瑞克	2078	1.2	1138	2.3	827	-0.1
安大略	1702	1.4	1051	1.7	979	0.8
曼尼托巴	2108	3.0	885	3.4	1047	6.9
萨斯喀彻温	1924	1.7	923	2.1	966	1.5
阿尔伯塔	2422	1.9	984	3.7	1150	2.1
不列颠哥伦比亚	1970	1.2	807	4.1	937	3.2
育空地区	2752	5.2	826	2.2	1108	1.9
西北领地	5740	0.7	755	0.0	458	1.5
努纳武特	4834	2.9	664	2.0	1624	2.9

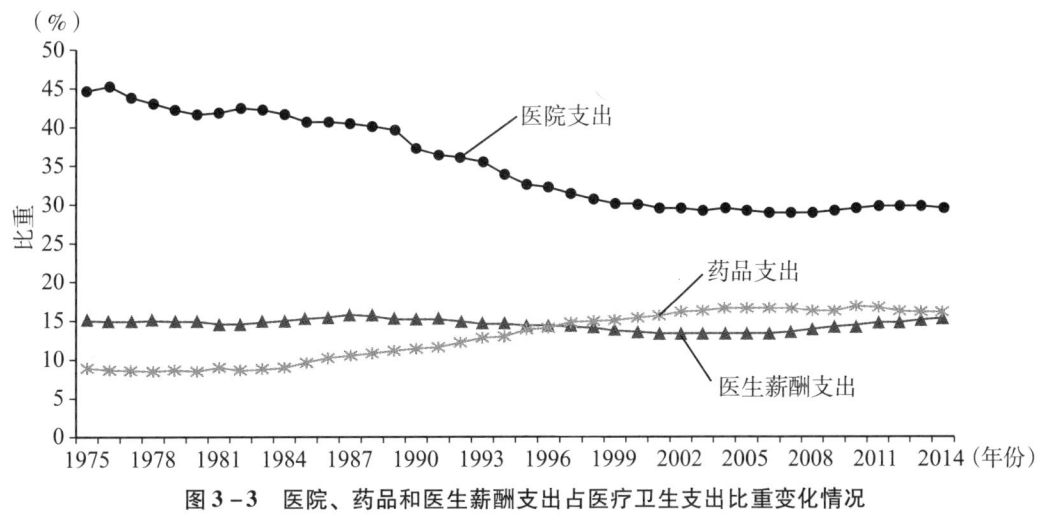

图 3-3 医院、药品和医生薪酬支出占医疗卫生支出比重变化情况

除了医院、药品和医生薪酬支出以外,剩下 39% 的医疗卫生支出主要投向其他医疗卫生产品和服务,包括牙科服务、视力保健服务、公共卫生、卫生研究等(见图 3-4)。

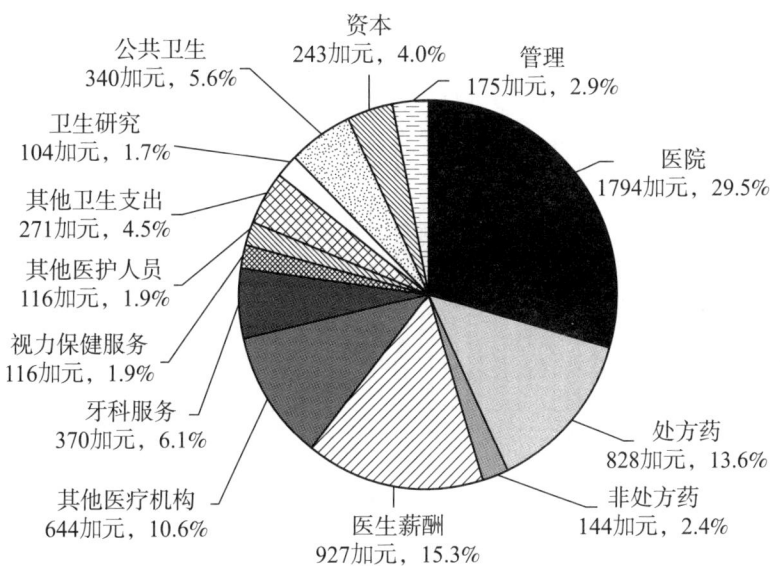

图 3-4 2014 年加拿大人均医疗卫生支出使用结构

三、医疗服务提供

加拿大的医疗保险服务实行严格的分级诊疗。加拿大医生分家庭医生和专科医生两类。患者病情不同,所接受的服务内容也不同。如果不是急症,患者一般应首先看家庭医生。没有家庭医生的推荐,患者无法直接获得专科医生的服务。

加拿大家庭医疗的核心主要包括以下四点:一是医疗照顾的连续性。家庭医生必须为患者提供从出生到死亡的连续性医疗照顾，并满足患者在不同环境中的医疗需求（包括办公室、住所、医院）。二是医疗照顾的综合性。家庭医生必须为患者提供一系列的综合性医疗服务，并且不管患者所患疾病为何种性质，家庭医生均不可拒绝为其提供服务。三是医患关系的向心性。即医患关系的真正核心在于患有疾病的患者而非患者所患的疾病。在维持医患关系的过程中，必须考虑患者对于医疗服务的想法、感受和预期，以及患者的日常生活（家庭、工作、其他个人或社会因素），从而据此制订合理适用的医疗服务方案。四是疾病的未分化症状和医生处理不确定性疾病的能力。加拿大的家庭医生同专科医生一样，均需尽其所能对患者所患疾病做出精确、清晰的诊断。但是有两点已为大家所理解并接受：第一，对疾病做出诊断需要花费一定时间。第二，许多患者在初级治疗，即首次接触医疗体系时，所患疾病的症状并未分化。

加拿大医生数量保持稳步增长势头（见图3-5）。2015年，加拿大每10万人拥有的医生数量达到历史高点，为228人。其中，海外移民成为加拿大医生数量增加的一个重要原因。2015年数据显示，加拿大1/4的医生是在海外获得学位。

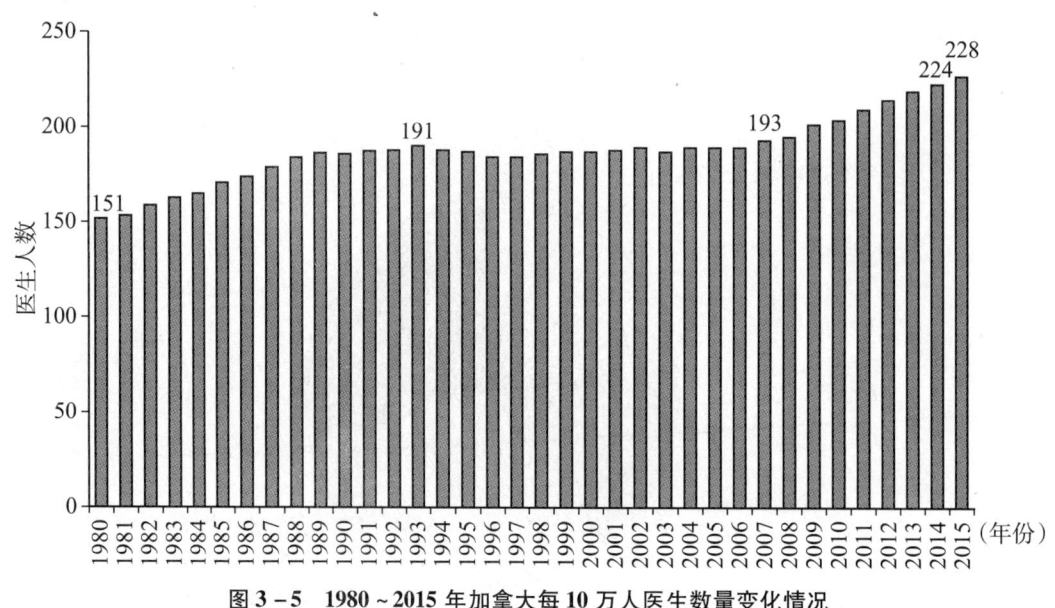

图3-5 1980~2015年加拿大每10万人医生数量变化情况

四、医疗保障待遇

加拿大实行的是全民医疗保险，也就是覆盖全体国民（移民需要在一个省内连续居住达3个月才能取得保险身份）。不论经济状况、社会地位和身体状况等如何，个人都可以免费获得医疗保险计划提供的基本卫生服务，包括医院服务、医生服务和牙科服务等。所有加拿大居民在国内任何地方看病，都同样被接纳。凡属保险计划规定的公费医疗项目，均不得额外收费。在国家公共医疗保险制度模式下，加入医疗保险后的公民和永久居民都会持有一张附有照片的医疗磁卡，即健康卡（health card）。持此卡在加拿大看病、诊疗、化验、透视、手术、住院等都可享受免费服务。

当然，由于加拿大并不是实行全国统一的医疗保险计划，而是由全国13个省区独立的医疗保险计划构成，因此每个省区具体的医疗保障待遇还是存在区别，免费服务的范围不太一样。有的省政府对一些可选择的项目不予支付。《卫生保健法案》对必要的医疗服务并没有明确界定，它主要由各省和地区政府与医生协会进行协商后确定。如果某项服务被认为是医疗上必要的服务，则全部的医疗服务成本必须由公共医疗保险计划所覆盖。如果某项服务未被认为是必要的医疗服务，则省和地区政府无须将其纳入公共医疗保险计划覆盖范围。另外，对在国外就诊的医疗费用，一般只有在急诊以及先行同意的情形下才予以支付，并且支付标准是按照自己所在省的标准。

与全民免费的医疗服务不同，加拿大的公共医疗保险计划并不包括药品，也就是说，药品不属于公共医疗保险支付的范围，而由患者个人承担。但当病人需要住院治疗的时候，公共医疗保险不仅负责一切治疗和膳宿费用，而且负责住院期间的药品费用。不需要住院的患者在经过医生诊断之后，通常会得到医生的药品处方，由个人自行到独立的药店购买处方药。

尽管药品不包括在公共医疗保险计划之内，但这并不意味着所有药品费用必然由个人全部承担，因为还存在着多种形式的药品保险项目。就业人口一般都能得到雇主或就业单位提供的团体保险，这是一种补充医疗保险，药品保险通常是其中一项重要内容。各省和地区还为某些特殊群体（如老年人、儿童和低收入者）提供公费医疗保障制度通常无法覆盖到的医疗服务。这些补充医疗保障待遇主要包括：医院之外的处方药、牙齿护理、眼睛护理、医疗设备和器材（假肢、轮椅等）以及其他医疗专业人士如理疗师提供的医疗服务等。

五、支付制度

2014年，加拿大全科医生和专科医生数量各占一半。全科医生主要作为守门人，许多省份对接收非转诊患者的医生支付很低的费用。大多数医生是自雇者，按项目付费，尽管目前有趋势向团体行医和按人头付费转变。2013～2014年度，安大略省45%全科医生按项目付费，魁北克为67%，不列颠哥伦比亚省为84%。2014年，46%全科医生是团体行医，19%是跨专业行医，15%单独开业。

绝大多数专科医生是在医院提供医疗服务，尽管有一些医生在私立非医院机构提供服务。专科医生大多数是自雇者，按项目收费。2013～2014年度，加拿大专科医生在诊疗上按项目收费的平均收入是30.0万美元左右。2014年，65%专科医生报告在一家医院行医，24%报告在私立办公室或诊所。

家庭医生所经营的门诊属于私人机构（即医生拥有所有权和经营权）。各省和地区的政府向医生支付医疗服务的费用，该医疗服务需在公共医疗保险覆盖范围之内（例如安大略省实施的安大略省医疗保险计划）。《加拿大卫生保健法案》是加拿大的联邦法律，用于解决为医疗保险提供资金支持方面的问题。各省和地区的医疗保险规划必须符合该法案的条款和要求，从而可以接受联邦通过"加拿大健康转移支付项目"进行的转移性支付。《加拿大健康法案》的原则之一就是普适性，即各省和地区的医疗保险规划必须在统一条件下为所有受保人提供医疗保险。各省和地区的医疗保险必须覆盖医疗服务所必需的医院和医生，费用采取预付费制，而不是在执行治疗时支付。各省和地区政府必须在联邦现金和税收转移支付项目的协助下为上述医疗服务提供资金。需要注意的是，《加拿大卫生保健法案》并不对医学上必须的治疗做出规定，而是各省和地区的医疗保险规划，参考各自的医学院或医学机构给出的建议来决定哪些治疗在医学上是必需的。如果认定某项治疗在医学上必须，该项治疗所花全部费用必须覆盖在公共医疗保险范围之内，从而符合《加拿大卫生保健法案》的相关规定。如果认定某项治疗在医学上并不必须，省和地区则不能将其纳入医疗保险范围。

加拿大的全科医生与居民实行签约服务，通常每年与其负责社区内的居民进行一次签约，明确打包服务项目。打包服务的范围，居民可以与全科医生在一定范围内协商确定。医保根据全科医生签约服务人数的多少和打包服务项目按预付制的方式支付给全科医生（见图3-6）。

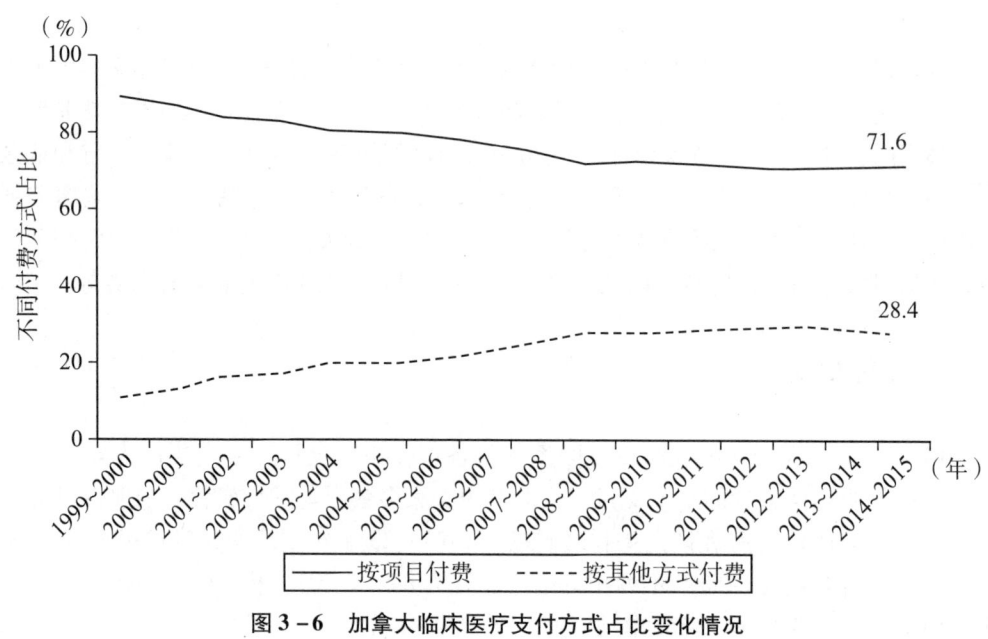

图3-6　加拿大临床医疗支付方式占比变化情况

第三节　近年加拿大医疗保障制度改革情况

一、改革总体情况分析

21世纪以来，加拿大全国性医疗保障改革思路和目标主要体现在2003年和2004年联邦政府和省区政府达成的协议上。2003年2月5日，加拿大联邦政府和省区政府达成《医疗保障革新协议》（*Accord on Health Care Renewal*），同意对医疗保障制度进行结构调整，使得民众能够更容易获得更高质量的服务，并保证医疗保障制度的长期可持续性。2004年9月16日，联邦政府和省区政府进一步公布了改革方案《加强医疗保障的十年计划》（A 10-Year Plan to Strengthen Health Care）。2003年《医疗保障革新协议》和2004年《加强医疗保障的十年计划》一般被统称为卫生协定。

为了支持卫生协定改革目标的实现，联邦政府将对省区政府增加资金支持力度，从2004~2014年将增加总额为413亿加元的投入。大部分资金将通过"加拿大医疗专项拨款"进行转移，大约每年将增长6%。为了回报联邦政府慷慨的资金转移，省区政府同意了十年计划中的优先政策领域，包括候诊时间、家庭护理和药品政策。尽管一些地区政府在这些领域取得了进展，但从加拿大总体情况来看，并没有根本性改观。

十年计划设立了一个联邦减少候诊时间基金（10年55亿加元），以支持省区政府在五个领域减少候诊时间，包括癌症、心脏病、视力恢复、关节置换术和诊断扫描。省区政府和联邦卫生信息研究所合作，除了诊断扫描外，在每个领域建立了候诊时间的标准。所有省区向联邦卫生信息研究所提供可比较的候诊时间数据，除了曼尼托巴省和纽芬兰及拉布拉多省外，所有省区都根据自身标准设立了目标。另外，所有省区政府都向其居民告知了候诊时间目标。总体来看，从2004年以来，加拿大所有省区都在管理和降低诊断及手术候诊时间方面取得进步。尽管不同省区之间仍然存在显著差别，但所有省区居民都能在政府设定的候诊时间目标内享受服务。

在十年计划中，政府同意将医保覆盖范围扩展到家庭护理服务的三个方面：一是住院服务回家后两周时间内；二是精神病院住院回家两周时间内；三是临终的家庭护理。目前加拿大大多数省区能够提供这些有限的家庭护理服务。

初级保健服务方面的进展也被视为十年计划的一个政策重点。所有省区政府都承诺在2011年前向其50%以上居民提供全天候的（一天24小时、一周7天）、多学科的初级保健服务。因为2004年大多数初级保健服务由单个的家庭医生提供，所以这被视为一个重要承诺。从改革结果来看，目前大多数家庭医生已经在多学科诊所中工作。

除了魁北克政府宣布不会放弃或改变本省的处方药计划外，2004年的协定也要求省区政府与联邦政府合作，实施全国药品战略。根据这一战略，加拿大将建立全国统一的处方药覆盖和定价政策。尽管初期取得了一些进展，但全国药品战略最终失败了，主要是参与的省区政府对此缺乏兴趣，这成为十年计划一个重要挫折。尽管许多省区实施了灾难性药物保险（catastrophic drug coverage）计划，即为那些因为药物成本过高而面临"灾难性"或者过度财务负担的个人提供保险，但这一计划有时是以部分老年人的覆盖率为代价，因此总体保护力度是否改善还无法确定。

十年计划到期以后，加拿大没有再出台全国性的医疗保障改革计划，自2009年以来加拿大联邦总理和各省总理的年度会议也没有专门开会讨论过医疗保障制度，目前的医保改革主要集中在省区层面上。

二、支付制度改革

加拿大医疗保障的支付制度以按服务项目付费和总额预算制为主，但近年来许多省份进行了改革探索。以无论在政治上还是经济上都最为重要的安大略省为例,以前75%~90%的医院资金拨付采取总额拨付方式,但近年来已经发生了改变。

2012年,安大略实施了"为所有人提供卓越保健"(Excellent care for all)战略,该战略共有四大支柱组成,其中"卫生系统融资改革"(HSFR)是重要支柱之一。HSFR包括两个重要组成部分:一是基于健康的资金分配模式(health based allocation model,HBAM);二是基于质量的诊疗流程(quality-based procedures,QBP)的支付制度。

(一)基于质量的诊疗流程支付制度

在2012年引入"卫生系统融资改革"(HSFR)前,安大略省医院系统的很大一部分资金是通过总额方式(global funding)拨付。总额拨付并没有考虑到服务的复杂性和服务水平,也没有考虑患者在医院的治疗成本,同时它对医生采取最佳的治疗方案以达成成本效益最佳也没有激励。为了解决这些问题,安大略政府实施了基于质量的诊疗流程(quality-based procedure,QBP)战略。实施该战略可以激励医疗服务提供者采取最佳治疗手段,以在患者管理中更有效率、更有效果。经过五年实施,基于质量的诊疗流程已经成为卫生系统融资改革战略不可分割一部分,在政府提高质量的行动中发挥重要作用。

基于质量的诊疗流程(QBPs)是具体的不同的患者服务组别,通过分享最佳诊疗、流程改善、临床设计、提高患者康复效果、改善患者体验、减少成本支出等经验,让医疗保障系统取得更好的质量和更高的效率。一个基于证据的评估框架用来发现哪些流程有潜力可以提高产出、减少成本。这一框架主要从5个方面来评估患者和患者服务。①诊疗效果变异(practice variation)。不同医疗服务提供者、不同地区和不同人口之间,诊疗效果是否存在变异?在有最佳诊疗实践的情况下,不同医疗服务提供者或不同地区之间是否存在较高的诊疗效果变异,从而说明这种变异是不恰当的?②证据有效性。证据有效性有多大?是否有成本和效果信息可以预示基准成本和价格的变化?③变化的可行性或基础。该领域是否有权威可以引领变化?是否有现成的数据和报告基础?是否可以撬动其他与诊疗相关的计划或改革?④成本影响。是否诊疗组对总成本影响较大?是否不同医疗服务提供者之间在单位成本、数量或效率上有显著差异?如何追求质量和提高效率?⑤转型影响。与转型的重点是否一致?是否会直接导致转型体制的重新设计?

作为卫生系统融资改革战略实施的一部分,安大略卫生和长期护理保险部采取了逐年引进的方式来实施基于质量的诊疗流程,每年都在一些诊疗项目上实施新的基于质量的诊疗流程,共分五年来完成。在基于质量的诊疗流程数量的管理上,安大略省卫生部主要通过地方卫生融合系统(LHINs)和安大略癌症护理中心(COO)来实现。

(二)基于健康的资金分配模式

2012年,安大略省实施基于健康的资金分配模式(health based allocation model,HBAM)。目前,医院总资金中的38%是由这种资金分配方式获得的。HBAM要对有效率的医疗服务提供进行奖励,并用于减少住院和日间手术、急诊、复杂的持续护理、住院康复和住院精神病护理的等候时间。在经过五年时间以及数量上的增长后,基于健康的资金分配模式已经导致安大略医院的许多改变,包括平均每一病例成本的降低。

基于健康的资金分配模式主要包括两个部分：一是服务数量，通过考虑每个安大略患者的临床、社会和人口因素，估计每年医疗服务的使用量，最后得出预期加权服务数量（expected weighted cases）。与简单统计患者数量不同，加权数量就要考虑到某些医院治疗了占用更多医院资源的患者。预测加权数量的关键步骤包括：利用各种不同的医疗数据来源，为每个患者建立个人档案，档案中涵盖了患者每年接受的所有医疗服务；个人档案信息在社区层面上进行加总，以反映安大略 105 个社区的医疗服务需求量；根据市场份额，划分每个社区中不同医院的预期加权服务数量。二是预期单位成本（expected unit cost）。与简单统计平均成本不同，预期单位成本要考虑那些获得认可的合理的成本升高。为了获得某一家医院的预期单位成本，首先是要计算某一类型医疗服务的平均成本或病例成本。然后在此基础上考虑医院具体的学术活动水平、地理位置和专业化程度等，因此每家医院的预期单位成本都是不一样的。

一旦所有医院的预期支出（预期加权服务数量乘以预期单位成本）计算出来，就可以按照比例（占所有医院预期支出的比例）划分基于健康的资金分配模式资金。因此，资金分配的结果不仅要考虑医院自身情况，还要受所有其他医院影响。

三、强化基层医疗卫生改革

在过去十年中，加拿大联邦、省及地区参与者通过对省医疗卫生系统的改革竭力改善基层医疗卫生服务。多年以来，联邦及多数省政府都为基层医疗的改善提供了大量资金支持。在普遍面临的医疗问题和改革目标面前，不同省份的医疗卫生系统设计并进行了不同的基层医疗改革。近年加拿大基层医疗改革方案涵盖服务模式、薪酬、职工总数、医疗质量与安全性及持续性改革等方面。

（1）服务模式。加拿大许多省份的医疗改革核心为发展多学科、跨专业的基层医疗团队。这些团队的任务是去完善基层医疗服务获取的便捷性、医疗服务的连续性和协调性及医疗服务的质量。基层医疗团队的发展有着很大的灵活性，如在某个省份这个医疗团队可以具备多种模式，而在其他省份由服务提供者主导的革新则仅在一个模式内进行。基层医疗团队及医疗网的一般要素包括医生与其他服务提供者（包括护士）协作工作，及为改善医疗服务的便捷性与卫生部门和当地卫生主管机关达成协议。

（2）薪酬改革。在近十年中，加拿大各省逐渐采取了调和型薪酬模式（即将医疗费用与接诊数量或奖金相结合），医疗费用占其收入 90% 以上的医生比例也出现明显下降。安大略省的经验尤其显著，因为在过去几年中，这个省份的大部分基层医疗服务提供者都自愿地选择了调和型薪酬模式。各省薪酬制度转变的程度差别很大，薪酬改革在基层医疗改革中的核心地位也存在较大差异。虽然所有省份都对其薪酬制度有所调整，但是这些省份仍然将医疗费用作为薪酬支付的基础（安大略省及西北地区除外）。许多省份在医疗费用支付基础上仅对照护特殊人群的服务者提供调整后费用（如对进行了登记的老年人或慢性病患者提供医疗服务的工作者给予固定年薪，对极度需要健康照护的弱势群体服务工作者给予薪酬增加），同时在其他方面，如组织或管理结构（如基层医疗团队）实行基层医疗卫生制度改革。大部分省份目前对特定类型的协调协作活动给予相关的报酬，而不只是传统地支付医疗费用,不过很少有省份采取部分均摊或与工作成果相关联的综合性绩效薪酬方案。

(3)增加基层卫生工作人员数量。在过去十年中,加拿大各省政府已采取措施去增加基层医疗服务提供者(包括家庭医生、执业护士及助产士)的数量。不同管辖地区采取的措施有所不同,包括增加医疗服务者的培训和就业机会、为非医生的医疗服务提供者改变其工作执照和薪酬相关的法律法规、对家庭医生采取奖金制度以及把其他医疗服务提供者整合到跨学科实践中。各个省份将非医生的基层医疗服务提供者整合到临床实践中的方式是不一样的。有些省份的执业护士是属于地区或公共卫生系统管理的,而另一些省份则倾向于使非医生的医疗服务提供者直接被私人诊所或医生主导团队所雇佣。在安大略省,执业护士及其他医疗专业人员由相应资金支持的医疗服务提供者团队支付薪酬。在魁北克省,当地医疗和社会服务网雇佣的护士都是与诊所或医疗服务提供者团队签署合同的。

四、地方医疗卫生管理结构改革

尽管从联邦政府和省区政府的关系来看,加拿大医疗保障制度是公私混合、高度分权化的。但如果从各个省区内部来看,近年来各省区纷纷通过了立法,加拿大医疗保障制度实际上出现了集权化的趋势,也就是权力主要集中在省区政府,而不是分散化到各个地区卫生局(RHAs)(见表3-2)。从不同省区地方卫生局数量上就可以看出,这一收缩趋势比较明显,有些人口相对较少的省区甚至就剩下1个地区卫生局。

表3-2 加拿大不同省区 RHAs 建立情况

省区	RHAs 首次建立时间	首次建立时 RHAs 数量	2011 年 RHAs 数量
卑斯省	1997 年	52	5
亚伯达省	1994 年	17	1
萨斯喀彻温省	1992 年	32	13
曼尼托巴省	1997 年	12	11
安大略省	2005 年	14	14
魁北克省	1989 年	18	18
新不伦瑞克省	1992 年	8	2
新斯科舍省	1996 年	4	9
爱德华王子岛省	1993 年	6	1
纽芬兰及拉布拉多省	1994 年	6	6
西北地区	1997 年	8	8

近年来,这种集权趋势仍在继续,多个省区已经改革或正在改革它们的医疗保障体系的治理结构,以取得更大效率和降低成本。魁北克将182个卫生和社会中心进行了合并,

其中包括医院、诊所和长期护理机构，整合成了 28 个。2015 年，新斯科舍省也通过立法，将 10 个地区卫生局合并成 2 个：新斯科舍卫生局和 IWK 卫生中心，这两家机构将共同负责规划和提供初级保健服务、社区卫生服务和住院服务。同样是 2015 年，纽芬兰及拉布拉多省预算宣布，将医疗保障制度的管理服务合并到一个服务机构中，地区卫生局仍然存在，但新成立的服务机构将给它们提供人力资源、信息技术、通信、市场营销、交通、财务和薪资等方面的支持。

五、提高医疗服务质量

从 2014 年开始，加拿大就没有发起过新的全国性的战略以提高医疗服务质量，尽管此前的《加拿大卫生协定》，联邦政府给省区政府提供了十年的资金，以帮助它们在候诊时间、初级保健和家庭护理等方面取得共同目标。但有些省份有专门的机构负责撰写医疗保障制度的报告和监控医保制度的成效，并且在省区层面上实施了很多提高医疗服务质量的计划。包括萨斯喀彻温省医疗服务质量委员会、安大略医疗服务质量委员会、不列颠哥伦比亚省患者安全和质量委员会、新不伦瑞克省卫生委员会等。

使用财务激励手段来提高医疗服务质量相对较少。例如，从 2010 年开始，安大略省要求医院制订和报告医疗服务提升的计划，管理人员补贴将与这些计划中设定目标的实现程度相挂钩。

由联邦政府资助的加拿大患者安全研究所负责推广最佳医疗实践，并负责开发战略、标准和工具。由加拿大药品和卫生技术管理局（CADTH）负责运行的最佳使用项目方案，向医疗服务提供者和消费者提供建议（尽管不是正式的医疗指引），以鼓励合理开具、购买和使用处方药。加拿大卫生信息研究所则定期发布医疗系统表现的报告。

加拿大也没有统一的针对医生的职业认证，但每个省区都有各自的方法来确保医生进行终身学习，比如要求他们参加继续教育项目，实行同行评议等。医生表现情况没有公开的数据。一家非营利性机构——加拿大认证服务协会（Accreditation Canada），向加拿大大约 1200 家医疗服务机构提供自愿的认证服务，包括地区卫生局、医院、长期护理机构和社区机构。

第四章 瑞士医疗保障改革追踪研究

第一节 瑞士基本情况

一、人文地理

瑞士，官方名称瑞士联邦，是位于欧洲中南部的多山内陆国。东界奥地利、列支敦士登，南邻意大利，西接法国，北连德国。南北长220.1公里，东西长348.4公里。面积41284平方公里，水域面积占国土面积的4.2%。

瑞士有四种官方语言，其中63.5%的人口讲德语，22.5%的人口讲法语，8.1%的人口讲意大利语，0.5%的人口讲罗曼什语。2013年瑞士总人口大约810万，2010~2013年每年人口增长率大约1%。27%的国民出生在国外，这一比例在欧洲仅次于卢森堡。

和许多欧洲国家一样，瑞士社会正面临老龄化。2013年65岁以上老龄人口比重为17.7%，比1980年上升了4个百分点，而同一时期0~14岁人口比重下降5个百分点，达到14.8%。瑞士城镇化率为73.8%。

二、政治情况

瑞士为委员制国家，最高国家元首为联邦主席，但只为形式上领导人。真正的权力源自七席联邦委员会，由国家七个机关的部长（包括现任联邦主席）构成。联邦委员会全体成员集体作为国家元首。联邦主席由联邦委员会七名委员轮任，对外代表瑞士，任期一年。

瑞士实行"公民表决"和"公民倡议"形式的直接民主。凡修改宪法条款、签订期限为15年以上的国际条约或加入重要国际组织，必须经过公民表决并由各州通过方能生效。1999年瑞士公民表决通过新宪法，明确规定瑞士是联邦制国家，各州有自己的宪法。联邦政府管辖外交、财政、金融、联邦税收、货币、国防、海关、铁路、邮电、能源、电视、广播和社会保障等，其他事务由各州管辖。各州必须遵守联邦的全国性法规并接受联邦的监督。

瑞士联邦委员会是国家最高行政机构，由7名委员组成，分任7个部的部长，实行集体领导，任期四年。设主席和副主席，由联邦委员轮任，任期1年，不得连任。

瑞士的行政区划分为三级，即联邦、州、市镇。全国由 26 个州组成（其中 6 个州为半州）。伯尔尼是瑞士首都、行政中心，也是一个文化和旅游城市，市区人口 13.78 万。

三、经济情况

瑞士是世界上最为稳定的经济体之一，其政策的长期性、安全的金融体系和银行的保密体制使瑞士成为避税投资者的安全避风港。瑞士是世界上最为富裕的国家之一，人均收入处在世界最高行列，同时有着很低的失业率和财政赤字。由于拥有发达的金融产业，服务业在瑞士经济中也占有日益重要的地位。

制造业为瑞士最重要的产业，制造业以生产专业化学制品、药品及医疗产品、科学精密测量仪器、乐器为主。主要出口产品包括化学制品（34%）、机械及电子设备（20.9%）、精密仪器及钟表（16.9%）。服务业为瑞士另一重要产业，包括银行业、旅游业、保险业及国际组织等。

四、健康状况

2013 年瑞士出生人口预期寿命是男性 80.7 岁、女性 84.9 岁，平均预期寿命 82.8 岁，在欧洲地区仅次于冰岛。与 1980 年相比，平均预期寿命增长了 7 岁。女性预期寿命从 1990 年开始就超过 80 岁，男性预期寿命从 2010 年开始超过 80 岁。

瑞士人口首要死亡因素是心血管疾病，男性死亡率 171/10 万人，女性死亡率 112/10 万人；其次是癌症，男性死亡率 168/10 万人，女性死亡率 110/10 万人。2012 年瑞士健康状况调查表明，大多数瑞士人认为自身健康状况良好或者非常好，只有很少一部分认为自己健康状况较差。这一调查结果自从 1992 年首次调查以来就基本保持稳定。与其他国家相比，瑞士人对自身健康状况评价远比欧洲平均水平要更正面。

第二节 瑞士医疗保障制度现状

一、总体情况

1911 年，瑞士仿效德国建立医疗保险制度。在整个 20 世纪中，为保障公民健康方面发挥了积极作用。然而自 20 世纪 70 年代以来，随着人口结构的变迁、医疗技术的进步以及国民健康意识的提高，医疗费用迅速攀升，联邦财政在医疗卫生方面不堪重负。1996 年，瑞士在各欧洲工业国家中率先实施了医疗保险体制改革。

现有的瑞士医保制度高度复杂，包含了有管理的竞争、合作主义、直接民主影响下的分散管理等诸多特征。瑞士医保制度在决策权方面体现了充分分权：①政府层面，包括联邦、26 个州、2352 个市；②法定公民社会组织（所谓的合作主义团体），其中最重要的是法定医疗保险（MHI）公司和医疗服务提供者；③人民可以通过公投否决或要求改革。

联邦根据宪法赋予的权力履行职责，其中最重要的职责包括：为医疗卫生制度提供融资（包括法定医疗保险和其他社会保险）；确保医疗器械和药品的安全和质量；传染病防治、食品安全、健康促进等公共卫生；研究和培训（高等教育、除医生以外的医护人员培训）。明确瑞士法定医疗保险制度最重要的法律是《联邦医疗保险法》（KVG/LAMal）。

各州负责为本州公民提供医疗服务，其职责一般由州宪法规定。它们也负责发布和实施大量与卫生相关的法案。另外，州为住院支出提供很大一部分融资；为低收入家庭参加法定医疗保险提供补贴；协调疾病预防和健康促进相关活动。市的职责和影响力各地区差别较大，主要由各州决定。

瑞士所有居民都要从竞争的法定医疗保险公司处购买医疗保险。法定医疗保险公司不能拒绝任何购买要求。保费按地区来确定，即某一地区某家公司的保费对所有人都是一致的，不管性别或健康状况，但分成三个年龄类别。从1996年以来，瑞士法定医疗保险就交由私人的相互竞争的商业保险公司来经办，但法律规定不允许它们从经办中获取利润。

法定医疗保险的待遇水平、药品价格以及一些国家质量和安全标准，由联邦层面规定。但是，法定医疗保险公司的联合会和医疗服务提供者的联合会也都发挥重要作用。它们负责决定医疗服务补偿价格、谈判购买合同、控制和制裁违反规定的会员。如果服务购买者和提供者无法达成协议，联邦或州政府就会介入，规定费用或制定标准。

瑞士政治制度独一无二的特点是直接民主的作用，即通过公投方式决定重要改革。瑞士医疗保障制度的一些改革，尤其是涉及三级政府职责重新分配，需要获得全民公投通过。其他一些联邦法律，比如实施全民法定医疗保险制度（1994年通过）或者有管理的保健（2012年被否决），如果收集到足够的签名支持，也需要进行公投。公投是个"双刃剑"，一方面会阻碍一些改革通过；另一方面也可以制订改革方案以回应民众要求。

二、组织管理

瑞士负责医疗保险事务的是联邦内政部（FDHA），它的职责范围非常广泛，包括社会保障、医疗、文化、统计、性别和种族平等。但是，很多与卫生有关的法律和监管工作都是由联邦公共卫生办公室（FOPH）实施的。联邦公共卫生办公室是内政部的组成部门，雇员大约550人，它的职能类似于其他国家的卫生部。它负责制定实施法定医疗保险（MHI）和工伤保险相关法律，并从2004年开始负责对法定医疗保险公司进行监督。它针对哪些医疗服务纳入或剔除出医保范围向内政部提供决策建议，负责管理联邦医保缴费补贴政策，负责医护人员培训和授予学位。

瑞士法定医疗保险的一个重要特征是，具体经办由私人保险公司承担。这些公司可能有各种法定形式，但法律规定其必须为非营利组织，而且总部须设在瑞士。同时，法律规定保险公司基于以下原则进行"有管制的竞争"：一是保险公司不得从法定医疗保险合同中营利；二是参保人可自由选择保险公司且保险公司必须接受所有的投保申请；三是在国家层面上统一规定了所有参保人应享受的医疗保险待遇,以及保险公司必须向持有相同医疗保险合同且处在相同年龄阶段和地区的参保人收取相同的保费。

参保人不仅可以自由选择保险公司,还可以选择不同的医疗保险方案或合同。普通合同可以为其医疗花费提供最高水平的经济保护(即提供最低水平的医保起付线:300瑞士法郎/年),但也需要其缴纳最高水平的保费。其他形式的保险合同包括以较低保费换取较高起付线(每年500、1000、1500、2000或2500瑞士法郎)的可选择性保险合同,或对就医选择进行限制(健康维护组织、守门人模式、首选提供者机构)的"管理式医疗"合同。此外,保险公司还提供"红利"合同,即对没有进行过索赔的参保人给予保费减免。管理式医疗保险合同与高起付线保险合同实际上有重合的地方,2013年大约34.3%管理式医疗保险合同实际上同时也是起付线高于普通合同的可选择性保险合同。另外,患者还需对超过起付线后的所有医疗服务共付10%的费用。不过,患者每年自付的总额有上限限制,即起付线加上共付费用的上限在1000~3200瑞士法郎之间,取决于不同医保计划下的起付线差别。

私人保险公司有管制竞争的一个重要保障是,瑞士建立了保险公司风险均衡机制。法定医疗保险的保费是根据地区来确定的,但老年人和已经患病的人成本要高于年轻人和身体健康的人。因此,实行风险调剂金制度可以平衡不同法定医疗保险公司面临的成本差异。如果没有风险调剂金制度,法定医疗保险公司就存在强烈的逆向选择,即只让身体健康的人来参保。因此,参保者相对健康和相对年轻的法定医疗保险公司,必须向一家依据《联邦医疗保险法》成立的公共机构缴纳风险调剂金,这家公共机构根据风险结构向其他MHI公司拨付调剂金。

这种风险均衡机制是以追溯实际费用支出为基础的,2012年前具体计算考虑年龄和性别两个因素,并仅基于成年被保险人(年龄≥19岁)数据进行。首先,计算成年被保险人群体的平均支出;其次,计算每个风险群体(2种性别各15个年龄段)的平均支出;最后,将它们进行比较。如果某个风险群体的平均支出低于对照群体的平均支出,医疗保险承保人将从该风险群体里的每个被保险人中获得差额部分。如果某个风险群体的平均支出高于成年群体的平均支出,医疗保险承保人则将为该风险群体里的每个被保险人支付差额部分。从2012年1月起,第三种风险因素——发病率(具体以上一年超过三天的住院治疗为衡量标准)开始引入风险均衡计算之中。因此风险调剂金总额出现大量增加,但净调剂金总量仍然保持稳定,因为调剂主要发生在公司内部不同医疗保险计划之间(见表4-1)。

表4-1　　　　　　　　2000~2012年瑞士医保风险调剂金变化趋势

项目	2000年	2005年	2006年	2007年	2008年	2009年	2010年	2011年	2012年
调剂金总额(单位:百万瑞士法郎)	4.645	6.094	6.275	6.614	6.999	7.299	7.480	7.602	12.652

续表

项目	2000年	2005年	2006年	2007年	2008年	2009年	2010年	2011年	2012年
与上年相比（%）	6.0	5.3	3.0	5.4	5.8	4.3	2.5	1.6	66.4
其中：因性别而调剂（单位：百万瑞士法郎）	1.090	1.249	1.281	1.328	1.414	1.467	1.484	1.497	1.493
其中：因年龄而调剂（单位：百万瑞士法郎）	3.554	4.845	4.995	5.286	5.585	5.833	5.996	6.105	6.081
其中：因上年住院率而调剂（单位：百万瑞士法郎）	—	—	—	—	—	—	—	—	5.079
MHI公司之间净调剂金金额（单位：百万瑞士法郎）	7.32	1.202	1.236	1.323	1.445	1.561	1.546	1.497	1.564
与上年相比（%）	11.0	8.9	2.9	7.0	9.2	8.1	1.0	-3.1	4.5

瑞士法定医疗保险市场竞争呈现集中化趋势。目前，提供法定医疗保险的保险公司数量已从1996年的145家降至2014年的61家。但保险公司的竞争主要表现在风险选择方面。因为医疗保险受益项目是全国统一的，个人共付费用也是由中央层面确定的，而保险公司必须与所有的医疗服务提供者签订合同，所有这些没有给保险公司留下多少在保费和医疗服务质量方面进行竞争的余地。

保险公司则通过组织化形式来争取行业利益，目前所有法定医疗保险公司都是三家协会的会员。其中Santésuisse是最大的协会，它于2002年建立，曾经代表所有的法定医疗保险公司的利益。2013年，四家最大的法定医疗保险公司（大约占市场份额40%）离开Santésuisse，并创建了新的协会Curafutura。另外，RVK代表中小法定医疗保险公司的利益，大约占市场份额的10%。所有RVK的会员一般也同时都是Santésuisse的会员。协会代表法定医疗保险公司与医疗服务提供者进行合约谈判。为此，协会在2010年专门成立一家公司Tarifsuisse SA，代表协会与医疗服务提供者进行谈判。

三、筹资结构

2013年，瑞士医疗卫生支出占GDP比重为11.5%，在欧洲仅次于荷兰和法国。瑞士人均医疗卫生支出为6187美元（按购买力平价调整），仅次于卢森堡和挪威。医疗卫生融资主要来自税收和医疗保险缴费，二者分别占32.4%和30%，但很大部分税收被用于各种社会保险计划，尤其是用于补贴中低收入者购买医疗保险。因此，商业保险公司成为医保制度中最重要的购买者和付费者，负责与医疗服务提供者谈判形成集体合约，并占医疗卫生支出的35.8%。第二大支出来源是自费支出，占26%；第三大支出来源是政府支出尤其是州政府支出，占20.3%。

具体来看，公共支出主要包括三大部分：一是法定医疗保险，是最大融资来源，占支出的35.8%。法定医疗保险公司的收入来自个人缴费（30%）以及联邦和州对个人参保缴费的补贴（5.8%）。二是其他社会保险，占支出的10.7%，包括工伤保险、养老保险、残障保险、军队保险等的医疗支出部分。社会保险收入来自个人缴费（4.4%）和政府补贴（6.3%）。三是政府直接支出，它是第二大融资来源，占20.3%。它分别来自州（17.2%）、市（2.9%）和联邦政府（0.2%）。

私人支出主要包括三大部分：一是直接支付，占所有私人支出的2/3，占医疗卫生总支出的20.5%。这部分也包括了其他私人资金，尤其是非政府组织的捐赠，往往占到医疗卫生支出的1.0%左右。二是法定医疗保险和自愿医疗保险的成本分担，占5.5%。三是自愿医疗保险，占7.2%左右。近年这一比重不断下滑，1995年占比为12.4%，2005年为9.0%。

从国际比较来看，瑞士医疗卫生支出中的公共支出比重较小，而自费支出比重较高（见图4-1）。

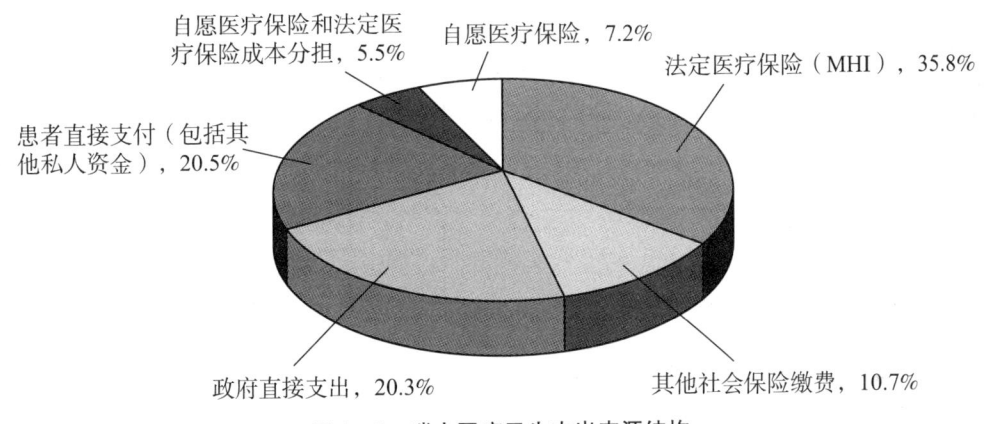

图4-1 瑞士医疗卫生支出来源结构

法定医疗保险是筹资最重要来源，瑞士所有居民必须参加法定医疗保险。而且，在瑞士具有稳定工作和收入的外国人，以及受雇公司总部位于瑞士的外国人，也必须参加法定医疗保险。法定医疗保险由各州负责实施，并负责为尚未履行参保义务的居民指定保险公司。目前，瑞士共有26个州，由于法定医疗保险待遇在国家层面进行统一规定，以及患者可以自由选择保险公司参保，保险公司也提供可选择的保险方案或合同，所以，各州之间以及州内下属地区保险公司的保费水平差别很大。而且，不同收入水平家庭的保费负担也不一。为减轻低收入家庭保费负担，瑞士医疗保险法于2010年引进公共补贴，由联邦及各州共同分担，来帮助一些个人及家庭支付医疗保险费。目前，仅有少数居民没有缴纳保费，而没有登记的人则是少之又少。

2012年，瑞士针对低收入家庭的法定医疗保险补贴总额大约为40亿瑞士法郎，占法定医疗保险全部收入的 16.3%，由州政府（占 45.8%）和联邦政府（占 54.2%）共同分担。获得部分或全额缴费补贴的人数稳定在 230 万人左右，占瑞士总人口的 29%。估计有 50 万~60 万人口可以获得全额政府缴费补贴。从 2011 年开始，缴费补贴由州政府直接拨给法定医疗保险公司，但各个州低收入家庭获得补贴的资格条件存在一些差异，各州对中低收入的门槛认定存在差异（见表 4-2）。

表 4-2 2000~2012 年瑞士法定医疗保险（MHI）缴费补贴变化趋势

项目	2000 年	2005 年	2006 年	2007 年	2008 年	2009 年	2010 年	2011 年	2012 年
MHI 补贴总额（百万瑞士法郎）	2545.3	3201.8	3308.7	3420.5	3398.3	3542.4	3979.8	4070.3	3967.7
其中：州补贴比重（%）	32.5	35.6	35.4	35.1	47.6	48.8	50.4	48.0	45.8
获补贴人数（百万人）	2.338	2.262	2.178	2.272	2.249	2.255	2.315	2.274	2.308
获补贴人数占比（%）	32.2	30.4	29.1	30.1	29.5	29.3	29.8	28.9	29.0
人均获补贴金额（瑞士法郎）	1089	1415	1519	1506	1511	1571	1719	1790	1719
获补贴家庭数（百万个）	1.242	1.216	1.183	1.225	1.212	1.229	1.271	1.274	1.318
户均补贴（瑞士法郎）	2048	2633	2798	2791	2805	2881	3132	3194	3011

除法定医疗保险外，人们还可以自愿购买补充医疗保险。该类产品由私人保险公司及医疗保险基金提供，按规定不包含法定医疗保险包含的受益项目或费用分担。2011 年，市场大约有 1000 种不同的补充医疗保险产品。目前，私人补充医疗保险也已覆盖 1/3 人口。

四、医疗服务提供

瑞士共有医院 293 家，既有 2~3 张病床数的小医院，也有超过 2000 张病床的大医院。与其他国家相比，瑞士医院规模相对较小，但人均医院数较高。大约 21% 的医院是公立医院，大约 25% 医院是由基金会、协会等运营的非营利医院，超过一半的医院由股份有限公司、个人等私人拥有。不过大约 2/3（65%）的病床是在公立或非营利医院（见表 4-3）。

表4-3　　　　　　　　2013年瑞士不同医院构成情况　　　　　　　　单位：个

分类	公立医院	私立非营利医院	私立营利医院	总计
综合医院	34	27	52	113
专科医院	27	45	108	180
总计	61	72	160	293

2000~2013年，瑞士医院数量减少了大约50%，病床数同期减少了20%。2013年，瑞士每千人拥有的病床数为2.9张，低于欧盟平均水平。平均住院天数下降了37%，2013年为5.9天，低于欧盟国家平均水平。

过去二十年，瑞士医生和护士数量出现较快增长，而牙科医生、药剂师和助产士数量保持相对稳定。2013年，瑞士每千人医生和护士数量分别为4.1人和17.7人（见表4-4）。瑞士人均护士数量在欧盟最高，人均护士和医生总数量在欧洲排名第二，仅次于摩纳哥。每千人拥有的牙科医生、药剂师和助产士的数量相对较少。瑞士医生正面临老龄化，男医生正日益被年轻的女医生所取代，并高度依赖外国培养的医生，2013年大约有30%的瑞士医生拥有国外大学文凭。

表4-4　　　　　　　　1990~2013年瑞士每千人拥有的医护人员数

项目	1990年	1995年	2000年	2005年	2010年	2011年	2012年	2013年
医生（人）	2.95	3.14	3.5	3.76	3.85	3.88	3.97	4.05
在医院工作医生占比（%）	43	38.4	44.7	45.8	45.3	45.7	45.7	45.5
全科医生（人）	0.63	0.9	0.96	1.17	0.9	0.94	0.95	0.97
普通外科（人）	0.13	0.13	0.13	0.14	0.15	0.15	0.15	0.16
儿科（人）	0.1	0.11	0.12	0.15	0.18	0.18	0.19	0.2
牙医（人）	0.48	0.49	0.48	0.5	0.52	0.52	0.52	0.52
药剂师（人）	0.53	0.59	0.62	0.6	0.54	0.55	0.56	0.54
心理医生（人）	0.16	0.2	0.23	0.31	0.37	0.38	0.4	0.418
护士（人）	—	—	13.15	14.32	16.31	17.38	17.88	17.69
在医院工作护士占比（%）	—	—	—	52.2	47.6	—	—	—
助产士（人）	0.27	—	0.28	0.24	0.29	0.3	0.32	0.31

在医疗服务提供体系方面，日间诊疗主要由自雇的医生在独立诊所提供，包括初级保健和专科服务。一般来说，患者有很大自由权去选择医生和医院。自由选择所有层次的医疗服务而无须转诊，包括住院服务，一直是瑞士医疗保障制度的一个重要特征。但过去十年来，越来越多的医生加入了医生网络或健康维护组织，即与保险公司签约为其参保者提供服务。2012年，大约有20.8%的参保者参加的是健康维护组织计划或医生网络计划，参加这些计划可以使患者享受更有管理的医疗服务，同时享受更低的保费。

医院主要提供住院服务,并在提供日间诊疗方面发挥越来越重要的作用。列入州政府的公立和私立医院,其提供的医疗服务可以由保险公司报销。以前,参保者就医的医院一般都要限制在参保的州。从2012年开始,只要是参保州规定的医院,患者可以选择参保州以外的任何医院,但报销政策按照参保州政策来执行。

五、医疗保障待遇

法律规定联邦政府应制定统一的医疗服务包(healthcare basket),在国家层面明确法定医疗保险的报销范围,具体由瑞士联邦公共卫生办公室(FOPH)负责制定。与我国相似,其医疗服务为负目录,药品及其他产品为正目录。但不同的是,瑞士在目录制定中引入了卫生技术评估工作,着重对服务及产品的成本效益进行评估,具体技术评估由联邦公共卫生办公室下设专门的顾问委员会负责。

瑞士法定医疗保险的报销范围比较广泛。临床医师及其他执业人员提供的所有医疗服务项目,除非有明确的排除规定,如牙齿保健及假体等,原则上均可由法定医疗保险公司支付。但药品及其他医疗产品则必须包括在可供报销的正目录中。在瑞士,处方药大部分都进入药品目录,非处方药进入目录的比较少。

瑞士法定医疗保险所包含的大多数报销项目的价格,是由国家规定(针对医疗产品)或由各州协商谈判制定(针对医疗服务)。药品由瑞士联邦公共卫生办公室制定报销价格。医疗器械(非植入式)等由联邦内务部制定最高价格。药品价格的形成建立了多方协商机制,具体价格决定采取参照定价方式,主要参照国家有德国、法国、丹麦、英国、荷兰等,以控制瑞士药品价格一般不高于以上国家药品的平均价格(出厂价)。具体分三类进行:一是处方药,价格由联邦公共卫生办公室下设的顾问委员会与制药企业协商后决定。药品批发企业配送服务费一般在6%~8%,净利润不到1%。药品零售企业按照政府统一定价出售药品。二是新研制出来的药品,一般先由制药企业提出意向价格,顾问委员会再统筹考虑药品成本、药品疗效、社会公众的承受能力以及替代药品价格等因素,对其是否纳入联邦医疗保险药品目录及市场销售价格提出建议,最后由联邦公共卫生办公室决策。三是非处方药,政府只规定指导价格,经销商可以根据市场情况酌情确定。绝大多数非处方药不在医保支付范围。

法定医疗保险公司承担门诊医疗费用和大约50%的住院医疗费用(其余50%主要由州政府承担)。具体付费方式和付费标准或价格由保险公司与医疗服务提供者通过谈判协商确定,即由医疗保险协会(Health Insurance Association)与医学协会(Medical Association)和医院协会(Hospital Association)之间协商谈判,行政区(GDK)作为观察员参与,最后由联邦政府批准。目前,门诊一般采取按医疗服务目录付费(TARMED)或按人头付费的方式,住院一般采取按床日定额付费的方式,但2012年起全面实行按病种组付费(即DRGs)。

参保人员个人除要全部负担医疗保险报销范围以外的费用外,还要分担一部分报销范围之内的医疗费用。在普通医疗保险计划下,门诊患者个人要自付全部医疗费用直至达到其保险合同规定的免赔额(即"起付线",目前为300瑞士法郎)。超过免赔额以后,患者还需要自付剩余医疗费用的10%，直至年度个人自付最高限额（儿童为350瑞士法郎，成人为700瑞士法郎）。住院治疗还需每日自付15瑞士法郎的个人共付费用。对于非药品的医疗产品，市场价格经常高于官方价格，在这种情况下，患者除了要支付共付医疗费外，还需支付两者之间的差价。参保人员个人费用支付方式通常取决于医疗服务的类型。

六、支付制度

在瑞士，按项目付费仍然是主要的付费方式。对住院服务来说，DRGs已经成为最重要的支付机制。对长期护理来说，主要实行按照护理水平调整的按日补贴制度。公共卫生活动主要是按合约一次性付费或者按项目付费。

按项目付费是日间诊疗的主要付费方式。法定医疗保险公司按照全国统一的按项目付费制度，对所有的全科医生和日间诊疗专科医生进行付费。按项目付费主要包含两个部分：一是医生的医疗部分；二是技术和护士人员、设备等的技术部分。医疗部分主要基于专家对医生提供医疗服务的必要时间和每年207000瑞士法郎的参考收入（根据专业和资质进行调整）。尽管按项目付费是主要付费方式，但按人头付费越来越重要。2012年，大约10%的全科医生收入和9%的专科医生收入，都是以按人头付费的方式进行补偿。按人头付费主要基于有管理的医疗保险合约。根据这些合约，基于风险调整（包括年龄、性别和其他参保人口特点）的人头费总额一般由法定医疗保险公司和医疗服务提供者达成协议。没有被法定医疗保险覆盖的医疗服务项目，可以按项目付费方式由补充商业保险或者患者自付。

从2012年开始，住院服务都根据全国统一的DRG制度进行付费。2015年州政府对每例入院承担51%~55%的成本，2017年这一比重在所有州将上升到至少55%（见表4-5）。法定医疗保险公司承担剩余成本。实际的付费方式在不同州和不同医院之间仍有区别，取决于具体医院的基础费率。患者在参保地以外的州就医，如果基础费率高于参保地基础费率，高出部分则要由患者自己或补充商业保险承担。

表4-5　　　　　　　　瑞士不同医疗服务提供者的支付方式

项目	联邦卫生部	州卫生局	市卫生局	MHI公司	其他社会保险机构	补充商业保险	家庭直接支付
全科医生	—	—	—	FFS（90%）CAP（10%）	FFS	FFS	FFS
日间诊疗专科医生	—	—	—	FFS（91%）CAP（9%）	FFS	FFS	FFS
其他非住院治疗	—	FFS	FFS	FFS	FFS	FFS	FFS
住院治疗	—	DRG	DRG	DRG	DRG	DRG FFS	DRG FFS

续表

项目	联邦卫生部	州卫生局	市卫生局	MHI 公司	其他社会保险机构	补充商业保险	家庭直接支付
心理和康复医院	—	PDM	PDM	PDM	PDM	PDM	PDM
医院门诊	—	—	—	FFS	FFS	—	FFS
牙科医生	—	—	—	FFS	FFS	FFS	FFS
药剂师	—	—	—	FFS	FFS	FFS	FFS
公共卫生服务（预防）	Lump sums	Lump sums	Lump sums	FFS	FFS	—	FFS
长期护理（疗养院）	—	PDM/其他	PDM/其他	医疗服务水平调整 PDM	其他	—	医疗服务水平调整 PDM

注：CAP：按人头付费；DRG：诊断相关组；FFS：按项目付费；Lump sums：按合约固定付费；其他：比如补贴等；PDM：每日补贴。

第三节 近年瑞士医疗保障制度改革情况

因为实行直接民主制，瑞士医疗保障制度改革非常困难。达成广泛的共识，过程非常复杂，有时是不可能的事，因此要花费很长时间。尽管改革过程费时费力，但一旦改革共识达成，改革基础就是非常坚实的，很少走回头路。近年来，瑞士医疗保障制度改革主要表现在以下几个方面：

一、医院支付制度实施 DRG 改革

DRG 已经成为对瑞士医院最重要的支付方式。2007 年，瑞士对法定医疗保险法进行了修正，开始引入基于 DRG 的医院支付制度。从 2012 年 1 月开始，住院服务基于全国 DRG 制度进行支付。其目的是为了统一协调不同州之间（以及公私医院之间）的支付制度，并提高透明度和效率。改革之前，类似的医疗服务在不同州医院之间支付方式差异很大，有的是按 DRG，有的是按日津贴。公立医院直接从州政府获得投资、教育等方面的资金。

瑞士实施 DRG 制度有相关的前提条件。首先是医疗数据收集方面。瑞士健康相关信息分析和数据收集由不同联邦法律规定，但 2007 年法定医疗保险法修正案后，联邦统计局和联邦公共卫生办公室成为两家最重要机构。联邦公共卫生办公室负责收集经办公司、医疗服务提供等各方面数据，并建立相应的数据库。由于法律规定了医院收集数据的义务，医疗服务数据的可获得性从 20 世纪 90 年代末开始极大改善。从 2005 年开始，为了使医院资源使用更加透明，建立了自愿的医院（DRG）病例成本数据（包括所有病人的

特征和每例成本等）。这一做法从 2008 年开始由 SwissDRG SA 统一协调。

其次是有专门的公司开发 DRG 制度。SwissDRG SA 是一家开发和更新基于诊断相关组（DRG）医院支付制度的公司。该公司成立于 2008 年，它的股东包括经办机构代表（santésuisse 和 MTK/CTM）、州政府代表（GDK/CDS）以及医疗服务提供者代表（医院协会和医学协会）。这家公司也负责开发精神病护理的支付制度。

瑞士 DRG 制度由 SwissDRG SA 开发，借鉴德国 DRG 制度，采用瑞士越来越多的医院数据样本：2009 年样本医院数量为 39 家（占医院服务的 60% 左右），2014 年增加到 112 家。全国 DRG 权重，即治疗某个 DRG 患者与所有患者的相对成本，根据瑞士成本数据进行计算。医院投资成本从 2012 年开始也纳入 DRG 支付制度中（通过调整基础费率），从 2015 年开始 DRG 权重开始包括投资成本。但研究和大学教育的成本、从地理上确保医院服务可获得的成本，都被排除在外。

DRG 制度引入后，至少从理论上来说，医院投资的资金也来源于提供医疗服务的收入。州政府在医院投资上的重要性在下降，医院投资不来自州政府的直接补贴。但是实际上，州政府有时还留有专项经费用于投资，医院规划也影响医院投资决策。

DRG 基础费率由个别医院或者医院联合体与经办保险公司协会进行谈判，并由州政府批准，如果双方无法达成协议，由州政府最终决定。国家价格监督局（Price Supervisor）会给各州提供一个基础费率参考，如果各州最终的基础费率高于参考值，必须说明它们的理由。虽然住院服务费用由州政府和经办公司根据 DRG 制度共同支付，基础费率由经办公司谈判确定，州政府不具体参与，但州政府是医院服务购买的重要一方，因为它们负责医院规划，决定哪些医院可以纳入医保支付范围。医院必须申请加入州政府定点医院目录，州政府可以选择不批准或者只将医院部分服务纳入。

瑞士 DRG 制度还有两个重要的配套计划，以改善或确保医疗服务质量。第一，在 2011 年签署的一份全国质量合约框架中，全国医院和诊所服务质量改善联合会（ANQ）运行了一个全国性的医疗服务质量保障制度。所有签署了合约的医院都必须执行这一制度。质量指标包括：经风险调整后的重新住院率和重新手术率，术后伤口感染，患者满意度，褥疮及脱落发生率，髋关节和膝关节置换术翻修率。全国医院和诊所服务质量改善联合会要将相关指标结果以个别医院或总体形式公布。

第二，瑞士住院质量指标体系（CH-IQI）从 2012 年开始对住院服务质量进行监控和评估。这一指标体系对所有认证医院都是强制实施，使用日常的出院数据。数据收集从 2008 年就已开始，公布在 FOPH 网站上，包括每家医院的质量情况。指标体系包括病例数、死亡率、特殊诊疗措施的比重等。2012 年，44% 的住院病例都包含在这个指标体系中。如果某家医院指标偏离平均值太多，就会采用同行评议方式寻找可能的原因。但医院质量提高的一个潜在挑战是，州政府既是公立医院的所有者，又是质量保障的实施者，因此面临纠结的动机去发现医院质量下滑。

医院协会一份对 DRG 制度的评估表明，医院融资制度的改变已经反映在医疗服务的提供上，从住院服务更多地转向日间诊疗服务。日间专家诊疗增加，一些住院服务被日间诊疗服务所取代。同时，支付制度改革产生的效果还包括：一是 DRG 制度增加了透明度，并预计将会导致更高的效率。二是改革增加了公立和私立医院之间的竞争，因为二者适用同样的支付制度。三是改革增加了患者选择权（以及医院之间的竞争），允许患者到参保州以外的医院就诊。四是改善了不同州之间医疗服务提供体系的规划。

二、管理式医疗保险计划促进分级诊疗

瑞士的医疗卫生资源配置水平高于 OECD 国家平均水平。在传统的就医模式下，参保人员就医可自由直接选择任何层次的医疗服务，包括住院服务都无须转诊，这成为瑞士医疗保障制度的一个重要特征。但医疗保险公司通过建立参保人员对保险合同的选择机制，采取保费减免的形式以促进向"管理式医疗"（managed care）的转变。1996 年，保险公司就开始以合同选择形式提出"管理式医疗"，规定参保人按特定的服务路径就医可降低保费。

管理式医疗改革一直是 2000 年以来瑞士医疗保障制度试图改革的一项重要内容。第一次改革内容包含在 2000 年的一份整体改革方案中，但在 2003 年被议会否决。在 2004 年瑞士联邦委员会建议方案中，提出要建立一体化的医疗服务提供者网络，该网络负责协调所有医疗服务，并负责财务风险。在此后的议会讨论中，该建议被否决，相对折中的方案在 2011 年获议会通过，其思路是对传统的医疗保险计划征收更高的罚金，使管理式医疗保险计划更有吸引力，并规定医疗保险公司必须在全国范围都提供这种管理式医疗保险计划。但是，反对者（主要是医生和社会党）要求进行全民公投。医生（不包括全科医生）批评这种改革将降低医生选择权，社会党反对对传统医疗保险计划征收更高的保费。最终，改革方案被 76% 的选民否决。尽管改革方案失败，但管理式医疗的理念在瑞士正日益成功，成为医疗保险计划中的主流。

瑞士"管理式医疗"的形式主要有：

一是家庭医生计划，医疗服务一般由初级保健医生组成的医生网络提供，但也可以包括日间诊疗专家和医院，只要它们同意以这种方式提供服务。医生可以组建股份公司或协会，并承诺遵守一些质量管理程序。医生网络可以采取多种方式，既可以是松散的网络，不用承担共同的财务责任，也可以是更加联合的医生网络，根据人头承担共同的财务责任。医生网络和保险公司之间签订正式合同，并就医疗服务目标、成本达成共识，对财务风险分担进行约定。

二是健康维护组织（health maintenance organization，HMO）计划。它一般是指医疗保险公司所有的联合诊疗或小型医生网络，医生受保险公司雇用并领取薪水。但也有医生自己组建的网络以健康维护组织形式运行，接受他们的患者的全部财务责任，包括专科医生和医院提供的服务。

还有一种保险模式是患者只能首先选择全科医生和保险公司规定的专科医生，这种模式国际上一般称为优先提供者组织，而在瑞士一般称为目录模式（list models），它也归入家庭医生计划。但目录上的医生一般不和保险公司签订合约，也不对他们管理的患者医疗承担财务责任。

最后瑞士还有一种呼叫中心模式（call-centre models）。在这种模式下，参保者同意在咨询其他医疗服务提供者之前，首先联系呼叫中心。

管理式医疗保险计划已经成为瑞士医疗保险计划的主流（见图4-2）。2013年，34.7%的参保者选择家庭医生计划（包括医生网络和目录模式），7.6%的参保者选择HMO计划，大约18%的参保者选择其他可选择的医疗保险计划（主要是呼叫中心模式）。2013年共有超过60%的参保者选择管理式医疗保险计划，而在2003年这一比重还低于10%。

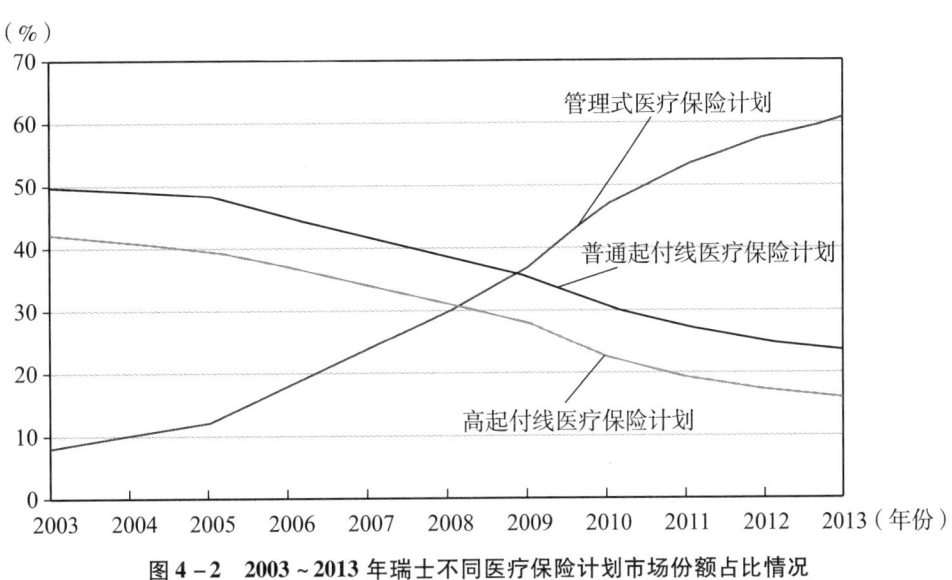

图4-2　2003~2013年瑞士不同医疗保险计划市场份额占比情况

许多瑞士研究者比较了传统医疗保险计划和管理式医疗保险计划在日间诊疗上的效率，发现参加后一计划的患者的成本更低。尽管早期的研究没有控制好自我选择问题，即健康的人更倾向于选择管理式医疗（因为保费低），但近期的研究通过风险调整方法确认，即使考虑到自我选择问题，管理式医疗保险计划的成本也更低。成本降低多少取决于不同保险计划。与传统的医疗保险计划相比，由医生网络协调医疗服务的患者，成本低15.5%；患者参加承担预算责任的服务网络（如HMOs），成本低21.2%。这些研究表明，更好地协调日间诊疗服务提供者，可以很大程度地提高效率。

另外，瑞士还通过了相关改革以促进初级保健服务。2010年，20万人签名支持将"发挥家庭医疗卫生的作用"作为新的条款写入联邦宪法。作为回应，瑞士联邦委员会建议新条款应合理分配联邦和州的责任，以确保向所有公民提供初级保健服务。另外，新条款明确，联邦政府管理初级保健的培训和执业要求，并给全科医生提供足够的报酬。这项建议最终被议会以及最初的发起者采纳，并作为宪法117a条款获得2014年5月公投通过。新条款是一个重大变化，将隐含的初级保健服务权利写入了宪法，并明确了联邦政府在服务提供上的职责。部分因为这一新条款，瑞士联邦委员会2014年6月决定干预日间诊疗按项目付费目录TARMED更新（由于付费方和服务提供者未达成协议，谈判陷入僵局），并从财务上改善全科医生的状况。

三、其他医疗保险领域改革促进公平

从 2000 年以来,瑞士医疗保险制度最成功的改革主要在三个领域:一是两轮风险调剂金制度改革;二是针对中低收入家庭的缴费补贴政策改革;三是强化了联邦政府对法定医疗保险公司的监管政策。其他方面的改革比如经办管理体制的根本性改革则没有取得成功。

(一)风险调剂金制度改革

在进行《瑞士医疗保险法》首次评估时,风险调剂金制度就处于政治焦点。当时风险调剂只考虑性别和年龄,保险公司倾向于逆向选择健康的参保者,避免不健康的参保者。当 2000 年的改革方案在 2003 年被国会否决后,瑞士又花了四年时间才通过了立法,并又花了五年时间从 2012 年开始最终实施。改革方案在风险调剂金公式中又加入了第三个因子,即对上一年住院超过三晚病人的高于平均成本的保险公司进行补偿。

2012 年的管理式医疗改革方案本来会进一步导致风险调剂金制度改革。但这一改革方案被否决。2014 年通过的改革方案赋予了联邦议会进一步改善风险调剂金制度的权力。这主要因为议会面临医保经办从商业保险公司转向公办经办机构的压力。目前,瑞士风险调剂金制度已经引入了第四个因子,即上一年药品支出超过 5000 瑞士法郎,这一制度将从 2017 年开始实施。如果有需要,未来还将会有新的因子被引入。

(二)针对中低收入家庭的缴费补贴政策改革

由于 2003 年通过、2005 年开始实施的《联邦财务平等法》,中低收入家庭参保缴费补贴政策发生了变化。该法旨在降低不同州之间总体经济和财务上的不平等,并改革了联邦和州原有的共同缴费补贴政策。公共缴费补贴由州管理,但大约一半资金由联邦政府提供,州政府必须遵守医疗保险法的相关规定。改革之前,联邦政府支付补贴总额 2/3 的资金,州政府支付配套的 1/3 资金。因此,州政府支付的补贴资金越多,获得的联邦政府补贴也就越多。根据改革后的新政策,联邦政府补贴金额相当于州人口参保缴费支出的 7.5%,州政府必须用这笔钱补贴中低收入家庭参保缴费。与此前的制度相比,联邦政府总的医保缴费补贴金额出现减少,但联邦政府对地方政府总的转移支付金额有所增加。改革之后,因为不需要对联邦政府补贴进行匹配,州政府在支出方面有更大的自主权,但也可能导致不同州缴费补贴更大的差距。

(三)法定医疗保险公司的监管政策改革

2014 年 9 月瑞士通过了新的联邦法定医疗保险监管法。这一法律从 2012 年初就开始讨论,一开始国会成员大多数不同意该法案,因为不希望有更多的政府干预。但是,法案最终得以通过,主要因为担心反对该法案将导致改变现行商业经办体制的观点更加盛行。法案通过后解决了两个担忧:一是缺乏透明度问题,保险公司既经营法定医疗保险,又经营补充医疗保险,很可能利用法定医疗保险的数据来设计更有针对性的补充医疗保险产品；二是担忧不合理的保费增长。新的监管法明确要求保险公司区分法定医疗保险和补充医疗保险业务，并要求联邦卫生办公室（FOPH）加强和金融市场监管局（FINMA，负责监管补充医疗保险）的监管业务协调。该法同时明确，如果保险公司的保费定得过高或过低，将无法获得联邦卫生办公室的批准。该法也引入了新的会计准则来管理保险公司破产问题。

瑞士近年流行的一种观点是支持建立"单一公共疾病基金"，以取代现有的商业公司经办体制。此前在2003年和2007年都已有相类似的动议，但公投都未能通过。这些观点都支持建立单一的公共疾病基金，以取代现有的61家私营的法定医疗保险公司。除了风险调剂不足和缺乏透明，这些观点的支持者批评现有体制的问题主要包括：高额的人均卫生支出；与医疗服务提供者的支付方式谈判缺乏公共部门参与；缺乏激励以制订疾病预防计划；不同保险公司之间保费差别巨大导致的法定医疗保险市场功能失常；市场营销、更换参保公司、重复文书工作等导致的高额管理成本。但是，反对改变现有体制的人认为，公立体制比私立体制成本更高，而且降低了自由选择权，私立体制的未来发展空间更加广阔。从瑞士社会自由主义观点来看，标准法定医疗保险待遇的广泛覆盖率、良好的医疗服务可及性、非常高的自由选择权以及对中低收入家庭较高的缴费补贴，改变现有经办体制是不可行的。但公投结果显示，有38%的选民愿意根本改变现有体制。

四、多种措施控制药品支出

制药产业是瑞士经济重要组成部分，2012年占GDP的3.2%，占所有私人研发支出的39%。2013年瑞士制药市场规模为51亿瑞士法郎，其中瑞士公司占市场份额的32%。大约81%的药品是可报销药品，其中94%是处方药。近年来瑞士采取多种措施，以鼓励仿制药发展。在所有可报销的药品中，仿制药市场份额已经从2000年的6.1%增加到2013年的23.9%。但瑞士仿制药市场仍然相对较小，2013年在可报销药品中，数量仅占23.9%，价值仅占18.4%。2012年的一项改革鼓励仿制药生产商进入瑞士市场。

瑞士人均药品支出为652欧元（2012年），在所有数据可获得的欧洲国家中排名第一，高于奥地利（464欧元）、德国（510欧元）和法国（548欧元），但如果考虑购买力平价，则人均药品支出低于德国和法国。

近年来，瑞士采取了较大努力去降低相对较高的药品零售价格和增加仿制药使用。许多价格控制措施已经在使用以控制新药价格，并且从2009年开始，正面目录中的药品每三年就要重新评估一次。在重新评估期间，联邦公共卫生办公室（FOPH）决定一种药品是否还满足纳入报销范围的条件，尤其是药品价格是否还满足成本—效益标准。如果FOPH发现某种药品在瑞士的价格高于成本—效益价格（基于其他国家价格和疗效）3%以上，并且如果这种价格差导致制药公司高出正常盈利2万瑞士法郎，则FOPH可以要求制药公司将超出正常营利部分返还给保险公司。2012～2014年，大约1500种药品价格降低，节约成本超过6亿瑞士法郎。2005年以来的价格变化趋势说明这些措施已经产生了一些效果，2005～2011年药品价格下降超过20%，尽管2012年和2013年开始又有所反弹。在最近的一次与6个参照国的200种原研药价格比较中，瑞士价格低于德国和丹麦，但远高于奥地利、荷兰和法国。

从 2006 年开始，为提高仿制药使用比例，瑞士提高了仿制药报销比例。而从 2001 年开始，只要开具处方的医生没有明确说明需要使用品牌药，则鼓励药剂师用较便宜的仿制药代替较昂贵的品牌药，药剂师也会获得相应补偿。另外，2009 年通过自适应定价规则（adaptive pricing regulations），鼓励仿制药公司的市场准入。此后，仿制药所需要的折扣（与原研药价格相比）就基于原研药的销售量，如果原研药市场规模很小，则仿制药价格可以仅低于原研药价格 10%，随着市场规模扩大，仿制药价格折扣相应增加，最多可以达到 60%。这一规定在 2012 年和 2014 年进一步完善。

第五章 新西兰医疗保障改革追踪研究

第一节 新西兰卫生系统成绩斐然

一、卫生系统的绩效显著

与国际标准相比,新西兰卫生系统的绩效非常显著。得益于强大的卫生系统,新西兰人能够及时获得所需要的卫生保健服务,大多数新西兰人对获得的卫生服务感到满意。2014年,90%的新西兰人认为自己健康状况良好,在OECD国家中,这一比例是最高的;对75岁以上的人群来说,87%的认为自己健康状况良好。[1] 80%的成年人对医疗中心的保健服务感到满意,83%的成年人认为自己所接受的门诊服务良好及以上[2]。95%的新西兰人在初级医疗组织注册。与英国和澳大利亚相比,新西兰人在当天或第二天能够预约上医生的可能性比较大,门诊排队人数在接受调查的11个国家中是最少的[3]。新西兰人的预期寿命男性为79.5岁,女性83.2岁,要高于OECD国家的平均数。

二、卫生经费的使用情况

每年,新西兰卫生系统提供:全科医生日间就诊量1260万人次(和全科护士就诊量280万人次),6500万种药品的分配,2400万实验检测,100万急诊。2014~2015年度新西兰的卫生和残疾支出约180亿美元,GDP的9.5%,涵盖了公共、私人和非政府组织的在卫生领域的支出。[4] 卫生经费GDP占比稍高于OECD国家的平均水平,但与OECD大多数国家的保持一致;卫生经费中来自税收的部分占整体卫生支出的大部分,大约占GDP的7%。[5] 卫生支出占政府支出的比例为22%。2014年,新西兰药品支出

---

[1] Ministry of Health. Health and Independence Report. 2015.
[2] Ministry of Health. Patient Experience 2011/12;Key Findings of the New Zealand Health Survey. 2013.
[3] Commonwealth Fund. Commonwealth Fund International Survey of Primary Care Physicians. 2012;Commonwealth Fund. Commonwealth Fund International Health Policy Survey in Eleven Countries. 2013.
[4] http://stats.oecd.org/index.aspx? Dataset. Code = SHA [accessed 14 September 2015].
[5] The Treasury. Affording Our Future. Wellington:The Treasury, 2013:4.

为 14.51 亿新西兰元（11.8 亿美元），2015 年药品支出为 14.8 亿新西兰元（11 亿美元）；以新西兰元为单位的增长率为 2%，而以美元为单位的增长率则为 -6.4%。2014 年，新西兰医疗保健支出为 222 亿新西兰元（180 亿美元），2015 年的则为 227.4 亿新西兰元（168.2 亿美元）；以新西兰元为单位的增长率为 2.4%，而以美元为单位的增长率为 -6.4%。

三、卫生系统面临的优势和挑战

（一）优势明显

新西兰卫生系统的优势在于：公共拨款、全覆盖、尽职而高素质的卫生从业人员队伍；卫生服务的重心在初级医疗，以及对健康的广泛关注；独一无二的公共卫生和无过错事故赔偿体系，为新西兰人的一生提供服务；卫生和社会服务机构并肩提供优质服务的强烈愿望；地区卫生管理局的决策者对社区需求和综合服务做出积极响应；通过医学研究而日益精进的最佳临床实证经验基础；毛利人和太平洋岛人服务提供机构与社区联系紧密，并形成综合的服务模式。

（二）诸多挑战

在拥有较多优势的同时，新西兰卫生系统也面临着挑战。老龄化、长期疾病负担的挑战日益显著。新西兰痴呆症患者将从 2011 年的 48000 人增加至 2026 年的 78000 人。肥胖日益成为长期的健康问题，对社会产生较大影响，10% 的新西兰儿童肥胖。就目前的模式预测，提供卫生服务的经费从长期来看是不可持续的。财政部预测，如果不改变经费筹资模式和服务递送模式，政府卫生支出将从现在 GDP 的 7% 上升至 2060 年的 GDP 的 11%。因此，探求新的、可持续的服务递送模式，以能够为人们提供健康和更广泛意义上的福利成果的资源投入产出新模式为最根本的、最重要的解决之道。

对新西兰卫生筹资系统的一项独立的研究表明，资金的三种安排使资源的投入未能实现最好的结果。一是现有的安排不能够清楚地表明卫生经费投入和产出之间的关系，既难以判断经费投入重点，也难以断定是否应该纳入长期的、跨领域福利的投资范围。二是当需求变化是，服务组合和设计不能够快速变化而满足需求。筹资模式和采购安排倾向于鼓励因循守旧，而不是服务创新。三是一些经费安排旨在消弭群体之间获得服务的差异，但却实际上扩大了需求差距。

新西兰卫生领域的劳动力也面临着挑战。首先是老龄化，40% 的医生和 45% 的护士超过 50 岁。[1] 其次，有大量未受监管的从业人员（大约 63000 人），包括护理和支持人员在内，他们很少能够获得培训的机会。最后，大量医护人员是海外毕业的，42% 的医生、32% 的助产士和 26% 的护士。这意味着我们需要持续不断地培训，才能使这些卫生工作人员的技能满足新西兰健康需求和护理需要。

---

[1] Ministry of Health. Health of the Health Workforce 2015. Wellington: Ministry of Health, 2016.

第二节 药品管理局和药品经费控制制度

符合公共拨款卫生和残疾服务条件的新西兰人大多数时候在购买补贴药品时,仅需要自付 5 新西兰元。公立医院、助产士、家庭规划诊所开具的处方药患者自付均为 5 新西兰元。13 岁以下的儿童药品完全免费。

一、药品管理局

(一) 成立背景

20 世纪 80 年代,新西兰药品价格的增速超过其他医疗保健支出,也成为政府支出增长速度最快的领域之一,有些年份的增速甚至高达 20%。1993 年,为解决药品费用的持续增长问题,设立了药品管理局。2013~2014 年度,药品管理局的药品拨款为 7.95 亿新西兰元,为 350 万新西兰人开具了 4310 万个处方提供了报销。[①] 报销目录清单上社区药品约 2000 种。2011 年,新西兰人均卫生支出为 3182 美元,比 OECD 的平均值 3322 美元稍低;而人均药品经费支出为 284 美元,远低于 OECD 国家的 483 美元。2011 年,新西兰人均药品经费支出仅为澳大利亚的一半。2011~2012 年度,澳大利亚对 73 种在处方中经常使用、花费大量卫生经费的药品组合进行对比,澳大利亚的价格比新西兰的价格高出 8 倍。如果澳大利亚在其中 62 种药品组合中使用新西兰的价格,则药品福利计划可以节约 11 亿澳元。[②] 新西兰药品支出的成功控制,归功于采取了综合的药品政策,包括项目预算、强势价格谈判、不同的采购机制,如公开招标等。[③]

(二) 机构设置和工作原则

1. 机构设置

新西兰药品管理局是根据 2000 年公共卫生和残疾法案设立的皇冠企业,主要的目标是在预算的范围内,满足符合条件的人们的药品需求,并确保药品治疗的卫生目标的实现。它要对政府药品支出费用的控制负责,包括社区药品、医院药品、疫苗和医院医疗设备。药品管理局的董事会有 6 名董事,由卫生部长任命,药品管理局所有运作都由董事会决定,包括药品管理局的战略发展方向、社区药品的补贴种类和补贴水平与条件、对药品报销目录的调整、地区卫生委员会属地的医院采购药品的价格等。为确保决策的公平和稳

---

① "Year in Review 2015" (PDF). Pharmaceutical Management Agency. Retrieved 11 March 2016.
② Duckett S, Breadon P, Ginnivan L, Venkataraman P. Australia's Bad Drug Deal. High Pharmaceutical Prices. Melbourne: Grattan Institute, 2013. http://grattan.edu.au/static/files/assets/5a6efeca/Australias_Bad_Drug_Deal_FINAL.pdf [cited 2014 Jun 20].
③ Cumming J, Mays N, Daubé J. How New Zealand has Contained Expenditure on Drugs. BMJ 2010, 340: c2441.

健，药品管理局采取综合临床、经济和商业方面的考量的决策程序，同时征求使用者和社区的意见，制定操作规程。

2. 职责范围

一是维护和管理新西兰药品报销目录包括津贴提供的资格条件和标准；二是处理突发性的事件，包括在一定的条件下为不在药品目录中的药品提供津贴；三是处理认为适当的、并能够涵盖在既定预算下的，有助于实现其目标的事宜；四是改善药品的负责任使用；五是代表区域卫生委员会采购所有药品；六是卫生部赋予的其他职能。药品管理局定期更新药品报销目录，告知开处方者、药剂师、医院经理和患者社区药品和医院药品的报销种类和价格。

3. 报销目录调整所考虑的因素

对社区药品报销目录的更新，需要考虑以下情况：一是新西兰所有具有资格的人群的健康需要；二是毛利人和太平洋岛国裔人健康需要；三是现有药品、医疗设备、相关产品的有效性和适用性；四是药品的临床效果和风险；五是享受报销政策的药品与使用其他公共补贴资金的卫生与残疾支持服务的实现健康需求的成本效益比较；六是任何药品报销目录的变化对预算的影响（药品预算和政府全部卫生经费预算）；七是医疗服务使用者的直接成本；八是政府卫生经费的偏好；九是药品管理局认为适当的其他标准。

4. 咨询委员会

新西兰的药品政策与分类主要由两个委员会负责：药物机构间委员会和药物专家咨询委员会员。药物机构间委员会确保政府机构制定政策的连续性和相互支持性。药物专家咨询委员会是根据2000年药物滥用修正法案成立的，为卫生服在药品分类领域提供专家咨询意见。

药品管理局与药理学和药物治疗学咨询委员会密切合作，后者作为专业的医疗委员会，为药品管理局提供有关健康需求和社区、医院药品临床效果的独立咨询意见。该委员会的成员全都是资深的临床医生，通过为药品管理局推荐社区报销药品，帮助药品管局进行决策。另外一部分职责是对报销目录上的社区药品进行评价，看是否应该继续接受政府报销，空出来的资源可以引进新的、更加适合的药品。药品管理局在决定医院药品的国家采购时也可以听取咨询委员会的临床建议，但还有其他的医院专家代表参与。

消费者咨询委员会是药品管理局的咨询委员会之一，为药品管理局提供有关消费者方面的书面报告，其成员的背景差异很大，对毛利人、太平洋岛裔、老年人、女性、精神病人群的健康保持关注。

二、药品筹资机制

新西兰药品系统的主要原则之一为"在政府预算的范围内，不管其支付能力如何，新西兰人有获得所需要药品的途径"。这是通过药品报销目录实现的。通过特殊情况和特殊权利机制，其他的创新新药、低量或高成本药物也能在个人层面获得报销。个人能够使用得到批准的所有报销药品，但需要支付未被批准报销的药品的费用。新西兰药品和医疗设备安全管理局负责药品的有用性证明，药品管理局和地区卫生委员会决定是否能够获得政府资金的报销。药品管理局并不是将药品和医疗设备安全管理局验证的药品全部纳入报销范围。

(一) 药品报销目录

(1) 制定药品报销目录的目的。

一是列出政府报销的社区药品、向承包商支付的补贴金额、生产商的价格，以及其他适用条件。二是地区卫生委员会医院使用的医院药品，以及其他适用条件。三是药品管理局对地区卫生委员会医院使用的药品、医疗设备的国家谈判价格。该目录不显示每种社区药品或医院药品最终的政府补贴数量。

(2) 药品报销目录的内容。

第一部分 社区药品。

对社区药品来说，药品目录的组织方式便于读者找到能够治疗类似症状的社区药品。因此，社区药品在第一个层次是根据 ATC 药品分类系统进行分类，然后又根据新西兰医药系统的架构进行细分。

Section A 社区药品及相关产品的通则。

Section B 根据 ATC 药品分类系统将社区药品进行分类；然后再将每一类分成不同的疗效标题下，治疗类似症状的被分到一个组。

Section C 有关临时复合产品和能够报销的复合产品组成的社区药物的规定。

Section D 有关特别食品和特殊食品报销的规定。

Section E 根据从业者供给秩序而派了的社区药品的报销；从业者供给秩序的条款适用范围。

Section F 社区药品调整周期豁免项。

Section G 社区药品报销的相关规定。

第二部分 医院药品。

Section H 列举了区域卫生委员会用本区预算资助的药品，主要内容包括：

为医院药品的相关规定；

国家签约药品；

自由裁量社供应药品（不是上述社区药品，是指区域卫生委员会能够自由决定、用自己的预算支付、在社区使用的药品）。

(二) 社区药品

药品管理局决定新西兰社区药品的报销种类和报销水平。社区药品被定义为"被列入药品目录 A – G 部分的药品，在社区使用，由社区药品预算报销的药品"。

每年，地区卫生委员会和药品管理局就社区药品预算达成一致意见，由卫生部最终确定。预算的费用由地区卫生委员会提供，药品管理局代表地区卫生委员会就药品价格进行谈判，根据社区药品预算对社区药品经费进行管理。根据法律的规定，药品管理局要在预算的范围内安排社区药品的购买、报销,不得超出;即在预算范围内尽可能安排适宜的社区药品。2010年,社区药品的预算为6.94亿新西兰元,药品支出为6.938亿新西兰元;自助了20种新药,并扩展了25种其他种类的药品。

(三) 医院药品

药品管理局帮助区卫生管理局评估和采购公立医院使用的药品。医生、药剂师和医院管理局按照政府有关全国性医院药品报销政策,制定医院药品报销目录。医院药品报销目录在是药品报销目录的H部分。H部分包括医院使用的药品和医疗设备。同时,医院管理局还通过药品报销目录负责管理医院对癌症治疗药品的支出经费。除国家对这些产品的统一采购之外,药品管理局制定癌症治疗药品的准入标准。这意味着全国的患者在区卫生管理局的医院具有平等的使用权。区卫生管理局不能够提供癌症药品报销目录之外的治疗,但患者可以通过患者实名药品评估政策进行申请。

(四) 申请药品报销的流程

药品管理局制定了药品报销的申请程序,药品供应商、医生、消费者群体和患者都可以按照不同的类别进行填报。下面以新药申请列入报销目录的程序。

第一步,准备申请表。首先与药品管理局的人员商讨申请表填报事宜,提交申请表。第二步,收集证据。药品管理局和相关咨询人员对申请书进行评价,收集相关证据,并做出初步分析。第三步,评估药品相关价值。对药品相关信息进行研究和评估,与其他的申请做比较,包括PTAC的评估和委员会的评估。第四步,谈判。药品管理局和供应商进行谈判,对排名靠前的药品,做出进一步的发展建议,达成临时协议。第五步,再次评估。药品管理局再次对申请进行评估,必要时对临时协议进行修改,听取委员会和各方代表的意见。第六步,实施。药品管理局通知药品供应商最终的决定,制订目录的积极实施计划。

在对申请药品的评估时,重点考虑的因素有四个方面。一是需求。对需求层次的界定,需要考虑疾病对患者及其家庭、社会和新西兰卫生系统的影响。二是治疗效果。重点考虑申请药品或医疗设备能够带来的潜在的健康成果。三是成本支出和节省情况。要考虑药品对患者、患者家庭及其社会、药品预算、整个卫生系统的预算的成本支出和节省情况。四是可持续性。考虑药品的非临床特别或医疗设备对健康成果的可持续性。

三、2014~2015年化学药品支出情况

(一) 医院医疗设备

药品管理局在药品报销目录上添加了10965种医院医疗设备系列商品,使总数达到14000种。根据签署的全国性合同,2015~2016年度将会节省294万新西兰元。如果区域卫生委员会扩大全国性签约产品的市场份额,节约的额度就会更大。区域卫生委员会目前没有完全使用全国性采购协议的产品。在5年内,所有全国性采购协议将节约1320万新

西兰元，区域卫生委员会在 2014~2015 年度的投资为 200 万新西兰元，这一数字将减少至 112 新西兰元。

（二）预算基金的配合

药品管理局经管年度化学药品预算（CPB），化学药品预算由药品管理局和区域卫生委员会共同商定，最终由卫生部确定。区域卫生委员会为化学药品预算提供经费，药品管理局则确保药品支出不超出预算的范围。药品管理局持有一个多年期的自由裁量医药基金（DPF），有利于其对长期支出做出决策。在区域卫生委员会预算有结余的年份，自由裁量医药基金可以获得卫生区域委员会的补充资金；在区域卫生委员会预算超支的年份，自由裁量基金则会为区域卫生委员会提供支持。

2014~2015 年度，区域卫生委员会的支出为 7.95 亿新西兰元，其中化学药品的支出为 7.933 亿新西兰元，170 万新西兰元则是划拨给了自由裁量医药基金。

（三）成本效益显现

自 1993 年以来，药品管理局还是负责药品报销目录，为社区药品提供政府报销。通过各种手段，主要是供给侧管理，药品管理局成功控制了社区药品支出。[1] 与其他发达国家相比，新西兰药品支出增长速度较慢。1998~2002 年，社区药品支出的年均增长率为 1.46%，而美国为 14.54%，英国为 9.7%，澳大利亚则为 12.1%。医院药品支出占新西兰总体药品支出的很大一部分。2003 年，医院药品支出约为 1.4 亿新西兰元，而社区药品支出为 5.39 亿新西兰元（当年人口为 400 万）。[2] 2002 年，药品管理局发布国家医院药品发展战略，旨在管理公立医院的药品。[3] 药品管理局认为为了减少国家医院药品支出，需要对常用的药品进行集中采购。于是，2002~2003 年度，药品管理局与一些用量很大的药品的供应商签订了新的采购价合同，合同逐月实施，这些产品被列入药品报销目录的 H 部分。药品管理局在接下来的三年内将公立医院 90% 的用药签署相关采购价格合同。

四、对新西兰药品报销管理政策的讨论

新西兰药品政策也由于与其他国家相比报销的药品种类较少而受到批评，特别是新药的进入速度较慢。一项比较研究表明，2000~2009 年，澳大利亚药品福利计划中的 136 种药中，仅有 59 种（43%）出现在新西兰的药品报销目录中，并且药品进入清单的时间普遍比澳大利亚晚 32.7 个月。[4] 在另外一项对 13 个国家和地区的癌症用药的对比研究中，

---

[1] Brae R, McNee W, Moore D. Managing Pharmaceutical Expenditure While Increasing Access. The Pharmaceutical Management agency (PHARMAC) Experience. Pharmacoeconomics, 1999, 16: 649 - 60.

[2] Pharmaceutical Management Agency. Statement of Intent. 2003. www document: Available from: http://www.pharmac.govt.nz/pdf/SOI2004/.pdf [Accessed February 23, 2004].

[3] Pharmaceutical Management Agency. National hospital pharmaceutical strategy final version. 2002.

[4] Cheema P K, Gavura S, Migus M, Godman B, Yeung L, Trudeau M E. International Variability in the Reimbursement of Cancer Drugs by Publically Funded Drug Programs. Curr Oncol, 2012, 19: e165 - 76.

新西兰是报销药品种类最少的国家之一。这些区别部分是由新西兰药品管理局的预算封顶造成的。而澳大利亚仅从新药的成本效率考虑，而不存在预算封顶的问题。但仅少数新药能够提供与标准治疗相比具有明显的治疗效果。2005~2007年间，澳大利亚批准的217个新药物中，只有7种属于重大治疗性突破的药物。[①] 通过对比发现，大部分在新西兰药品福利计划中报销的药品，但却没出现在新西兰报销目录中的药品，都是对现有质量类别的补充，而不是提供重要治疗效果的新药。新西兰在这方面很少跟风。

第三节 地区卫生管理局和医疗保险支付制度

一、卫生服务提供系统

新西兰卫生部制定卫生和残疾部门的政策，并起领导作用。卫生和残疾服务系统的大部分日常工作和3/4的经费都是由地区卫生管理局管理的。地区卫生管理局为辖区内的人口计划、管理、提供、购买医疗卫生服务，从而确保新西兰人的卫生服务安排积极有效。在地区卫生管理局的众多业务中，就包括初级医疗、医院医疗服务、公共卫生服务、老年护理服务，以及其他非政府卫生服务机构提供的服务。公共卫生单位、初级医疗组织、非政府组织、皇冠企业、卫生专业人员、各种卫生从业人员的专业和规范机构在提供服务、确保效率和质量上起到重要的作用。

（一）地区卫生管理局

2000年新西兰公共卫生和残疾法案建立了地区卫生管理局。公立医院属于并由地区卫生管理局提供经费。国家卫生管理局为地区卫生管理局提供卫生经费并监管。新西兰共有20个地区卫生管理局，每个地区卫生管理局由11名董事组成的董事会运营：卫生部任命4名董事，包括董事长和副董事长；其余的7名董事每三年选举一次，与政府官员的选举同步。地区卫生管理局负责为该地区的医疗保健服务提供资金支持。残疾支持服务和一些卫生服务由卫生部提供资金或直接全国性的采购。区卫生管理局为初级医疗、医院服务、公共卫生服务、老年护理服务，以及由其他非政府组织提供的服务提供经费。

（二）医疗服务提供组织

1. 初级医疗组织

初级医疗组织由区卫生管理局提供经费，为在初级医疗组织注册的人提供全科医疗服务，规模和结构差距较大，但均属于非营利组织（见表5-1）。初级医疗组织直接或通过

[①] Vitry A I, Shin N H, Vitre P. Assessment of the Therapeutic Value of New Medicines Marketed in Australia. J Pharm Policy Pract, 2013, 6: 2.

成员提供医疗服务，提供的服务必须能够确保整个注册人口健康，并帮助健康状态不佳的人恢复健康；目标是将全科医疗服务于其他初级医疗服务连接起来，确保治疗的连续性，尤其是对慢性病的管理。目前，新西兰共有32家初级医疗组织，由地区卫生管理局与其签约，鼓励新西兰人在初级医疗组织注册。政府为在初级医疗组织注册的人提供更加优惠的初级医疗就诊服务。政府对全科医生队伍的定义比较广泛，包括全科医生、护士、药剂师和其他的医疗专业人员（如物理治疗师、营养师、心理学家、咨询师和职业治疗师），大多数的初级卫生服务是由全科医生和护士一起提供的。全科医生私人执业，自己设定就诊费用。根据地区卫生管理局和初级医疗组织签署的协议，全科诊疗收费标准是在地区卫生管理局的网站上公布的。在一些情形下，患者到全科护士那里就诊更加合适，因此，设定了执业护士津贴。

表 5-1　　　　　　　　　　2016年新西兰人签约初级医疗组织的情况

项目	毛利人	太平洋岛	其他	总计
注册数量（人）	664976	321620	3437729	4424325
所占比例（%）	90	106	94	94

2. 公共卫生机构

地区公共卫生服务由12家地区卫生管理局所有的公立医院和一系列非政府组织提供。地区卫生管理局的服务机构和非政府组织实施大概一半的此类卫生服务，包括环境卫生、传染病控制、烟草控制和健康促进项目。这些公共服务机构是根据1956年卫生法案成立的，大多数法定官员都是由卫生总专员直接认定，卫生医疗官员和健康保护官员都直接向卫生总专员负责，并接受其指导。大多数官员直接受雇于地区卫生管理局的公共卫生机构。卫生总专员还根据其他的法律来指定官员，如1990年禁止吸烟环境法案、1948年肺结核法案、1996年危险药物和新组织机构法案。公立医院是由地区卫生管理局拨款和监管的，负责该区域公共卫生服务，提供一系列的医疗卫生服务，包括医疗、生育、急诊和外科服务。

3. 非政府卫生机构

非政府卫生机构从卫生部和区域卫生管理局获得重要经费，每年20亿~40亿新西兰元，其中很多为非营利的，在社区为消费者提供服务，包括初级医疗、精神病、个人健康和残疾服务，具有灵活、有效和创新的服务递送模式。卫生部和这些医疗非政府组织机构之间建立了正式的关系模式。为促进和规范这一关系，在卫生部系统内成立了健康和残疾非政府组织网络委员会。该委员会由来自卫生和残疾非政府组织的13位代表和2名卫生部成员组成，运营经费由卫生部通过协议的签署，致力于在卫生和非政府组织之间建立强有力的、相互尊重的、创新的、积极的关系。截至2016年7月30日，卫生和残疾NGO网络共有521个全职成员组织和114个分支机构。这521个全职成员组织大概占所有获得卫生部和地区管理局卫生经费的医疗和残疾NGO的56%。这些成员最多能按照两个标准进行注册,并以此为已经申请卫生经费拨款:228 个属于残疾支持服务;147 个属于精神健康和瘾症治疗;118 个属于毛利人卫生领域;117 个属于公共卫生领域;116 个属于个人健康领域;24 个属于太平洋岛人卫生领域。

98%的网络成员组织属于慈善组织。这 521 家网络成员组织的情况:每年获得 17.5 亿新西兰元的政府经费;322 个成员组织获得捐款 1.21 亿新西兰元;69 家成员组织获得遗赠 4100 万新西兰元;308 家成员组织共获得 6500 万其他形式的资助;成员组织共向 21383 名全职员工和 18295 名兼职员工支付了 15.3 亿信息员的工资;平均每周,领薪员工提供 120 万工时;36598 名无报酬志愿者提供了 155445 工时;33%的成员组织每年会有运营赤字,为了继续实施服务必须动用储备金。根据新西兰慈善组织网站的数据,1937 个慈善组织在卫生部门服务,占新西兰所有慈善组织的 7%,880 个慈善组织为残疾人提供服务。根据新西兰统计局发布的 2013 年非营利机构附属账户的数据,新西兰有 2210 个卫生部门的非营利组织,其中近一半的组织能够获得公共卫生经费。

4. 医疗卫生联盟

医疗卫生联盟是指 9 个由初级医疗服务提供机构、区域卫生管理局组成的网络,是为了响应政府提供"更好、更快、更加舒适"的卫生服务的政策而成立的。这些服务旨在就近为新西兰人提供医疗服务,减轻医院的压力。自 2010 年实施以来,9 个医疗卫生联盟覆盖了新西兰 60%的人口。

二、卫生经费的筹资和分配机制

(一)卫生经费来源

新西兰卫生和残疾系统经费主要来自一般税收。卫生经费投资局(Vote Health) 2016~2017 年度共管理卫生经费 161.42 亿新西兰元,其他的经费主要来源包括事故管理局、其他政府机构、地方政府、私人保险和自付部分。卫生经费投资局提供的公共卫生经费的 3/4 拨付给区卫生管理局,剩余的 1/4 则作为全国性服务和卫生部直接管理的卫生经费。卫生部直接管理的卫生经费主要用于支付重要的全国性服务,如残疾支持服务、公共卫生服务、特定的筛查服务、精神服务和选择性的服务、优生优育服务、毛利人卫生服务、临床研究生教育和培训等。2016~2017 年度,卫生部直接购买的卫生和残疾服务与支持的规模为 28.79 亿新西兰元;约 1%的卫生经费投资局的费用被用于维持卫生部的运转。

(二)以人口为基础的拨款方案

以人口为基础的拨款方案,是根据每个区卫生管理局所辖人口的规模,分配医疗经费的技术工具。该方案将每个地区卫生管理局的人口,及其年龄、社会经济状态、民族、性别等综合考虑的同时,还设有为农村社区和高度贫困地区服务的地区卫生管理区的补偿机制。所拨款的经费包括初级医疗、医院和社区医疗、老年人健康和精神健康的医疗卫生服务。2015~2016 年度，这一方案共向区卫生管理局分配了 117 亿新西兰元的卫生经费。

（三）部门服务管理局和对服务提供方的协议管理

部门服务管理局代表出资方和卫生部按照标准格式定新的协议。这些标准格式的通用条款和条件发生变化是，会在协议的服务提供者专项和条件中列举出来。协议规范了出资方和服务提供方之间的关系。出资方填写协议申请表格，列出相应的条件；协议申请表中的所有信息被录入数据库，由协议管理小组制定新的协议；协议初稿经出资方签字后，再提交给服务提供方签字，然后经由一定的程序生效。也可以就协议特定的条款进行变更，或增加修改服务项目。

（1）综合口腔协议（CDA）。区卫生管理局出资的 0~18 岁青少年的口腔卫生服务和儿童、青年特殊牙科服务是根据全国统一的综合口腔协议（CDA）实施的。最新版的协议是 2016 年 7 月 1 日生效的。

（2）全科医疗服务费报销。全科医疗服务费是为了帮助减轻儿童和救助金卡持有者的就医费用而向全科医生支付的费用。患者满足以下条件，全科医生可以申请这一费用：15 岁及以下的患者；16~17 岁但经济未独立的患者；社区服务卡持有者；高频率医疗卡持有者。如果全科医生应该收取的费用高于这一补助金，患者则需承担额外的费用。

（3）免疫补助金。免疫补助金是根据全科医生建议提醒意见（第 88 节）、初级医疗服务组织协议或其他的免疫服务协议，向为患者提供了免疫服务的全科医生提供的，由全科医生向公共卫生服务局申请费用。

（4）化验费用。经医生等建议进行化验的患者可以报销化验费用。与区卫生局签署的采购合同中，包含化验采购目录。目录中包含了如下信息：化验编码、化验说明、价格、所在区每年可以化验的最大数量、推介化验的医务人员类型。

三、全科医疗组织提供的服务及收费模式

过去，全科医生收取服务费，即当为患者诊疗时收取全科医疗服务费。自 2003 年以来，开始与初级医疗组织签约按人口收费的模式，取代了按服务收费的模式。按人头支付对于初级医疗组织，则是根据在该初级医疗组织注册的人口数来决定以人口为基础的经费拨发的（见表 5-2 和表 5-3）。这意味着，初级医疗组织及其全科诊疗服务是根据注册人口，而不是为患者看诊的次数而获得报酬的。自 2016 年 7 月 1 日起，初级医疗卫生组织的按人口付费率采取如下标准，指的是年化付费率。对没有在初级医疗组织注册的儿童或者成人进行诊疗时，可以收取全科医疗服务补贴，这也适用于在工作时间或下班时间不能够到患者注册的初级医疗组织诊疗时。全科医疗服务补贴还适用于儿童、社区服务卡持有者、频繁就医健康卡持有者。密集护理服务，新西兰 5% 的人口可以获得密集护理服务，每人每年 248.4984 新西兰元。对注册人口的初级医疗健康服务的拨款数量，是根据年龄、性别，以及其他的标识性服务类别等进行划定的（具体见表 5-2、表 5-3）。根

据注册人群特征的不同,全科医疗组织获得的健康促进拨款(见表5-4)和改善就医需求量大的人群的服务可及性的拨款(见表5-5)也都必须遵循相关的规定和分类拨款定额。对免疫服务的拨款,分为儿童免疫和流感疫苗免疫,不同的种类定额不同(见表5-6)。另外,由于新西兰国土广阔,不同的区卫生管理局所辖地区差异较大,本着医疗服务向农村地区倾斜的原则,对各全科医疗组织的签约人口的农村等级进行划分,用该等级来进一步调节相关的拨款标准(见表5-7)。

表5-2　　　　　　注册人口的初级医疗保健服务拨款情况(上门服务)

单位:新西兰元/人·年

初次就医(上门服务)		频繁就医健康卡	
年龄群体	性别	是	否
0~4岁	女性	597.8064	399.9184
	男性	597.8064	521.0580
5~14岁	女性	383.3000	126.5872
	男性	383.3000	118.4876
15~24岁	女性	369.2332	102.6436
	男性	369.2332	66.3500
25~44岁	女性	369.2332	64.2876
	男性	369.2332	102.6436
45~64岁	女性	404.3988	140.5892
	男性	404.3988	105.0048
65岁及以上	女性	433.7032	242.2760
	男性	433.7032	208.9368

表5-3　　　　　　注册人口的初级医疗服务拨款情况(非上门服务)

单位:新西兰元/人·年

初次就医(非上门服务)		频繁就医健康卡	
年龄群体	性别	是	否
0~4岁	女性	597.8064	390.2776
	男性	597.8064	415.3092
5~14岁	女性	383.3000	100.4808
	男性	383.3000	95.2308
15~24岁	女性	369.2332	116.8076
	男性	369.2332	102.6436

续表

初次就医（非上门服务）		频繁就医健康卡	
年龄群体	性别	是	否
25~44 岁	女性	369.2332	102.6436
	男性	369.2332	66.3500
45~64 岁	女性	404.3988	140.5892
	男性	404.3988	105.0048
65 岁及以上	女性	433.7032	242.2760
	男性	433.7032	208.9368

表 5-4　　健康促进服务拨款情况　　单位：新西兰元/人·年

健康促进	频繁就医健康卡	
	毛利人/太平洋岛裔	非毛利人/太平洋岛裔
贫困等级 1~8 岁	2.6700	2.2252
贫困等级 9~10 岁	3.1184	2.6700

表 5-5　　改善就医需求量大的人群就医可及性的服务拨款情况

单位：新西兰元/人·年

改善就医可及性服务		非频繁就医健康卡			
		毛利人/太平洋岛裔		非毛利人/太平洋岛裔	
年龄群体	性别	贫困等级 1~8	贫困等级 9~10	贫困等级 1~8	贫困等级 9~10
0~4 岁	女性	75.8232	151.6460	0.0000	75.8232
	男性	79.8304	159.6620	0.0000	79.8304
5~14 岁	女性	23.9996	48.0004	0.0000	23.9996
	男性	22.4648	44.9292	0.0000	22.4648
15~24 岁	女性	22.1460	44.2916	0.0000	22.1460
	男性	12.1884	24.3772	0.0000	12.1884
25~44 岁	女性	19.4608	38.9216	0.0000	19.4608
	男性	12.5796	25.1596	0.0000	12.5796
45~64 岁	女性	26.6548	53.3104	0.0000	26.6548
	男性	19.9084	39.8172	0.0000	19.9084
65 岁以上	女性	45.9344	91.8696	0.0000	45.9344
	男性	39.6140	79.2268	0.0000	39.6140

表 5-6　　　　　　　　　疫苗管理费用拨款情况　　　　单位：新西兰元/人·年

儿童免疫	20.14
流感疫苗	20.14

表 5-7　　　　　　　根据农村排名得分实施的人均费率　　　　单位：新西兰元

农村排名得分	人均费率
35~40 岁	7.72
45~50 岁	11.60
55~65 岁	15.46
70 岁以上	19.31

四、管理服务费及个人自付标准

根据注册人数的不同，初级医疗卫生组织可以获得不同标准的管理费拨款。第一个等级，初级医疗卫生组织的注册人数不多于 40000 人，并且地区卫生管理局批准了其管理服务计划，那么 20000 人以下的则平均每人拨款 15.8748 新西兰元，20001~40000 人的则平均每人 0.9156 新西兰元。第二个等级，如果注册人数在 40001~75000 人，人均拨款 11.2968 新西兰元，20001~75000 人则平均每人拨款 5.44936 新西兰元。第三个等级，如果注册人数超过 75000 人，则拨款为 528084.00 新西兰元，超过 75000 万人以上的，人均拨款 6.1692 新西兰元。另外，初级医疗组织还可以收取注册人员个人就医自付部分的费用。根据不同的年龄标准、性别，每年收取的自付费用标准是有明确规定的（具体见表 5-8）。

表 5-8　　　　　　　　　个人就诊支付标准　　　　　　　单位：新西兰元

年龄群体	性别	年度费率
0~4 岁	女性	105.28
	男性	110.84
5~14 岁	女性	53.17
	男性	52.54
15~24 岁	女性	30.18
	男性	16.61
25~44 岁	女性	26.52
	男性	17.14
45~64 岁	女性	36.33
	男性	27.13
65 岁以上	女性	62.60
	男性	53.99

五、公立医院提供的医院与专家服务和 AR-DRG 综合病例组合框架

(一) 医院与专家服务

新西兰公立医院的所有权归属于地区管理局，由其拨款，提供公共拨款支付的卫生和残疾服务。

(1) 选择性服务。选择性服务是指患者不需要立即治疗或手术的服务。第一，全科医生决定将患者转诊到地区卫生管理局的医院，接受专家治疗，即第一次专家诊断。如果转诊申请被接受，则在 4 个月内将获得此项服务。第二，专家提出患者所需要的治疗意见，确实是由所在地区卫生管理局提供，还是全科医生提供，全科医生提供时也可辅之以专家的支持。第三，如果患者要求地区卫生管理局提供治疗，专家将根据患者的需求和疗效决定优先分数。第四，如果患者的分数满足优先治疗的标准，在 4 个月内将会得到治疗。患者在 15 天内可以获得是否符合在地区卫生管理局治疗的通知。

(2) 急诊部门。急诊部门是新西兰卫生保健系统的重要组成部分，对患有严重疾病，或受到重大伤害的患者提供紧急治疗。新西兰每年为近 100 万人提供了急诊服务。2009 年 7 月 1 日起实施的五大全国性卫生目标中，急诊部门更短地停留设定的目标为"95% 的患者在 6 小时内离开急诊部门"。

(二) AR-DRG 综合病例组合框架

新西兰采用澳大利亚的相关疾病诊断分类系统。澳大利亚自 1997~1998 年度采用 AR-DRGs 以来，1997~1998 年度至 2004~2005 年度，使用的是 AR-DRG 的 4.0 版本、4.1 版本和 4.2 版本；2005~2006 年度至 2007~2008 年度，使用的是 AR-DRG 的 5.0 版本和 5.1 版本；2008~2009 年度至 2009~2010 年度，使用的是 AR-DRG 的 5.1 版本；2010~2011 年度，使用的是 AR-DRG 的 6.0 版本；2011~2012 年度到 2012~2013 年度，使用的是 AR-DRG 的 6.0X 版本；2013~2014 年度以来，使用的是 AR-DRG 的 7.0 版本。目前，新西兰采用的 DRG 分组系统是 AR-DRG6.0X 版本，在计算中有 30 个诊断组和 30 个步骤。这个分组系统不考虑外部因素；医院的优先诊断和程序代码都是按照第八版编码标准和指导原则，以与 DRG 分组系统同步。

新西兰公立医院病历组合框架为医院活动纳入病历组合资金进行了界定，连同医院活动成本权重的计算和按照活动分配确定购买单元。加权等效分组法在每一个财政适用的版本不同，目前使用 16 年版本进行成本权重的计算，这一版本是使用 AR-DRG6.0X，根据 ICD-10-AM/ACHI 第 6 版的编码进行编码。

AR-DRG6.0X 分组使用的变量包括：诊断情况、程序、性别、年龄、事件和类型、住院时长、假期天数、入院时体重、心理健康法律地位、同一天的状态。它将每个事件能够占用 30 个编码和 30 个程序编码。在这一系统内，01~39 位外科编码；40~59 为其他编码；60~99 为内科编码；字母编码表示消耗资源的程度，A 为最高资源消耗型，B 为第二高资源消耗型，C 为第三高资源消耗型，D 为第四高资源消耗型，Z 为与相邻分组没

有分割。

第四节 新西兰医疗卫生系统的重大改革

一、医疗保险福利覆盖面更广

2016年,新西兰为13岁以下儿童的家庭提供免费家庭医生就诊服务与免费处方药物;得益于2016年财政预算对药品管理局的1.24亿额外拨款,新西兰为全体新西兰民众免费提供针对晚期黑色素瘤和丙型肝炎的新型疗法,意味着新西兰约5万名丙肝患者现在可以服用两种治愈率高达90%的新药。自2008年以来,新西兰国家党政府对药品管理局的预算每年增长了2亿元之多,针对该领域的预算明年将达到创纪录的8.5亿元。

二、修改法案,增强区域卫生管理局的协调能力,改进卫生系统

为支持区域卫生管理局管理和支持服务的规范和采购更加协调,新西兰修改相关法律条款,加强实施全国性和地方性的规划,明确区域卫生管理局的责任,使在财政紧缩的背景下,卫生系统能够提供高质量的卫生医疗服务和残疾支持服务。

三、2016年卫生系统优先完成的目标

首先,缩短患者门诊停留时间,95%的患者都在门诊的时间都需要不超过6个小时。这一目标是衡量公立医院急诊患者有效流动和就诊质量的标准之一。其次,改善选择性外科手术的可及性,每年平均要增加完成4000例选择性外科手术。为此,区域卫生管理局已经根据社区的需要商定了本地的目标。选择性外科手术的完成数量也是衡量公共卫生系统为新西兰人提供更好、更快、更舒适医疗保健服务的标准之一。最后,加快癌症的治疗。在62天之内获得首次癌症治疗的比例,2016年7月要达到高度疑是癌症病历的85%,2017年这一比例需要达到90%。因癌症而死亡的人口占新西兰所有人口死亡的1/3,通过癌症通道改善治疗质量和患者经历,对癌症的快速确认、诊断和治疗能够确保癌症治疗获得较好的效果,缩减排队时间,能够减轻患者及其家庭的压力。

四、医院药品价格管理的新举措

新西兰一直采取对供给方进行管理的策略,通过药价谈判来降低药品的成本。自1993年以来,药品管理局就开始对社区使用的药品进行药品目录管理。通过各种手段,

但主要是通过对供给方的管理，药品管理局成功控制了社区药品的支出。[1] 与其他的发达国家相比，1998～2002年，新西兰的社区药品支出年均增长率缓慢增长，增长率为1.46%，而同期的美国为14.54%、英国为9.7%，而澳大利亚为12.1%。新西兰全部药品支出中，医院药品占很大一部分。2003年，医院药品支出为1.4亿新西兰元，而社区药品支出为5.39亿新西兰元。[2] 2002年，药品管理局发起国家医院药品战略，以此管理医院的药品支出。[3] 对医院药品价格的管理是其中的三大战略目标之一。其他的两个目标则为对新药的评估和药品质量的提升。药品管理局通过对常用药品的集中采购来降低药品的价格，将医院药品作为药品目录的H部分。药品管理局制订一个3年期的计划，打算将90%的医院药品写进药品目录的H部分。

鉴于药品管理局在医院控费上的卓越表现，2013年，卫生部将药品管理局对DHB医院的药品介入方式做了重大改革。2013年之前，药品管理局介入DHB医院用药的是全国性采购合同的签订环节；2013年之后，药品管理局开始负责决定DHB医院用药中新药报销的决定权。

五、新西兰卫生系统战略

根据国际标准，新西兰卫生系统绩效显著，但需要继续寻找革新工作方式。通过这些努力，新西兰将确保新西兰人未来的健康和福利。新西兰卫生系统与世界其他各国的卫生系统一样，面临着老龄化和慢性病带来的负担的挑战。在这种情况下，政府希望卫生系统仍然能够持续提供优质的卫生服务，改善现有问题领域的绩效。为此，政府制定了新西兰卫生战略指导公共卫生系统的改革。这一战略将在很长一段时间内，通过改变服务方式达到更好地服务新西兰人的目的。该战略由两部分组成。第一部分为新西兰卫生战略的未来发展方向，为2016～2026年这未来十年卫生系统发展的顶层设计。在分析卫生系统所面临的现有挑战和机遇的基础上，规划未来卫生系统发展的蓝图，包括这一蓝图的文化和价值观，确立了未来五大改革战略主题。第二部分是新西兰卫生战略2016年行动路线，确定了未来五年中战略发展中的27个改革发展领域。五大改革战略主题为：

（一）让人们有更多知情权

具体来说，一是让新西兰人的健康"智能化"，能够获得和了解自身健康管理的信息。二是使个人对所获得的医疗保健或支持能够进行选择。三是了解人们的需求和偏好，并根据所掌握的信息设计出满足这些需求和偏好的服务。四是保持良好的沟通，支持人们对卫生系统的监督。增强人们在卫生系统中的作用，不仅仅是改善其健康支持，还需要通过让人们了解如何健康生活，与自身需求、兴趣和偏好的关系。

---

[1] Brae R, McNee W, Moore D. Managing Pharmaceutical Expenditure While Increasing Access. The pharmaceutical management agency (PHARMAC) experience. Pharmacoeconomics, 1999, 16: 649-60.

[2] Pharmaceutical Management Agency. Statement of Intent. 2003. www document: Available from: http://www.pharmac.govt.nz/pdf/SOI2004/.pdf [Accessed February 23, 2004].

[3] Pharmaceutical Management Agency. National hospital pharmaceutical strategy final version, 2002.

（二）离家更近

具体来说，一是在人们居住、学习、工作、玩耍，特别是慢性病管理地附近提供医疗保健服务。二是整合卫生服务，将其与更广泛意义上的公共服务更好地对接；通过发起针对目标人群的项目，促进健康，预防慢性病。三是在生命早期对健康进行投资，关注儿童、年轻人、家庭和土著人口。健康的身体开始于家庭和社区，因此，为人们尽可能近地就近提供健康支持（预防性服务和治疗服务）非常重要。人们也常常需要医院提供的对复杂症状和手术的专科服务。现如今，技术和科学的发展使一些服务能够就近提供，例如，小型外科手术、严重皮肤感染所需要的静脉注射抗生素在初级和社区医疗保健机构已经可以提供。将此类服务从医院转移至初级医疗和社区保健机构，更加方便人们就近就医，改善服务的质量，使技术上和经济上更具有持续性。为使服务就近提供，需要重新设计服务递送模式，更要确保卫生从业人员在社区医疗保健机构能够提供更大范围的服务。

（三）价值和高绩效

具体来说，一是就人们的医疗保健经验、健康状况、资源的最充分利用实现更好的绩效。二是努力实现新西兰不同群体的平等的健康成果；建设一种绩效和质量改进的价值观和文化，使公共卫生系统的从业人员不断致力于服务的改进和制度的优化。三是形成一套综合的运作模式，使整个体系的职责明确。四是采用不同的投资模式解决复杂的卫生和社会问题。新西兰卫生系统运转良好，但可以做得更好。从服务中获取更大的价值尤其重要，这意味着新西兰人可以在负担得起和可持续的前提下获得高质量的服务。在服务递送时消除浪费，就能够在有限的资源内提供更好、更多的服务。

（四）一个团队

具体来说，一是建立高度信任体系，与人们及其家庭团结在一起，作为一个团队运行。二是以最有效和最灵活的方式使用现有的卫生和残疾支持的人力资源；在整个系统内开发领导力、人才和员工技能；增强个人、家庭、毛利人和社区作为护理人员的角色；卫生部对整个系统积极有效地运行负责；与科研人员紧密合作。为实现卫生和残疾系统积极高效运转的目标，需要采取包容性团队的措施，朝着共同的目标，跨越组织机构的边界，真正地帮助人们、满足其需要。减少卫生系统内的碎片化服务，培养更多地信任和合作，改进服务的质量、减少等待时间和减少重复服务。2013~2014年度，健康研究委员会提供4200万新西兰元，与医生和医学科研工作者、行业研究人员等合作发展新技术、开展各种评估，对成本和效果进行分析、设计有效的干预方式。[1]

（五）灵敏的系统

具体来说，一是系统内发现、开发、分享积极有效的新方法；二是利用新技术带来的机遇；三是开发数据和智能信息系统，以改善基于实证的决策、管理报告和医疗审计；四

---

[1] Health Research Council. Research to Action: Improving the Lives of New Zealanders Through Health Research. 2015.

是在治疗点上有可信的、精确的信息；五是提供个人在线健康记录，个人可以登录查看，并能添加信息；六是使用标准化技术，使变更更加方便便捷。数据和技术可以使公共卫生系统升级成为学习系统，不断寻求改善和创新，监督和评估现有的做法，分享和标准化更有效的做法。电子转诊通过医生之间信息的交换使患者的形成安排更加方便，避免因转诊记录难以辨认而导致的不安全因素的产生，使诊断更加快捷、安全地做出。2015 年 4~6 月，电子转诊 64415 例，占奥克兰地区转诊的 75%。

六、药房行动计划

药房行动计划描述了药剂师在一系列范围内服务的一些关键方法，将有助于新西兰卫生系统卫生战略的实现，确定了一组各级政府（国家、地区和地方政府）在今后 3~5 年内的重点领域和具体行动，是实施新西兰卫生战略（2016 年行动路线图）的重要安排。新西兰卫生战略的挑战之一就是卫生从业人员的可持续性。解决这一挑战的途径之一就是充分利用药剂师。新西兰有 3500 多名执业药剂师，其中 75% 在社区药房工作，提供一系列的服务。医院药剂师占全部药剂师的 13%，2% 的药剂师在初级医疗服务小组工作。

2014 年，卫生部成立药学指导小组，成员由初级医疗、二级医疗、医学、护理、药房、治理背景的人员组成。指导小组为卫生部提供独立的咨询，就药剂师技能的充分利用、整合药房与其他医疗保健服务的契合、卫生部有关药房服务的项目等领域提供专业的建议和意见。药房行动计划是将作为医疗保健人力综合服务模型的基础部分的药剂师服务，以创新的方式实施，使新西兰人能够获得药品与医疗保健服务的公平路径。尽管药剂师劳动力非常年轻，又具备高素质，但他们的技能仍然没有能够获得充分利用。证据表明，充分利用药剂师的技术能够取得更好的健康成果，并使用药更加安全。药房行动计划为充分发挥药剂师的潜能，使之能够为卫生系统创造最大的价值，为实现新西兰卫生战略目标贡献力量。

七、2015~2020 年新西兰药品行动计划

新西兰药品战略涵盖了新西兰药品的规章、采购、管理和使用制度。2015 年，为践行药品战略，新西兰卫生部宣布开始实施 2015~2020 年新西兰药品行动计划。该行动计划通过设定药物部门的目标和行动，促使处方开具者、药剂师和消费者转向更加综合的护理模式，对消费者为中心的活动重新定位这个方面，旨在实现新西兰药品战略的三大目标：①可及性；②最佳利用；③质量、安全和高效。该行动计划将协调所有卫生专业人员的集体努力，包括工作在社区组织、初级医疗保健、药房、医院、养老院和临终关怀设施中的医疗卫生工作人员。该行动计划通过七个方面的变革支持新西兰药品战略的实现，其中最为重要的有以下三个方面。

第一个方面，充分利用治疗过程中的每一个点。这意味着改善医疗提供者与消费者之间的沟通，与患者或消费者的每一次接触都是分享信息的机会，确保治疗过程被充分理解、最大化使用，以促使健康教育、信息宣传、药物依赖、生活方式管理、症状控制等的

正确处理和使用。在未来的 5 年中，卫生部将协同相关部门充分利用新的 IT 基础设施，"我的药品清单"将一个单一的、准确的、共享和完整的消费者药品清单，记录的信息包括处方药品、相关诊断情况、不良反应和过敏情况。第二个方面，启用综合医疗保健小组实现共享医疗。跨医疗保健团队的良好沟通和信息共享能够确保患者的诊疗过程是无缝对接、安全和高质量的。这是整个卫生部门的重要战略目标，医药系统对该目标的实现起着重大的作用。具体通过医药系统工作人员服务的整合与合作实现患者诊疗过程的无缝对接，通过患者与卫生系统交互作用，加强与医疗卫生工作人员在治疗过程中的积极有效的沟通。第三个方面，抗菌药物的最佳优化使用。抗菌药物的耐药性成为世界范围内日益严重的健康杀手，标准治疗对耐药微生物引起的感染失去作用，导致久治不愈，使医疗支出高居不下。在未来的五年中，卫生部将协同相关部门一起致力于患者安全有效的使用抗生素药物：建立国家一级和二级治疗的抗菌指南；建立提高医院和社区机构优化使用抗生素的机制，支持卫生专业人员降低对抗生素的需求愿望。

第六章 以色列医疗保障改革追踪研究

第一节 以色列国家概况[①]

以色列位于亚洲最西端。根据1947年联合国关于巴勒斯坦分治决议的规定，以色列国的面积为1.52万平方公里。1948~1973年，以色列在四次阿以战争中占领了大片阿拉伯国家领土，20世纪80年代以后陆续部分撤出。目前以色列实际控制面积约2.5万平方公里。

截至2017年5月，以色列人口为868万，其中犹太人约占74.8%，其余为阿拉伯人、德鲁兹人等。官方语言是希伯来语和阿拉伯语，通用英语。大部分居民信奉犹太教，其余信奉伊斯兰教、基督教和其他宗教。

以色列没有正式的成文宪法，仅有《议会法》《国家土地法》《总统法》《政府法》《国家经济法》《国防军法》《耶路撒冷法》《司法制度法》《国家审计长法》《人的尊严与自由法》《职业自由法》等11部基本法。议会制度是一院制，设有120个席位，是国家最高权力机构，拥有立法权，负责制定和修改国家法律，对重大政治问题表决，批准内阁成员并监督政府工作，选举总统、议长。议员由普选产生，选举采用比例代表制，候选人以政党为单位参加竞选，选民只需将选票投给各自支持的政党。获得3.25%以上选票的各政党根据得票多少按比例分配议席。

以色列共有75个市，265个地方委员会，53个地区委员会。以色列属于混合型经济，工业化程度较高，以知识密集型产业为主，高附加值农业、生化、电子、军工等部门技术水平较高。2016年，国内生产总值为3183亿美元，增长率为4%，人均国内生产总值为3.73万美元。2017年6月失业率为4.5%。

以色列的人口密度较高，在西方国家中仅次于欧盟的马耳他和荷兰。犹太人主要居住在城市，仅有10%生活在乡村。阿拉伯人主要生活在中小城镇。与其他发达国家相比，以色列的出生率较高，人口年龄较为年轻，15岁以下人口占26%，64岁以上占11%。预计到2020年，65岁及以上人口数量将占12%，到2030年占14%。以色列是经合组织（OECD）国家中年龄抚养比最高的国家之一，达到63%，高于欧盟52%的平均水平。

[①] 国家概况资料来源为我国外交部网站，见http://www.fmprc.gov.cn/web/gjhdq_676201/gj_676203/yz_676205/1206_677196/1206x0_677198/。

移民是以色列人口的重要组成部分。20世纪50年代,大量犹太人从东欧国家和中东、北非的阿拉伯国家移民至以色列,人口从建国时的87万增至200万。20世纪70年代,移民主要来自苏联;80年代的移民率较低,90年代移民再次大量涌入以色列,21世纪以来移民逐渐减少。1990~2000年移民人口增加了100万,仅1990~1991年就吸纳了来自苏联的40万移民。1980~2005年,约有7万移民来自埃塞俄比亚。世界各地的犹太人也纷纷迁移至以色列。2013年,移民占人口增长的14%。

在OECD国家中,以色列的收入差距较高,仅次于美国、土耳其、墨西哥和智利。2011年,公众曾抗议收入差距较大、物价和房地产价格上涨。与收入差距对应,以色列的贫困率在OECD国家中也属于较高水平。以色列民众认为,国民经济的绝大部分掌握在少数巨头手中。

长期来看,以色列面临结构性问题,有两个社会群体的劳动参与率较低,即阿拉伯妇女和宗教正统派男性。另外,以色列处于世界领先水平、以知识经济为载体的技术部门仅雇用了9%的劳动力,其余劳动力都在制造业和服务业,将面临全球竞争带来的工资下行压力。

第二节 医疗保险制度概况[①]

一、医疗卫生状况

总体而言,以色列的医疗卫生制度的效率较高,国民健康水平较高,国家用于医疗保障的支出占国民生产总值的比例较低,不超过8%。高效的医疗卫生制度,主要得益于对各个医疗计划进行有序管理、对医院病床数量进行严格控制、确保初级卫生保健的专业性和可及性、电子病历技术较为成熟等因素。以色列的医疗护理制度创新能力较强,能够根据改革目标的优先顺序,坚持不懈地实现既定目标。

目前,以色列正在进行几项医疗保障改革。医疗保险待遇增加了精神疾病健康护理和儿童牙科护理服务。同时实施多项措施改善医疗服务不平衡现象、实施专门项目衡量并提高医院服务质量、努力缩短外科手术等待时间、增加医疗服务质量数据信息的透明度等。另外,还采取措施应对未来可能出现的医生和护士短缺现象。

以色列医疗保障制度中的突出问题是日益依赖于私人资金,公共投入占比不断下降。这种情况继续发展,可能加剧医疗服务不均等化、导致医疗服务效率下降。目前,正在采取措施加大公共资金对医疗保障的投入,控制私人部门的不断增长。

以色列的医疗支出占GDP的比重为7.6%,略低于OECD国家平均水平(8.9%)。无论是男性还是女性的预期寿命,都高于欧盟成员国水平,在OECD国家中也属于较高水平行列,出生时预期寿命见图6-1。

[①] 本报告的主要内容来自于欧盟健康观察系列报告《转型中的卫生制度》之2015年报告《以色列卫生制度》。

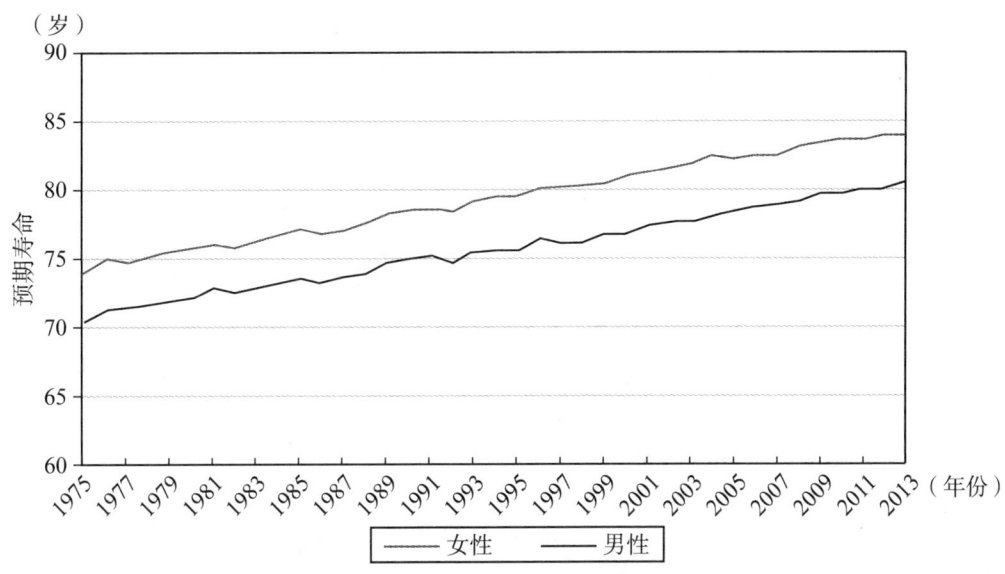

图 6-1 1975~2013 年出生时预期寿命（按性别）

资料来源：CBS. Cause of death database. Jerusalem, Central Bureau of Statistics, 2013。

2013 年，婴儿死亡率为 3.1‰[①]，比 2000 年下降了 39%，见图 6-2。2013 年每千人死亡率为 5.3 人，比 2000 年的每千人 6.0 人有所下降。导致死亡的主要原因为癌症、心脏病、糖尿病、脑血管疾病、慢性呼吸道疾病、传染病和外伤。

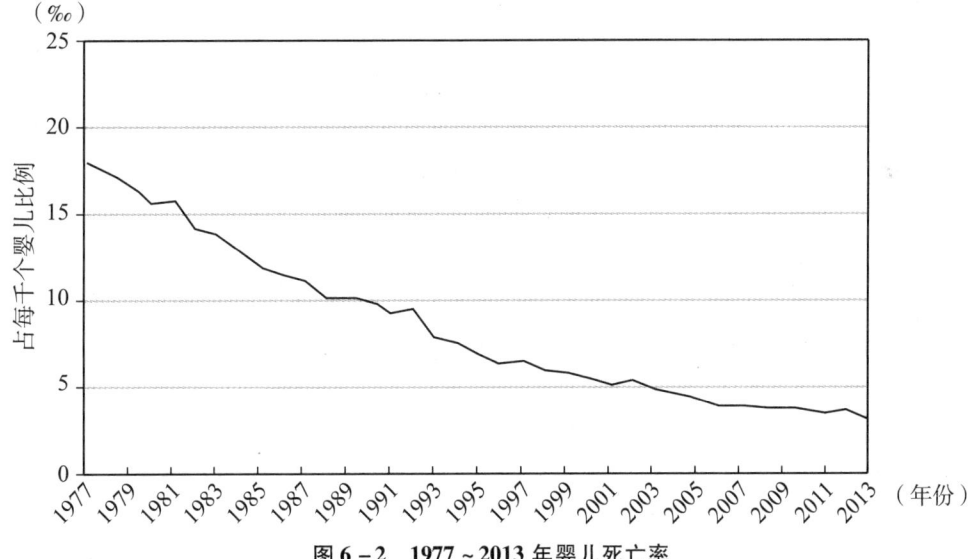

图 6-2 1977~2013 年婴儿死亡率

资料来源：CBS. Cause of death database. Jerusalem, Central Bureau of Statistics, 2013。

---

① CBS. Media release：In 2013, the national expenditure on health increased to 7.6% of GDP. Jerusalem, Central Bureau of Statistics, 2014.

二、医疗保障组织机构

以色列实行全民覆盖的国家医疗保险制度。1920~1940年间，以色列成立了4个全国性的非营利组织性质的医疗计划（名称分别是 Clalit, Maccabi, Meuhedet, Leumit），由这些医疗计划提供医疗服务。1995年通过了国家医疗保险法，是医疗保障制度上的分水岭。自1995年到21世纪前10年，医疗保障领域没有进行重大的结构性改革，但是，在医疗制度组织结构和服务提供方面进行了渐进性的具有积极意义的改革。自2010年，在国家医疗保险领域进行了重大改革，包括将儿童牙医和精神疾病纳入国家医疗保险待遇。

20世界90年代早期，以色列曾经试图将政府医院改革成独立的非营利性信托组织，但未能成功。此后，政府医院的自主性不断增强。

国家医疗保险法的立法目的旨在淡化政府在疾病预防、长期护理和精神疾病治疗等方面的作用，进而由医疗计划在上述服务中发挥主要作用。但是，尽管在上述3个领域都做出了努力，至今，仅精神疾病治疗的职责已转移到医疗计划，其他2项服务仍然由政府发挥主要作用。

许多分析家认为，国家医疗保险法加强了政府对主要医疗服务的掌控。在国家医疗保险法未实施之前，医疗计划基本上不受法律约束，而该法实施之后，政府在待遇提供和医疗计划财务收入方面的权限较大。尽管如此，医疗计划仍具有较大的自主性，是独立的法人机构。

2013年以来，卫生部建立计划理事会，由其负责牵头协调长期规划事宜，任命原有的委员会或专家委员会就敏感问题制定政策，联络相关组织机构，着手解决国内的医疗卫生领域的挑战。

以色列各个医疗计划和医院的信息系统较为成熟，可以调取医疗服务数量、质量相关数据，为政策制定做出参考，并能够对政策实施情况进行监控和评估。

在新技术应用的优先程度方面，以色列拥有一套正规而发达的流程。该流程既参考了技术方面关于成本和医疗待遇的信息，也考虑到公众偏好与喜爱程度的直觉性判断。

近年来，以色列在信息公开方面做了大量工作，向患者或参保人提供关于医疗服务、医疗保险和医疗权益方面的信息。

三、医疗保险历史沿革

1948年建国之前，以色列有多个自愿性的疾病基金，后改称为医疗计划。非政府性质的医疗计划，以及其他非营利机构、政府以及英国政权共同提供医疗服务。现有的4个医疗计划，都建立于20世纪20~40年代，新设立或是由更早建立的医疗计划合并而成。1913年，哈达萨医疗组织建立的健康婴儿门诊，此后，该组织在医疗服务提供方面也发挥了重要作用。现有的政府医院和大多数的心理治疗机构，多数由以色列建国后接管的英国统治时期的医院，以及1947~1948年战争时期英国军队营地的建筑构成。

目前，以色列医疗护理制度的核心理念及取得的成就，都根植于社会组织基础，并秉承社会整体应当为公民的健康负责的观念。这些基础理念都能够从医疗护理服务的组织架构中得以体现。

国家对医疗服务进行规划、监督、颁发执照,向自愿性的医疗计划和其他机构提供补贴,并向医疗计划未提供的某些医疗服务提供资金支持。

20世纪70年代以来,以色列也开始经历人口老龄化,对老年病和慢性病医疗服务的需求不断增加,也加大了对新诊疗治疗技术的需求。以色列公众希望本国的医疗服务水平不断进步,在医学研究和成熟医疗设备方面加大投入,从而使以色列的医疗水平始终位于世界前列。现实中则出现了医疗服务需求与医疗服务系统资源可及性之间的矛盾。随着各方面矛盾的不断积累,1988年,以色列议会成立专门国家调查委员会,对医疗服务制度的功能和效率进行调查。该委员会调查之后提交的建议,构成了以色列医疗政策历史上重要的分水岭。该委员会提出政策建议之后的几年中(1990～1993年),改革的重点是试图将政府医院转换成独立的医院信托组织。由于医疗护理工人工会和国家劳工联合会的反对,这一改革构想未能成功。此后,改革的重心转向制定国家医疗保险法。立法工作较为成功,1994年通过了法律,1995年1月正式实施。

第三节 以色列医疗保障支付制度

以色列医疗支出占GDP的比重和人均支出(按购买力平价计算)都保持在较低水平。出现这种结果的原因,除了人口较为年轻之外,还与实施多项控制医疗费用的政策措施有关。这些政策包括:第一,实施覆盖全民的国家医疗保险制度,筹资来源是累进制的专项健康税和一般性政府财政收入,在一定程度上实现了高收入、低风险的人群补贴了低收入、高风险的人群。第二,在政府和主要提供方/采购方之间,存在有效的风险共担机制。第三,医疗计划起到了守夜门的作用,大多数与医疗计划签约的医生是按人头付费或领取工资,或者是按人头付费与工资相结合的方式,从而有效避免了按服务项目付费可能导致的诱导消费情况。第四,医疗计划与医院结算住院费用时,住院费用分为50个不同档次,医疗服务是按程序相关小组付费(procedure-related groups)。

在公共支出不断下降的同时,私人支出比重增大,见表6-1。87%的以色列人加入了医疗计划提供的自愿医疗保险,53%的以色列人加入了商业保险。21世纪以来,以色列家庭在自愿医疗保险方面的支出不断增长。自付费用也不断增加,不同收入水平家庭的医疗支出水平差距较大,在一定程度上反映了医疗服务不均等情况。

表6-1 1995～2012年部分年份医疗支出情况

支出	1995年	2000年	2005年	2012年
人均医疗支出(按美元计算的购买力平价)(美元)	1435	1765	1829	2304
医疗支出占GDP的比例(%)	7.7	7.6	7.9	7.3
医疗支出年均增长率(%)	5	4	3	4
医疗支出真实增长率(%)	—	6.7	2.2	4.1

续表

支出	1995年	2000年	2005年	2012年
GDP年均增长率（%）	6.5	8.7	4.9	3.4
医疗支出中公共支出比例（%）	68.3	64.1	63.1	60.8
医疗支出中私人支出比例（%）	31.7	35.9	36.9	39.2
政府医疗支出占政府总支出的比例（%）	2	2	0.6	0.5
政府医疗支出占GDP的比例（%）	1.7	1.6	0.5	0.4
个人自付费用占医疗支出的比例（%）	27.6	27.4	25.7	25.6
个人自付费用占个人医疗支出的比例（%）	87	76	70	65
自愿医疗保险占医疗支出的比例（%）	4.1	8.5	11.2	13.6
自愿医疗保险占个人医疗支出的比例（%）	13	24	30	35

医疗支出占GDP比重较低，以色列人为之自豪，另外，私人支出的不断增长引人担忧，公众认为公共医疗资源严重不足，从而导致医疗服务不平等现象加剧，进一步影响到国民健康水平。

一、医疗支出

2013年，以色列医疗护理支出金额为700亿新谢克尔（NIS），占GDP的7.6%（以色列中央统计局，2014a，d）。在OECD国家以及欧盟国家中，以色列医疗治疗支出占GDP的比例较低，见图6-3。2012年，以色列人均医疗支出为2334美元（按购买力平价计算）。

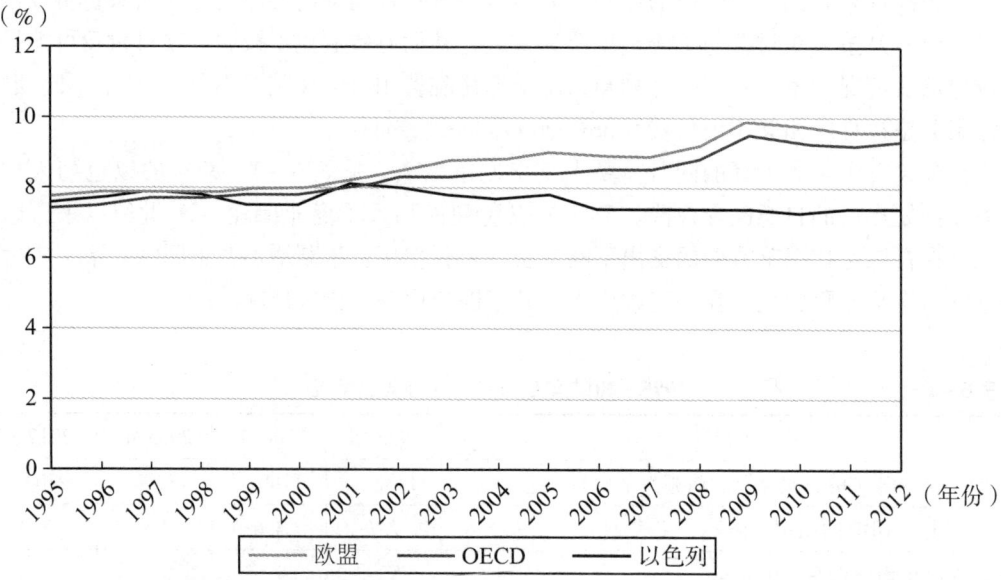

图6-3　1995~2012年欧盟国家、OECD国家和以色列医疗支出占GDP比重变化趋势
资料来源：OECD，2015年；WHO欧洲地区办公室，2015年。

以色列医疗支出较低的部分原因是人口结构年轻,但是,即使剔除了年龄因素,以色列医疗支出水平仍然达不到OECD平均水平,占OECD国家平均水平的93%。在按购买力平价计算的人均医疗支出方面,进行年龄调整以后,即剔除了年龄因素,以色列按购买力平价计算的人均医疗支出仅为OECD国家平均水平的73%。

自21世纪初,公共医疗支出稳步下降,占医疗支出的60%。有分析认为,导致公共医疗支出下降的原因是较高的国防军费支出和国债利息支出。2013年,私人医疗支出占到医疗支出的41%,增长原因主要是自愿医疗保险的保费支出。

二、资金来源

根据上年度的预算、人口增长情况、技术发展水平和价格指数,政府每年确定国家医疗保险制度的预算。但是,以色列学者的近期研究表明,上述的调整并不充分,国家医疗保险制度预算的真正价值不断缩水,2013年的人均预算水平几乎与1995年相同。出现这种偏差的主要原因是医疗成本指数和人口增长及人口老龄化。

(一) 医疗成本指数调整

每年根据医疗成本指数调整国家医疗保险预算,调整的目的是反映医疗投入价格的变化。2014年,这一指数包含多项不同的指数:消费者价格指数、医疗服务提供者的平均工资、公务员的平均工资等,但是并没有明确反映出医院的成本(如每日床位费)。由于住院费用占国家医疗保险预算总额的40%,床位费对医疗成本指数的影响较大。

(二) 人口增长与人口老龄化

国家医疗保险预算调整中没能充分反映人口增长和人口老龄化的因素,从而对医疗计划的运营支出产生压力。根据德意志委员会的报告,人口增长调整值在1995~2013年间增长了31%,但是,参保人增长了45%,年龄标准化人员数量则增长了57%。2013年5月,以色列政府决定将人口增长调整值从2013年的1.2%,提高到2016年的1.6%。然而,由于这一调整不能真实反映人口增长情况(2014年人口增长率为1.9%)和老龄化程度,因此不能维持人均购买力水平。

国家医疗保险预算的不断缩水,以及自愿医疗保险市场的不断发展壮大,促使医疗计划鼓励参保人不断投保补充医疗保险,以便增加医疗服务内容,即使是国家医疗保险待遇已经覆盖的项目。通过这种方式,医疗计划可以确保在收入保持稳定的情况,降低自身支出。这种发展趋势加速了私人医疗支出比重的增长,见表6-2。根据资金来源划分的支出情况见图6-4。

表 6-2　1990~2013 年按筹资来源划分的医疗支出　单位：%

筹资来源	1990 年	1995 年	2000 年	2005 年	2008 年	2009 年	2010 年	2011 年	2012 年	2013 年
一般行政费用	21	23	37	36	34	36	36	35	35	35
专项税或社会保险缴费	26	43	25	25	26	25	26	26	25	24
公共总投入	47	66	62	61	60	61	61	60	59	59
个人自付	—	28	28	26	25	25	24	24	26	27
自愿医疗保险	—	4	8	11	13	13	13	14	14	13
其他	7	3	2	2	2	2	2	2	2	2
私人总投入	54	34	38	39	40	39	39	40	41	41

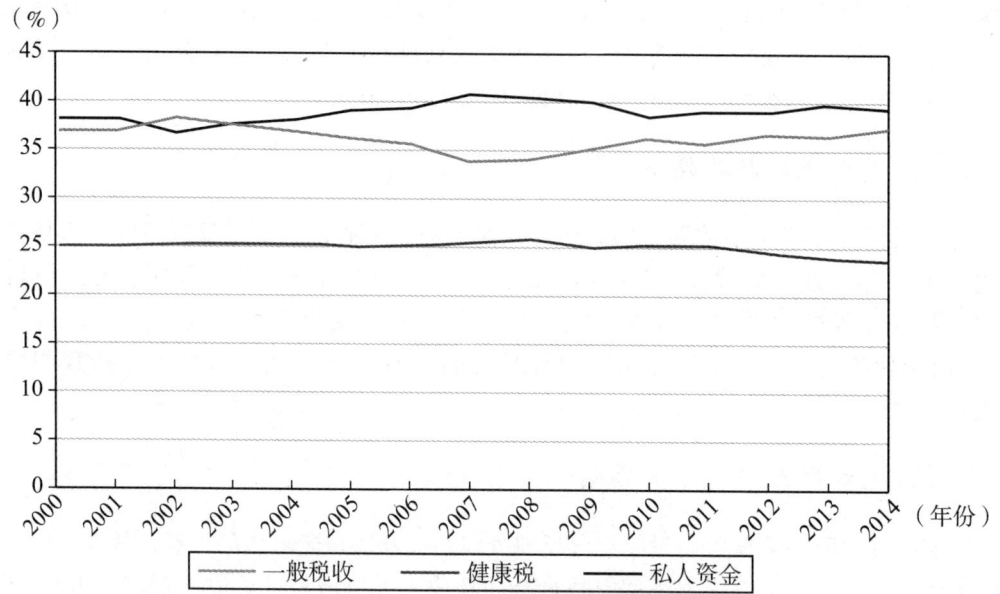

图 6-4　2000~2014 年按筹资来源划分的以色列医疗支出

资料来源：CBS. Statistical Abstract of Israel：National Expenditure on Health. Jerusalem, Central Bureau of Statistics, 2014。

国家医疗保险制度以外的医疗服务通过自愿医疗保险、直接自付费用支付。以色列的自愿医疗保险市场提供两类产品，一类是医疗计划提供的补充保险，另一类是营利性商业保险公司提供的商业保险。即使参加了自愿医疗保险，参保人也不能从中全部或部分报销公共制度中的自付费用。

三、筹资制度

以色列医疗保健制度的筹资来源由公共支出（国家医疗保险制度）和私人支出（自愿医疗保险和个人自付费用）两部分组成，资金的流向见图 6-5。

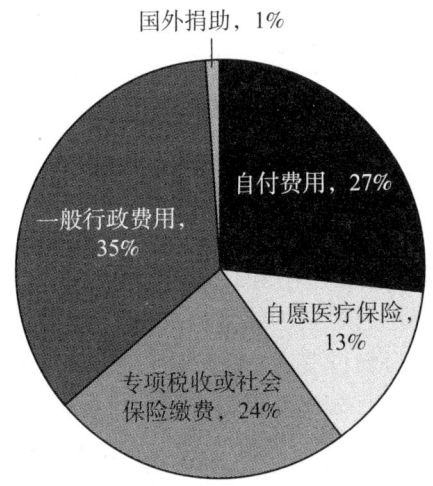

图6-5 2013年按筹资来源划分以色列医疗支出

资料来源：CBS. Statistical Abstract of Israel：National Expenditure on Health. Jerusalem, Central Bureau of Statistics, 2014。

（一）覆盖范围

自1995年以来，所有的公民和永久居民都有权享有国家医疗保险法规定的医疗保险待遇，他们可以从4家非营利性医疗计划中自由选择1家参保，并且每年可以更换两次医疗计划。参保既是权利也是义务，公民和永久居民必须参保。非法移民、临时居民、外籍员工和旅行者不必参保。

国家医疗保险法规定了标准的待遇包，目前，各个医疗计划提供的待遇包相同。政府定期修订待遇包内容。待遇内容包括但不限于外科医疗服务、住院、医药、诊疗检查、体外受精等治疗。2010年加入了儿童牙科服务，2015年增加精神治疗。截至2015年6月，机构长期护理服务、疾病预防、成年人牙科等医疗服务不包含在待遇包之内。

待遇包采用正面清单形式，并注明了数量和条件。2014年，卫生部开通了专门网站，公布了国家医疗保险待遇的详细内容，并实时更新医疗保险的重要信息。政府通过解决信息不对称问题，增强对参保人的保护，促进保险市场有序竞争。

1997年，以色列建立起正式的优先政策事项确定机制，用以增加待遇包的内容。每年确定医疗保险预算时，政府需要决定用于发展新医疗技术的预算额度。卫生部征求并收集医疗计划、医药公司、医学会、病人组织以及其他团体关于纳入待遇包的新技术建议，由卫生部的医疗和基础设施技术署对建议进行技术评估。技术评估的主要依据是医疗效果有效性和技术安全性。技术评估完成后，由卫生部的技术专家、部长、法律事务代表等组成技术论坛，对通过技术评估的各项技术进行优先程度评级。此外，还需要由卫生部、财政部、医疗计划代表组成的委员会对技术进行成本分析。成本分析要考虑流行病学模式，并根据能够从技术的运用获益的参保人数量预测该技术的总成本。最后，基于技术评估和成本分析的结果，由医疗计划代表、卫生部、财政部、医学会、卫生经济政策专家、非医疗卫生系统的公众代表组成的公共委员会就应当在国家医疗保险待遇中运用的新技术提出建议。卫生部部长根据建议作出最终决定。

在新技术的运用中,以往主要关注拯救生命,很少关注在不延长生命前提下提高生活质量。近来这种状况有所扭转,甚至开始关注疾病预防。待遇确定程序更加透明,公众和媒体的参与度提高。

(二)覆盖的深度

急救、初级保健和住院服务都是免费的。二级护理需要由参保人支付自付费用,约为25新谢克尔(5欧元)。药品的自付费用约为药价的10%,不低于15新谢克尔(约3欧元)。康复和辅助医疗服务也有自付费用。医疗计划收入中,参保人个人自付费用和其他使用者付费项目占6.5%。医疗计划向参保人收取自付费用,需事先将收费标准提交卫生部和议会的财经委员会,经他们同意后方可收取。各医疗计划的自付费用规定不同。

(三)保费的收取

国家医疗保险的资金来源是健康税和一般税收。健康税用于缴纳保费,由国家保险协会从工资税中征缴。年满18岁的公民需要缴纳健康税。工薪劳动者的工资如果低于以色列平均工资①的60%,缴纳工资的3%,否则缴纳工资的5%。自雇人员和退休人员都需要缴纳,征缴基数分别是其全部收入和退休金收入。无薪金收入的已婚妇女可以不缴纳健康税。学生和失业人员必须缴纳收入或转移支付(如奖学金、失业保险待遇、收入支持或津贴)的5%。没有收入来源的人员须缴纳103新谢克尔(约20欧元)。收入超过国民工资5倍的人员,无须缴纳健康税。不缴纳保费的人员仍然可以享受医疗保险待遇,但是政府将强制执行征缴。

截至2012年,健康税占医疗服务资金来源的24.5%。一般税收来源包括累进税和递减税,用于填补政府确定的国家医疗保险筹资水平与健康税之间的差距。

(四)资金统筹

国家保险协会在资金统筹中发挥了重要作用。它负责征缴健康税,接收政府对国家医疗保险制度的拨款,并负责按实际需要的原则把资金拨付给各个医疗计划。

资金在拨付给医疗计划之前,还需要政府确定医疗保险待遇的成本,成本包括身体健康护理和精神健康护理的成本。

1. 身体健康护理

这部分护理的资金拨付方式主要是按人头预付制,2014年医疗计划收入的88.3%以此方式获得资金。这种方式反映出医疗计划的市场占有率(参保的标准人员数量)和三个风险调整因子(年龄、性别和居住地)。由卫生部和财政部的代表组成的"按人头付费委员会"定期对按人头付费的公式进行调整。按人头付费的各个权重每3年审核一次,并根据前一年日间护理、医药和住院护理等三项服务的使用情况,形成一个公式。

---

① 2014年,以色列雇员的平均工资约为9000新谢克尔(1850欧元)(国家保险协会,2014)。

药品、专家诊疗和某些诊断项目的个人自付费用，也是医疗计划的资金来源（如前所述，2014年占医疗计划收入的6.5%）。另外，如有患有5种重大疾病①的参保人，医疗计划可以从卫生部获得事后补偿，2014年这部分收入占医疗计划收入的5.3%。

医疗计划除了可以获得国家医疗保险缴费外，每年年底还可以获得政府特别资金支持。根据医疗计划满足财务责任和效率目标的情况，确定其可以获得的特别资金支持数额。卫生部根据政策目标，每3年确定一次财务责任和效率目标。如2013~2014年，有以下目标：第一，提供疾病预防服务，为儿童提供口腔卫生服务，并不得收取个人自付费用；第二，避免再次住院治疗；第三，促进健康生活方式；第四，解决区域性医疗服务不均等问题和社会健康问题；第五，提供慢性阻碍性肺部疾病医疗护理②。

截至2010年，按人头付费公式的调整因子只有一项，即年龄。由于仅有一个调整因子，有担忧认为这个公式无法避免风险选择。2010年，增加了性别和居住地作为调整因子，也有建议增加其他参数（如社会经济状况、健康状况、疾病状况等）。由于无法获得可信的数据、存在反向激励、可能改变当前资金统筹结构等方面的考虑，尚未采纳上述参数。

尽管公式已经在2010年得到修订，但并没有足够的证据表明新增调整参数已有效改善了统筹资金的充足性。同时，无法评估拨付的资金是否能够有效提高各地的医疗服务供给。

2. 精神健康护理

作为精神健康护理的改革措施，自2015年6月开始，医疗计划从卫生部获得额外的预算资金3.6亿欧元，用于提供精神健康护理。医疗计划负责在社区提供（或与私营机构签约由其提供）个人或团体心理疗法和精神疾病护理，并负责从医院购买住院服务（此前是由卫生部直接向综合医院或专科医院支付精神疾病住院费用）。

自2015年6月开始，住院和门诊预算分别拨付。根据改革前各医疗计划的住院天数，并根据2006~2013年住院天数变化趋势进行调整，确定每个医疗计划应当获得预算数额。门诊预算按人头拨付，调整参数为年龄，即18岁及以下年龄组和18岁以上年龄组。目前的公式假设每年有2%的少年和4%的成年人使用精神健康服务，平均就诊次数分别为12次和9次。今后，将不专门对门诊服务预算进行计算，而是纳入综合人头费计算公式。

（五）购买服务

1. 购买住院服务

近年来，医疗服务的购买主要是通过医疗计划与医院签订合同实现。尤其是在政府举办的医院和独立的非营利性医院，医疗服务的提供都需要与医疗计划签订合同。有的医疗

---

① 2014年，5种重大疾病是地中海贫血症、戈谢病、肾脏疾病、血友病、癌症。
② CBS. Statistical Abstract of Israel No. 65. Table 2.12: Sources of Population Growth. Jerusalem, Central Bureau of Statistics, 2014.

计划本身也拥有医院，如最大的医疗计划"Clalit"拥有自己的医院，在这种情况下就不存在签约行为。

购买服务的合同需要遵循政府关于报销价格和报销机制的规定。医疗计划也会被给予额外的价格优惠，以便保障他们的资金流。

由于全国仅有4个医疗计划，因此医疗计划的市场力量较为强大，几乎每个医疗计划都占据一定的市场份额，尤其是在地方一级，存在某个医疗计划掌握大部分市场份额的情况。另外，由于医院服务中相当一部分的费用是固定的，因此，如果在谈判时医疗计划以减少购买数量相威胁压低价格时，医院常常处于不利地位。

以色列的法律不禁止医疗计划将患者转到特定的医院。最大的医疗计划"Clalit"越来越倾向于把参保人转到自己的医院，转院现象变得较为普遍，由此也产生了矛盾。为限制转院行为的发生，卫生部近来规定医疗计划必须向签约的医院支付上年度金额的95%，即使购买服务的数量已经减少5%以上[①]。卫生部还进一步采取措施限制转院行为。

2. 购买日间服务

在以色列，医疗计划大多自己提供日间服务。但是，他们也向医院和其他独立社区医疗机构购买日间服务。在初级保健和专业医疗服务方面，医疗计划也向独立的执业医生购买服务。

在精神健康服务方面，应卫生部的要求，医疗计划自2012年开始在社区建立起多科室的精神医疗服务诊所。医疗计划也从政府医院、社区公共诊所、独立执业医生购买服务。

（六）自付费用

2013年，个人自付费用占总医疗支出的26%，而OECD国家为19%，人均自付费用按美元购买力平价计算为627美元，OECD国家为601美元，相差不大。

2012年家庭调查表明，医疗费用支出占家庭支出的5.5%，月均医疗支出为180欧元，其中，35%用于缴纳私营医疗保险缴费，25%牙齿护理，16%医药，5%眼镜，19%用于其他服务。

1. 向医生支付的自付费用

通常情况下，每个季度，参保人到社区医院第一次就诊需要向医生支付5欧元，此后在该季度内到同一个医生就诊，无须再支付自付费用。免除自付费用的情况有两种：第一，65岁及以上享受老年津贴以及领取残疾津贴的儿童；第二，患有晚期肾脏疾病、癌症、艾滋病、戈谢病、地中海贫血症、肺结核的病人，在医院门诊和透析中心就诊无须支付自付费用。每个季度每个家庭自付费用有上限规定[②]。接受语言障碍矫正治疗、职业病

---

① CBS. Media Release：In 2013, The National Expenditure on Health Increased to 7.6% of GDP. Jerusalem, Central Bureau of Statistics, 2014.

② 2014年，每季度每个家庭自付费用上限为50欧元，与家庭成员数量无关。患有慢性病的单亲家庭，每季度自付费用上限为75欧元。

治疗、物理疗法、精神疾病护理等治疗的儿童，如果他们的父母正在领取国家保险协会发放的收入补助，则无须支付自付费用。

2010年，在自付费用方面进行了改革：第一，将12岁及以下儿童的口腔健康护理纳入医疗保险待遇，每次就诊支付5欧元自付费用；第二，取消健康儿童诊所（提供儿童疾病预防服务）的自付费用；第三，生育及体外授精治疗需要缴纳自付费用，每次治疗40欧元；第四，在医疗计划的诊所接受精神治疗的患者，每季度支付5欧元自付费用，患者也可以选择与医疗计划签约的其他诊所就诊，每次就诊须支付自付费用；第五，首次进行心理治疗的个人患者支付11欧元自付费用，此后每次就诊支付28欧元，进行集体心理治疗的患者每次就诊支付13欧元自付费用。

2. 药品的自付费用

专利药的自付费用是药价的15%，仿制药为10%，不得低于3欧元。慢性病药品的自付费用每季度不得超过65欧元左右，具体金额由各医疗计划规定。领取收入补助的65岁以上患者，减免50%的自付费用；75岁以上患者减免10%的自付费用；退伍军人减免75%；大屠杀幸存者免除自付费用。

有学者研究表明，自付费用的规定使低收入者就医困难。2014年，11%的成年人因自付费用过高没有就医，尤其是患有慢性病和收入最低的20%人群。近年来，实施的针对弱势群体的惠民政策在一定程度上消除了有病不肯治的状况。

除上述两类自付费用之外，国家医疗保险没有提供的待遇以及卫生部没有提供的医疗服务，如在私人医院接受的医疗服务，患者需要直接支付费用。

3. 直接支付

社区公共医疗机构的医生在征得雇主同意后可以私人执业，雇主通常允许医生在有限定的工作时间内开展私人执业。医院和政府对此不进行严格的监督，除非出现影响患者利益的重大事项出现。对于在医院工作的医生，法律严格规定公立医院的医生不得进行私人执业。医生可以在私人医院和耶路撒冷的非营利性医院开展私人执业，在公立医院开展私人业务是违法行为。对于医生是否可以在公立医院进行私人执业，一直存在着热烈的讨论。

许多政府医院建立了"健康信托"，作为法人机构吸引医生在业余时间执业。医生可以与健康信托进行谈判，确定付费方式（按就诊次数或手术数量）。这种方式不是严格意义上的私人执业，本质上是利用医生夜间的时间向医疗计划提供手术和门诊服务。

4. 非正式付费

尽管国家医疗保险制度实现了全民覆盖，自愿保险的参保率也较高，但以色列仍然有多种形式非正式付费，如向医生支付现金，以及向住院床位送礼等行为。患者行使这些行为的目的是表达感激之情，并且不抱有任何利益期望，希望确保自己获得医生较为专注的服务态度。另外，与医生建立起良好的个人关系，也是确保能够在就医时获得较好治疗效果的手段之一。

四、自愿医疗保险

在国家医疗保险之外,还有两种形式的自愿医疗保险,第一种是医疗计划向所有参保人提供的补充保险,第二种是由商业保险公司向个人或团体提供的商业保险。以色列国家医疗保险制度待遇覆盖率在OECD国家中处于较高水平,但是,自愿医疗保险的市场占有率仍然相当高。2014年,87%的成年人加入了医疗计划的补充保险,53%加入了商业保险。

自21世纪初,自愿医疗保险的参保人数迅速增加。2002~2011年,用于补充保险的家庭支出增长70%,用于商业保险的家庭支出增长90%。2005~2013年,补充保险和商业保险的保费支出均增长100%。2005~2012年,人均私营保险支出增长111%。

根据卫生部的报告,自愿医疗保险市场的壮大,并没有达到为医疗护理提供资金从而降低个人自付费用的目的。家庭医疗支出没有下降,反而因缴纳自愿医疗保险的保费而大幅度增长。随着自愿医疗保险保单的增加,2014年50%的成年人加入了两项自愿医疗保险,导致个人医疗支出的不断增长。卫生部努力采取措施加强公共医疗保险体系,遏制自愿医疗保险的发展。

以色列自愿医疗保险发展速度较快,可能有两方面的原因。第一,公众对公共医疗保健制度的信任度不高,2014年,50%的成年人认为他们能够获得最好的、最有效的治疗,40%的人认为他们能够负担得起治疗费用。相对于其他国家而言,对这两个问题做出正面回答的比例较低。第二,参保人投保自愿医疗保险,可以在非急需施行的手术和社区专家就诊时插队,能够较快地在私人医院就诊,这些治疗都属于自愿医疗保险保障的内容。

五、支付机制

(一)向医疗服务付费

综合医院的收入有80%来自于向医疗计划提供医疗服务的收入。1995年实施国家医疗保险法之后,公立医院住院费用报销主要通过按日收费与按病例收费相结合的方式。日间护理按项目付费。卫生部和财政价格委员会规定了公立医院和非营利性医院服务项目最高价格,并以立法形式加以颁布实施。政府对政府医院给予一定的补贴。

30多年前,根据某些医院以往的费用水平确定了按日收费和按项目付费的费率,此后,虽然医疗技术日新月异,但服务定价没有做出重大调整。因此,服务的定价与实际成本之间的差距较大,影响到医疗服务的效率。为了解决效率低下的问题,卫生部决定建立成本价格机制,以按活动付费替代以往的按日付费。2002年,卫生部开始进行医院支付制度改革,逐步量化医院活动的成本,根据流程为住院护理设立不同的价格等级。一旦某项具体流程的价格被确定下来,按日付费制度就被按活动付费(PRG)所替代。2010年,改革的力度加大,2015年已经建立起280多个PRG。

1. 三种主要付费方式

（1）按项目付费。政府制定了按项目付费清单，规范日间护理和急诊的门诊服务费用支付。清单中包括了1500种日间护理收费标准和65种日间住院费用标准。随着医疗技术的发展，留院一日治疗而无须过夜的日间住院日益普遍。门诊服务收入占医院收入的20%，急诊服务占6%。

（2）按日付费。2/3的住院治疗按日付费结算，占治疗总量的一半。2015年有50种按日付费标准，不同的科室费率不同，住院长短也与费率有关，一般而言，住院前3天的费用较高。对于某些特别病例，费率因年龄不同而有差别。

（3）PRG付费方式。2015年，按PRG付费的收入占医院收入的23%，占医院住院收入的33%。

2. 收入封顶线

医院支出的相当一部分是固定的，与医院提供的医疗服务的数量无关。医疗计划按照平均价格向医院购买服务，仅依靠单一机制付费的方式可能导致医院诱导参保者就医，从而增加医疗支出，甚至导致道德风险。为了减轻这种机制的负面影响，1997年建立了收入封顶线，此后每3年修改一次封顶线。设置封顶线的初衷是减少医院过度提供住院服务的意愿，控制医疗费用增长。封顶线的设置方式是为每个医疗计划和每个医院设定一对一的封顶线，从2014年开始封顶线的具体数额不向社会公布。制定封顶线考虑的因素有医疗计划前一年在每家医院的支出，以及预计的人口增长情况、医院床位增长情况、价格变动等。

2013年制定的2014~2016年封顶线模型有所创新，为每个医疗计划支付给每家医院的数额设定了最低线，即医疗计划上年支出的95%，能够保护医院的利益。封顶线制度的制定遵循三个步骤，每个步骤规定了不同的费率和激励方式。医疗计划购买医疗服务时，如果超过了封顶线规定的金额，需要支付的金额包括两部分，一部分是封顶线规定的金额，另一部分是实际费用超出封顶线部分的一定比例。

3. 医院与医疗计划之间签订的合同

医疗计划还可以与医院签订协议，双方协商一致，取代政府规定的封顶线规定。这种政策制定的目的是给予更大的灵活性，增强双方的风险共担意识。自21世纪初开始，医疗计划已经与80%的医院签订了协议。在协议中医疗计划给予了医院比政府规定的封顶线更大的优惠，优惠力度视每个协议而不同。作为政府医院的代表，卫生部需要审查政府医院与医疗计划签订的每份协议，并且较少干预非政府医院与医疗计划签订的协议。考虑的因素是，作为非政府医院的竞争对手，政府似乎不应当对非政府医院与医疗计划签订协议作出更多的政策干预。但是，近来政府开始更多地规范非政府医院与医疗计划签订的协议。

4. 补贴

在正常的报销制度之外，卫生部几乎对所有的公立医院进行补贴。过去10年中，补贴数额翻了一番。然而，近年来公立医院和非营利医院的赤字日益增长。

5. 精神疾病医院

自 2015 年实施精神疾病改革之后，医疗计划从精神疾病医院和综合医院购买精神病医疗服务，结算方式主要为按日付费。与其他医疗服务的购买相比，购买精神疾病医疗服务有两点不同：第一，为了鼓励医疗计划将精神疾病医疗服务的提供从精神疾病医院转向社区，对医疗计划购买精神疾病医疗服务没有设定最低线；第二，为了控制精神疾病住院护理费用的增长，设置了两个封顶线，从而取消了所有可能鼓励医院过度提供精神疾病医疗服务的机制。此外，也允许医疗计划与医院签订协议，向医院提供更大优惠。

6. 公共医疗服务

国家医疗保险待遇中的公共卫生服务，主要包括孕妇和婴儿的疾病预防服务。卫生部开办了 1000 多家诊所提供公共卫生服务，医疗计划也在市镇和乡村开办了诊所，提供此类公共卫生服务。卫生部除了通过自有的诊所提供服务以外，还从市政和医疗计划开办的诊所购买服务。卫生部报销市政诊所 70% 的费用，向医疗计划开办的诊所提供免费疫苗，并报销部分费用。

（二）向医护人员付费

1. 向医生付费

多数医生是医疗计划或非营利性医院的工薪雇员，其他医生则以独立行医人员的身份与这些机构签约。对于工薪雇员，医学会与主要雇主签订集体谈判协议，确定工资水平。独立签约的医生的工资由每个协议具体规定，不受集体谈判协议的约束。

2. 社区医疗服务

在最大医疗计划中，受雇的初级卫生保健提供者按月领取报酬，并按超出标准之外注册的病人数量获得人头费。独立的初级卫生保健提供者则按人头付费。专科医生是按人头付费与按项目付费相结合，按项目付费每个季度设定了封顶线。

在 Maccabi 医疗计划中，70% 的医生独立行医。初级卫生保健提供者和专科医生都是按人头付费与按项目付费相结合，其中，按项目付费占主要部分。

在 Leumit 中，受雇的初级卫生保健提供者按人头付费。专科医生和相对数量较少的独立的初级卫生保健提供者都按人头付费。

Meuhedet 医疗计划则采取混合制付费方式。

3. 医院服务

在政府医院和非营利性医院中，医生领取固定工资，由集体谈判协议规定了工资的具体条款。工资水平主要由职责和工作年限等因素决定。另外，政府医院的某些医生有机会在标准工时之外工作，并由此获得按小时计费或按流程计算的奖金。在最大的医疗计划的医院中，也有类似的安排。

4. 医生的收入水平

根据OECD健康数据库，近年来以色列医生的年收入增长幅度较大。例如，政府医院或最大的医疗计划医院中通过认证的医生，2010～2014年年薪增长了50%，高于OECD其他国家医生薪酬增长率。无论是按美元计算还是按本国的平均工资计算，与OECD其他国家的医生相比，以色列医生获得的薪酬相对而言较高。但是，这种比较是在没有考虑薪酬计算方式的差异和税率不同的基础上作出的，应审慎对待。

第四节　医疗服务的提供

一、医疗人力资源

以色列的医院床位人口比为每10万人189张病床，是欧盟平均水平的一半。人均住院天数为4.3天，欧盟平均水平为6.4天。病床使用率为98%。

政府长期以来一直秉承尽可能让参保人在社区接受医疗服务，从而实现控制医疗费用过度增长。但是，政府认为应当适当增加病床数，计划在南部地区新建2所医院。2014年，CT和MRI设备数量较少，使用率较高。2015年政府开始增加此类诊断器械的可获得性。按规定，主要的医疗器械必须经政府批准才能采购。

2014年，卫生部实施医疗信息分享项目，所有的综合医院、医疗计划以及其他提供方共享患者数据信息。

历史上，以色列的医生人口比较高。然而，2012年以色列每千人拥有3.3名医生，还有继续下降的趋势。每10万人拥有502名护士，低于欧盟15国平均水平（每10万人836名护士）。政府采取措施加大了医生和护士的供给，截至目前已经取得了成效。

二、医药服务

2013年，医疗计划用于药品和可支配的医疗供应商的费用占其总开支的20%。药品支出占家庭医疗保健支出的14%。以色列的医药行业规模较大，主要的药品生产企业已经在纽约上市。多数企业的主营业务是生产仿制药，绝大多数专利药品是通过进口或国外制药商在以色列本土的生产企业制造的，以色列本国的企业较少生产专利药。从市场销售量上看，进口药占一半到2/3。

政府在医药行业发挥的作用有：第一，对药品的销售进行审批；第二，建立国家医疗保险药品目录，医疗计划必须向参保人提供；第三，规定药品的最高价；第四，向药剂师颁发证书并规范药品市场。以色列共有4000多种产品被批准为药品进行销售。

按规定，处方药不得做商品广告。符合卫生部规定的专利药宣传册，可以经由开具处方的药剂师分发给参保人。

对于所有经批准可以销售的药品，卫生部都规定了最高销售价格。最高价格的确定方式被称为荷兰模式，参考7个欧盟国家相同药品的平均价格，确定以色列国内药品最高价格。7个欧盟国家分别是德国、比利时、法国、英国、西班牙、葡萄牙和匈牙利。最高价格主要用于参保者个人从药店购买药品时予以参考。而通常医疗计划都会与制造商、进口商谈判获得较大的折扣，折扣适应于所有药品。实践中，多种手段用于推动仿制药和低价药的使用。例如，医疗计划制作宣传册，特别宣传低价药品，或者列出建议使用的药品清单。经医疗计划同意，也可以开具价格昂贵的专利药。

医疗计划与医疗服务提供方签订的降低成本、提高服务质量的协议，大多与药品的使用有关。某些医疗计划按照科室监督医生开处方的行为，并定期向医生提供其他医生的处方。通过计算机系统获得登记医生的处方偏好之后，医疗计划的总部办公室将定期向医生提供建议的处方药品。对于开药过量的行为，并没有正式或自动的处罚措施，医疗计划的管理人员可能在与医生签约时与之讨论处方偏好，请医生做出解释，并劝诫医生今后审慎开具处方。

以色列大约有1900家药店，其中40%是医疗计划或医院自己开办的，45%是私营药店，15%是大型药品经销商的药店。大多数药品在社区医疗机构中提供。

4个医疗计划都有自己的社区药店，同时他们也与药品连锁店、独立药店签约。近年来，多个独立药店关闭，药品连锁店数量增加。某些医疗计划也在扩展自身的药店网络。

多数药剂师是工薪雇员。医疗计划的药剂师能够获得奖金，奖金通常与销售量、营业收入、处方数量相关。

以色列的医院是国际新药的试验田。而以色列人也是药品的积极消费者。医生在开具处方时常常感到压力，公众也不断施加压力希望更多新药能够纳入国家医疗保险待遇。

近年来，医药行业的规制发生了几个重要变化。第一，开始采纳欧盟国家的惯例。如在药物警戒工作方面，所有的经销商必须收集药品上市后的副作用信息上报给卫生部，无论该药品在以色列国内销售还是销往海外。第二，以往由卫生部对每批药品进行质量检测，而目前则是各个药品制造商自己进行内部检测，然后将检测结果上报卫生部。

政府继续加快推进仿制药的使用力度。另外，为了降低成本、增强安全性和质量，出台了新规定用以管理生物仿制药。

第五节　以色列近来医疗保障改革

近年来，以色列实施了多项医疗保障改革措施，从多个方面解决医疗资源不平等问题。随着私营保险公司和私营医疗服务的发展，更需要注意医疗服务不平衡的问题。主要的改革措施包括加大公共资金对医疗服务的投入、控制私营保险公司和医疗服务的发展规模、加大服务的可及性、满足各少数民族的就医需求、促进部门间合作和信息共享缩小医疗服务差距。

一、增强医疗服务的公平性

在降低医疗服务不平衡方面,卫生部、医疗计划、医院都采取了多项措施。

(一) 卫生部的政策

从2010年开始,卫生部将减少不平等性作为自己的战略目标之一,并制订了多年期计划不断出台政策解决该问题。主要实施了6方面的政策。第一,针对弱势群体和低收入者,扩大了医疗保险待遇范围,免除了母婴疾病预防自付费用,减少了药品的自付费用等。第二,加大公共医疗投入,控制私营部门的发展。第三,加大了服务的可获得性,并在某些地区加大了医疗专家的人力资源投入,并增加医院床位、高级医疗器械、医疗专科、急救中心投入。第四,解决少数民族的特殊需求,建立能够提供翻译的呼叫中心,要求医疗服务机构能够满足少数民族相应的文化需求,实施针对特定群体的项目。第五,推动部际和部门合作,促进国民健康。如与教育部、体育部共同促进健康的生活方式,参与多部门合作的减贫战略,与社会团体代表共同商讨如何解决医疗服务不均衡问题。第六,收集、分析、发布关于医疗服务不平衡的信息,加大医疗服务质量、等待期及其他主要指标的披露力度,并指定研究所建立研究中心追踪分析医疗服务不平衡的数据。

(二) 医疗计划的措施

2008年,最大的医疗计划Clalit开始把解决医疗不平衡问题,作为自身组织建设的重要战略目标。全国大多数低收入群体都是该医疗计划的参保人。Clalit将40万低收入参保人作为重点关注对象,针对他们采取了一系列措施推动医疗服务均等化。经过3年的努力,在最难以改变的医疗护理质量这一衡量指标方面,弱势群体和一般参保人的差距降低了63%,并长期保持了下来。这40万参保人的健康状况也有所改善。

其他医疗计划都制订了解决医疗服务不平衡的具体计划,并指定专业人员协调这方面的事务。近年来,医疗计划不断积累了关于改善医疗服务质量不平衡的文献资料。

(三) 医院

医院也对医疗服务差异问题日益关注。它们开始向少数民族患者提供翻译服务,招聘员工时也注重多样性,并加强了这方面的培训工作。

二、服务质量监督和改善

自21世纪以来,以色列已制定并实施了监测社区医疗服务质量的制度。近年来,该制度得到了长足的发展。卫生部开始制定监督医院服务质量的制度,制度的着手点是监测社区与医院医疗服务衔接阶段的服务质量。

（一）对社区医疗服务的监测

国家社区医疗服务质量指标项目运用了50个指标对医疗计划的绩效进行监测，多数指标监测的是初级卫生保健服务。这套指标不断进行更新和扩充，多数指标与医疗服务的过程相关。

最初，医疗计划可自愿加入监测系统上报数据，目前这一制度已经成为法定义务，2014年，国家社区医疗服务质量指标项目首次发布了医疗计划的数据，而此前数据的发布并不披露数据与具体的医疗计划的对应关系。

（二）对医院医疗服务的监测

多年来，卫生部开展了针对医院护理产出和相关流程的深入研究，这些研究对于分析问题的原因、确定治疗方案帮助较大。但是，对医院服务的监测指标体系的建立较晚。2013年，卫生部开始制定医院服务质量监督指标体系。制度建立之初，共有5个流程质量衡量指标，此后每年增加5个衡量指标。所有的公立医院和非营利性医院都必须根据指标体系上报数据信息。该制度从关注急性诊疗开始，逐渐扩展到心理疾病治疗质量和长期护理医院质量监测。截至2015年6月，卫生部发布了第一个医院护理质量报告，列出具体医院的数据信息。在一定程度上，医院质量监测体系得益于社区医疗机构质量监测体系的成功实施。

三、解决可能出现的医生短缺问题

20世纪90年代，负责高等教育的以色列前高等教育委员会主席认为，未来以色列将面临医生短缺问题。但是，这个判断并没有引起任何关注。因为，以色列的政策部门一向认为本国的医生处于过剩状态。多年以后，多项研究报告都得出医生即将短缺的结论，该问题开始成为政策议题。同时，短缺的论断仅仅是基于计算得出的假设，而现实数据一直显示医生人口比处于稳定状态，并远远高于OECD国家平均水平。

此后，高等教育委员会和卫生部开展的独立研究，以及卫生部的未来医生与护士需求预测委员会的报告，使政策部门开始意识到，如果不采取任何措施，以色列将面临医生短缺问题。事实上，某些专科已经开始出现医生短缺的迹象。有学者认为，医生工资较低导致医生移民到高收入国家，或者从公立医院转到私营部门，甚至放弃了医生职业转向从事其他高收入工作，都是造成以色列医生短缺的因素。

2005年以来，实施了多项措施。第一，2011年，以色列新成立了一所医学院。以色列仅有4所医学院，均创办于1974年之前。第二，增加现有医学院的班级规模，政府加大了对医学院的投入，4年制学生入学人数从2005年的400人左右，增加到2014年的700人左右。医学院也增加了教员数量和培训基地的数量。增加的培训基地，最初是医院，后来扩展到社区医疗机构。通过实施上述措施，在不到10年的时间内，在海外就读医学院的以色列人毕业后回国的人数大幅度增加，而新领取医生执照的人数也翻了一番。

四、将长期护理保险纳入国家医疗保险待遇范围的努力

长期以来,以色列的长期护理是碎片化的。卫生部的官员以及独立的分析者都认为,这种碎片化的现状,将导致服务的差异化、重复性和效率低下,并且降低预防和康复治疗的投入。2011年,卫生部出台了详细的改革计划,分三步实施长期护理保险改革。第一步,国家保险协会应当提高以社区为依托的长期护理待遇,医疗计划应当承担提供医疗护理服务的任务。第二步,目前提供长期护理服务的机构将被纳入国家医疗保险待遇,医疗计划负责管理预算。第三步,医疗计划将负责社区医疗机构提供长期护理的费用。改革的预期结果是将长期护理职责转移到医疗计划;同时,政府加大对长期护理的资金投入,资金投向不仅包括社区医疗机构,也包括长期护理机构。

改革计划试图实现多个目的,第一,卫生部作为单一政府主体,医疗计划作为唯一的提供方兼保险人,负责各个领域的长期护理,提高服务效率。医疗计划作为多个医疗服务的提供方,将提高成本效益。第二,降低需要长期护理服务的家庭的经济和照护负担。

截至2015年6月,该改革计划没有得到通过和实施。财政部认为政府无法承担预算义务,社会福利部(改革实施后将弱化其管理长期护理的职能)和国家保险协会认为将会出现长期护理过度医疗的情况。鉴于上述考虑和其他群体的反对,2013年该改革计划遭到搁置。

此外,由于医疗计划正在承担精神疾病医疗护理改革的任务,如果同时承担两项改革任务,可能会导致无法兼顾。

但是,问题依然存在。政府今后重启改革的可能性非常大。

五、未来发展

2013年6月,卫生部部长雅埃尔·德意志批准成立了加强公共卫生体系咨询委员会,由其本人任主席,该委员会也被称为德意志委员会。2014年6月,德意志委员会发布了一项改革报告,建议进行一场重大改革。但是,由于政府的原因,该项改革建议是否实施并不明朗。

(一)改革的背景

成立德意志委员会的背景包括:第一,公共医疗投入逐渐降低;第二,公立医院的赤字不断扩大;第三,私营医疗保险的参保人数不断增长,参保者选择私营医疗服务作为公共服务的补充或替代;第四,资深医生及其他资源从公共部门流向私营部门;第五,公众对公共部门的信任已经遭到破坏。

上述趋势的发展,使政策制定者担忧:以色列公众在需要医疗服务时,尤其是需要医院服务时,无法依赖公共资源获得高质量、可及的、及时的服务。

(二) 改革的目标及建议

改革的目标：

（1）确保所有公民能够通过公共筹资的护理制度，持续获得较高质量的护理，尤其是医院护理服务。

（2）加强公立医院和非营利性医院。

具体建议有：

（1）增加公共体系的资金来源。

提高拨付给医疗计划的资金量（提高2%），不断向医院提供直接资金支持，改善基础设施缩短患者等待期。

（2）改变组织机构。

提高服务质量，制定新的服务标准。加强医务人员培训，向患者提供更多信息。给予资深医生足够的资金激励政策，将他们转变为医院的全职雇员，减少他们在下午时间到向私营医院工作的可能性，极大增加他们在公立医院做手术的时间。

目前医疗计划通常为参保人指定一家医院，可能造成等待期过长的现象。建议指定3家医院供参保人选择。同时，降低医疗计划的议价影响力，增加医院的营业收入。

建立政府医院主管机构，改变当前卫生部既负责政策制定又负责医院监管的职能。改革报销制度。鼓励家庭医生作为病历管理者，监督患者并向患者提供协作服务。

（3）控制私营保险和私营医院的增长。

提供私营保险的机构，应当使用标准保单，降低重复覆盖现象，促进竞争，控制保费水平，提高效率。

在以色列医生和床位都短缺的情况下，应不以牺牲本国国民医疗护理的前提下向国外人提供医疗旅游服务。向私营医院收取额外费用补贴公立医院，从而降低公立医院的等待期，增加下午工作时间内公立医院就诊的便利性，同时用以补贴公立制度中医生的培训成本。

第七章 巴西医疗保障改革追踪研究

第一节 巴西基本情况

一、地理人口

巴西位于南美洲东南部，东临南大西洋，领土面积约850万平方公里，是南美洲面积最大的国家，位居世界第五位。巴西的地形主要分为两大部分，一部分是海拔500米以上的巴西高原，分布在巴西的中部和南部，为世界面积最大的高原；另一部分是海拔200米以下的平原，主要分布在北部和西部的亚马孙河流域，为世界面积最大的平原。全国划分为26个州和1个联邦区（巴西利亚联邦区）。

根据联合国人口司的数据，2016年巴西总人口数约为2.1亿人，比上年增长0.91%，人口密度约为25人每平方公里，城镇化率84.3%。目前，巴西人口的平均年增长率约为0.91%，按照联合国人口司中方案（medium variant）下的预测（见图7-1），其总人口

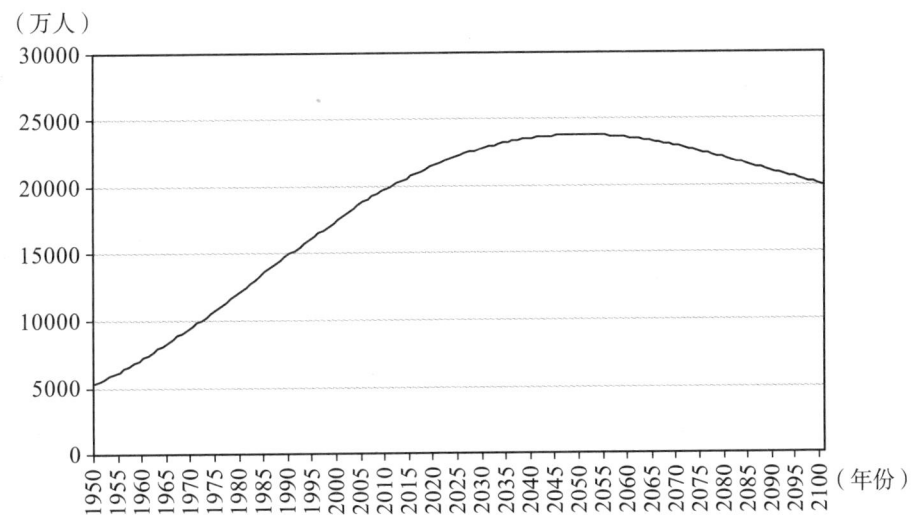

图7-1 巴西总人口数

注：2015年及以后数据为中方案（medium variant）下的预测数据。
资料来源：联合国人口司《2015年世界人口展望》。

将保持持续增长,在2050年达到峰值2.3827亿人,然后呈现缓慢下降趋势。巴西目前的总和生育率约为1.8,粗出生率约为14‰,粗死亡率约为6.3‰,初生婴儿死亡率约为16‰,人口平均预期寿命约为72.5岁。

巴西的总人口抚养比[①]曾经在1960年左右出现了一个小高峰,接近90%,目前处于下降趋势,但是从2020年左右开始,总人口抚养比将出现回升(见图7-2)。从1960年以来,少儿抚养比出现了剧烈下降,直到2030年才稳定在25%左右的水平。目前,巴西人口的年龄中位数是31.7岁,依然是一个年轻的国家。自20世纪50年代以来,墨西哥老年抚养比一直稳定在10%以下的低水平上,但是从2015年之后,老年抚养比将呈现出加速上升的态势,从而带来人口总抚养比持续回升,在2075年左右将超过80%,最终在21世纪末接近20世纪60年代的高水平。

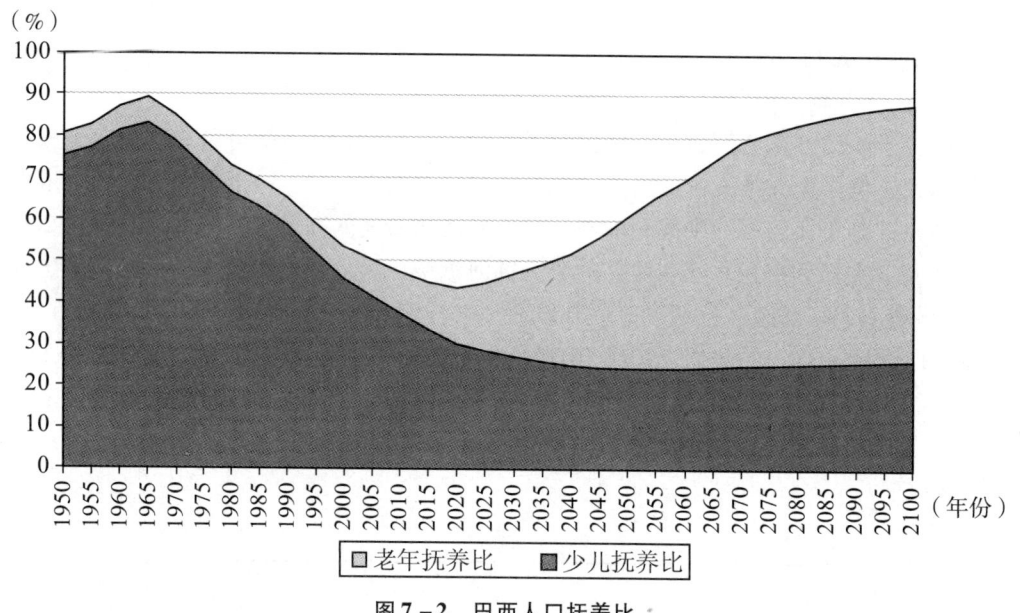

图7-2 巴西人口抚养比

注:2015年及以后数据为中方案(medium variant)下的预测数据。
资料来源:联合国人口司《2015年世界人口展望》。

二、社会经济

巴西拥有丰富的自然资源和完整的工业基础,是南美洲第一大经济体,为世界第七大经济体。还是金砖国家之一,也是南美洲国家联盟、南方共同市场和20国集团成员国。

20世纪60年代末70年代初,巴西GDP年均增长10.1%,被誉为"巴西奇迹"。80年代,受高通胀和债务危机影响,经济出现衰退。从90年代开始,巴西政府推行外向型

---

① 此处的总人口抚养比是指0~14岁人口和65岁及以上人口之和占15~64岁人口的比例,下文的老年人口抚养比和少儿人口抚养比相应的分别为65岁及以上人口和0~14岁人口占15~64岁人口的比例。

经济发展模式，经济重拾增势。1998年亚洲金融风暴波及巴西，1999年发生严重金融动荡，经济增速再次放缓（见表7-1）。自2010年以来，巴西通胀率一直高于其4.5%的通胀目标，2011年更是达到了6.5%的通胀上限。当前，巴西正陷入几十年来最严重的经济衰退，2015年经济缩水3.8%。2016年，巴西的经济表现在新兴市场和发展中国家里排名倒数。国际货币基金组织（IMF）数据显示，新兴市场和发展中国家2016年经济增长预计将达到4.2%，而巴西作为重要经济体，其2016年经济增长为负3.3%这意味着巴西已连续两年负增长。

表7-1　　　　　　　　　1982~2016年巴西GDP与人均GDP

年份	GDP（亿美元）	人均GDP（美元）	年份	GDP（亿美元）	人均GDP（美元）	年份	GDP（亿美元）	人均GDP（美元）
1982	1435	1838	1994	3483	5581	2006	5808	11076
1983	1627	2132	1995	4827	7856	2007	7247	13971
1984	1497	2006	1996	5145	8504	2008	8707	16958
1985	1597	2186	1997	5260	8832	2009	8475	16670
1986	1907	2663	1998	5065	8637	2010	11121	22089
1987	2060	2934	1999	3462	5994	2011	13039	26146
1988	2276	3303	2000	3729	6554	2012	12157	24607
1989	2879	4256	2001	3135	5594	2013	12072	24658
1990	3072	4620	2002	2806	5080	2014	11729	24170
1991	3942	6029	2003	3041	5583	2015	8539	17747
1992	2578	4006	2004	3596	6693	2016	8189	17162
1993	2774	4378	2005	4731	8916			

资料来源：世界银行《世界发展指数》。

巴西是代表性的资源大国。前些年受益于中国等新兴大国的高速发展，巴西出口强劲，外汇收入达到高潮，社会福利跟着突飞猛进。然而最近几年巴西经济出现危机后，原有的福利政策受到打击。2016年12月15日巴西议会出台法案（PEC55），将在未来20年内冻结社会公共开支，被誉为全世界最激进的社会保障紧缩政策。特梅尔政府的下一项紧缩政策将针对养老金制度，其中将允许部分专业技术人员在不到50岁时提前退休。世界银行发布的一份报告显示，截至2017年年底巴西将有360万人重回贫困线以下，即月收入少于140雷亚尔（约合45美元），巴西极端贫困人口将达2960万。

目前困扰巴西经济的最大难题是巨额的公共债务及沉重的利息压力。巴西国库局公布数据显示，2016年巴西公共债务较前一年增加11.42%，总额达到3.11万亿雷亚尔（约合6.75万亿元人民币），公债规模创2004年以来的最高纪录。增加的债务主要用于偿还价值3300亿雷亚尔的利息。从2012~2015年，利息由2070亿雷亚尔不断增加至3670亿雷亚尔。相比之下，政府发行的净公债额只有1079多亿雷亚尔。偿还利息激增主要由于去年巴西银行基准利率依旧维持在高位。另据统计,过去10年来,巴西公共债务总额已出现大幅增长,2006年这一数字仅有1.23万亿雷亚尔,2012年达到2.12万亿雷亚尔,到2016年已增至3.11万亿雷亚尔。

国际劳工组织公布的数据显示,2016年拉美和加勒比海地区的失业率达到8.1%,相比2015年上升了1.5个百分点,创近十年来最高水平。作为区域内的最大经济体——巴西存在最为严重的失业问题。巴西地理统计局2017年1月31日公布的数据显示,2016年巴西失业率为11.5%,创下2012年使用新统计方法以来新高。失业人数达到1180万人,与2015年相比增加37%,也是2012年以来的最高值(见图7-3)。

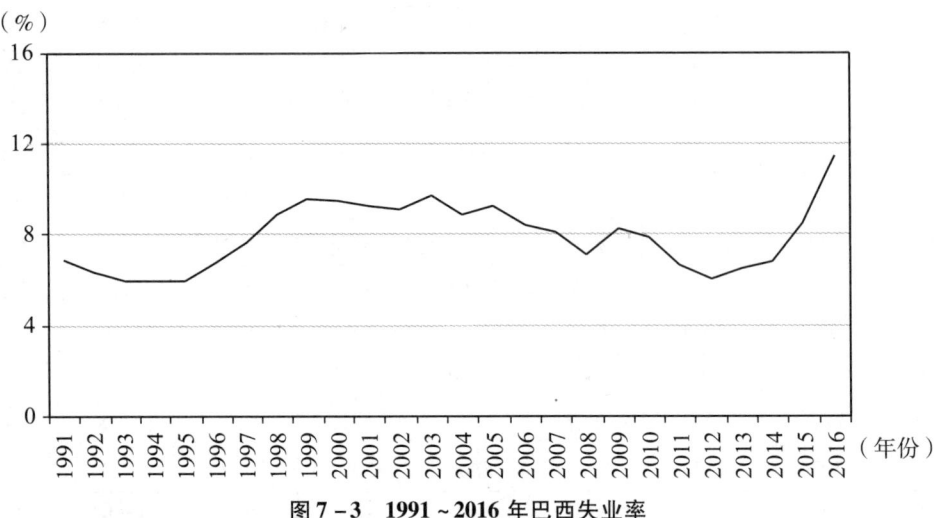

图7-3　1991~2016年巴西失业率

资料来源:世界银行《世界发展指数》。

第二节　巴西社会保障体系

一、养老保障

巴西的养老保障始于1923年开始实施的铁路工人养老保险计划,并分别于1934年和1936年将商业流动领域和工业行业工人纳入。目前巴西的养老保障包括社会保险和社会救助两个部分,覆盖了老年、残障和遗属三个群体。其中社会保险的覆盖群体包括强制和自愿两个部分,前者包括工农商行业的工薪阶层、农民、家政工人、经选举产生的公务员和灵活就业人员;后者包括学生、家庭妇女、失业者和其他无雇用收入的人员。另外,公共部门雇员和军人参加单独的养老保险制度。社会保险基金主要由雇员和雇主缴费承担,政府只通过专项税收承担兜底责任。其中雇员按照月收入所处的区间由高到低缴纳11%、9%或8%不等的保险费,自雇者和自愿参保者按照申报收入的20%或者法定最低月工资的11%缴纳保险费,雇主按照计发工资的20%缴费。社会救助全部由政府承担。巴西劳动和社会保险部负责制度监管，国家社会保障协会负责待遇计发。

在给付资格上，城市男性参保者须年满65岁且至少参保缴费35年，女性参保者须年满60岁且至少参保缴费30年，农民男女性退休年龄分别比城市工人少5岁。另外，根据法律规定，在1991年7月25日之前的参保者需要参保60～180个月，之后的参保者则需要至少参保缴费180个月。残障人员的退休年龄分别是男60周岁、女55周岁，并且根据残障等级须至少参保15～33年不等。社会救助的给付资格为年满65岁、无业且家庭月收入低于法定最低工资标准的25%，享受资格每两年审核一次。残障养老金的给付资格是永久性失去工作能力且至少参保缴费12个月，但如果是因工伤致残，参保要求可以免除。遗属养老金的享受对象包括配偶、不满21周岁的孩子或者顺延至父母和不满21周岁的兄弟姐妹。在养老金待遇上，老年养老金的标准为参保者平均收入的70%，另外每参保一年加发1%直至100%，每年按13次计发并按照物价指数或最低工资标准进行调整。以1999年11月28日为节点，前后的参保者的平均收入采用不同的计算基数。社会救助的标准是法定最低工资。城市工人的残障和遗属养老金标准为个人平均收入，农民的残障和遗属养老金为法定最低工资。

二、医疗和生育保险

巴西的医疗和生育保险与养老保险同步建立，目前的覆盖群体包括强制和自愿两个部分，前者包括工农商行业的工薪阶层、农民、家政工人、部分类型的临时工、经选举产生的公务员和自雇者；后者包括学生、家庭妇女、失业者和其他无雇用收入的人员。另外，公共部门雇员和军人参加单独的医疗和生育保险制度。其经费来源由养老保险基金负担，政府承担医疗津贴开支。巴西劳动和社会保险部负责一般性的现金津贴监管，国家社会保障协会负责待遇计发，卫生部负责统一卫生体系的监管。

在给付资格上，疾病现金津贴要求参保者在过去12个月参保缴费，对于工伤和重大疾病予以豁免。对于工薪阶层、家政工人和临时工，生育现金津贴没有缴费年限限制，对于自雇者要求至少参保10个月，农民参保者要求出示10个月的劳动证明。医疗津贴无参保缴费要求。在待遇标准上，疾病津贴对于城市参保者按照平均工资的91%计发，对于农民参保者按照法定最低工资标准计发，计发之前有15天的等待期。对于参加工作的妇女、家政工人和临时工，生育津贴标准是上个月工资，自雇者和自愿参保妇女的标准是过去12个月的平均工资，农民参保者的标准是法定最低工资，计发期限是生育前的28天到生育后的91天，合计120天。

三、工伤保险

巴西工伤保险最早可以追溯到1919年，其后经过1944年和1967年两次大的改革。目前，工伤保险覆盖工薪阶层、临时工、家政工人和农民，不包括自雇者。其保险基金全部由雇主承担，雇主根据所处行业评估出来的风险等级以计发工资总额为基数缴纳1%～3%的保险费，农业部分的缴费比例为0.1%。工伤保险没有最低参保期限要求，覆盖上下班途中的事故。伤残津贴分为临时性和永久性两种，前者标准为平均工资的91%，计发之前有15天的等待期，对于临时工、家政工人和农民则无等待期的要求，后者标准为平均工资，前提条件是参保者完全失去了工作能力，对于未完全失去工作能力的参保者，计发标准为平均工资的50%。

四、失业保险

巴西的失业保险最开始是1965年开始建立的遣散费基金，1986年正式建立保险制度。目前，巴西失业保险覆盖人员包括私营正规部门雇员和其他类型的劳动者，例如家政工人和渔民等，但不包括自雇者。失业保险基金完全由政府通过专项税筹资。此外，雇主按照雇员工资的8%向雇员的个人账户缴费，作为遣散费保证基金，当参保者失业、结婚、退休和其他规定的情况下可以取出。失业保险的计发资格是参保者在首次申领时必须在过去18个月中至少12个月处于有收入工作状态，第二次申领时必须在过去12个月中至少9个月处于有收入工作状态，第三次及后面申领时必须至少已经连续工作6个月。不能是因为自己的错误行为导致的失业和辞职。领取失业保险时不能存在其他形式的收入支持和享受其他类型的社会保险待遇。失业保险根据参保者失业前三个月平均工资的多少按照不同的标准计发，低于1222.77雷亚尔（2016年1月的标准）的计发80%，1222.78~2038.15雷亚尔的计发50%加978.22雷亚尔，超过2038.15的一次性计发1385.91雷亚尔。计发期限从3个月到5个月不等，取决于申领的次数和工作时间的长短。在特殊情况下，计发期限额外增加2个月。

五、家庭津贴

巴西家庭津贴覆盖拥有1~2个孩子的低收入家庭，不包括家政工人、临时工、农民、经选举产生的公务员和自雇者。此外，贫困和赤贫家庭还享受社会救助。家庭津贴的资金来源与养老保险的资金来源相同。家庭津贴与就业挂钩且实行收入审查，要求月收入不高于1089.72雷亚尔，儿童未满14周岁，家长必须出示未满6岁儿童的预防接种证明和7周岁以上儿童的入学证明且家长必须在职或正在享受疾病保险。如果夫妻双方都在职参保，那么双方都能享受家庭津贴。家庭津贴的标准根据参保者月收入的不同实行差别化发放，收入水平不高于725.02雷亚尔，每个孩子每月补贴37.18雷亚尔，收入水平在725.02~1089.72雷亚尔之间，每个孩子每月补贴26.20雷亚尔。

第三节 巴西医疗保障改革

一、改革历程

巴西国家卫生体制改革最早可以追溯到1923年颁布的《埃洛伊·查维斯法》（*Eloi*

Chaves Law)，该法创立了针对城镇私营部门工人的社会保障。在《1988年宪法》颁布之前，巴西一直实行有选择性的、只针对特殊群体的医疗保障。巴西政府通过强制雇主和雇员缴费建立了覆盖工薪阶层的医疗保障体系，将人口中的绝大部分包括农业和非正规就业部门劳动者排除在外。这一保障是通过向私人医疗机构购买服务来实现的。

《1988年宪法》在巴西医疗保障改革历程中具有里程碑式的意义，在这部宪法中，医疗卫生保障首次被明确为民众普遍享受的权利和政府不可推卸的责任，且在医疗卫生管理机制和组织体系方面进行了详细规范。其中的198条倡议建立一项统一卫生系统（unified health system），通过各级政府和社会组织的合作实现卫生服务网络的一体化，将疾病预防作为整合医疗卫生服务供给的重要组成部分。对于私人医疗服务领域，该宪法的199条将其明确为统一卫生系统的补充部分。《1988年宪法》所确定的原则和制度模式最终在1990年的《组织卫生法》（Organic Health Law）中得到了具体细化。

事实上，在20世纪80年代《1988年宪法》颁布之前，巴西医疗卫生领域前期改革已经开始。最开始是通过整合医疗卫生服务供给，提高各级政府之间的合作以减少医疗卫生资源的浪费。随后，在80年代中期，统一分散式卫生系统（unified and decentralized health system）的建立将改革重点转向系统内机构的重新定位和责任的下放。这些改革都为统一卫生系统的最终建立埋下了伏笔。

二、改革背景

巴西医疗卫生领域的结构性改革很大程度上发源于军政府统治时期（1964~1985年）的公民社会运动和制度覆盖面的不断扩大。在军政府时期，巴西经济高速增长，被誉为"巴西奇迹"。但在此期间，社会贫富差距不断增大，为社会服务领域的改革创造了条件，其中医疗和教育领域的改革呼声最大。

专注于医疗卫生领域改革的公民运动被称为"sanitaristsa"运动。该运动发端于军政府上台之前，但其核心是解决在军政府统治时期不断凸显的社会不公平。其倡导增加预防医疗卫生服务的开支，弱化私人医疗机构的地位，增加对穷人的医疗援助。该运动还呼吁提高地方政府在医疗保障体系中的地位，从而改善农村边远地区医疗服务的供给。

三、改革之前的医疗保障体系

（一）军政府时期的医疗卫生系统

巴西军政府时期的医疗卫生系统由三个部分组成：保险缴费型公共系统、税收筹资型公共系统和自愿投保型系统。

保险缴费型系统由正规就业部门的雇主和雇员缴费筹资，通过特定社会保障医院或通过合同外包给私立医疗机构提供医疗服务。在1977年之前，巴西社会保障中的医疗和养老保障由国家社会保险协会（National Institute of Social Insurance）统一管理，1977年之后二者分开，由单独成立的国家医疗服务和社会保障协会（National Institute of Medical Care and Social Security) 负责管理医疗保障。国家医疗服务和社会保障协会通过按服务收费的方式将参保人的医疗服务外包给医疗服务提供方。由于对医疗服务没有限制和缺乏监管,该系统通常昂贵而低效。与此同时,国家医疗服务和社会保障协会与私人医院协会(巴西医院联合会)之间存在特殊的利益关系。相对于私人医疗提供方,巴西各级公立医疗机构、大学和非营利组织在医疗服务供给中处于边缘化地位。

税收筹资型公共系统属于巴西国家卫生部管理的系统,其主要职能是为正规部门中未参加医疗保险的人员提供预防医疗服务,但是一直存在严重的经费和人员短缺问题。

自愿投保型系统属于私人医疗保险系统,由雇主通过合同外包,向外部医疗服务机构购买医疗服务机构并提供给雇员,一般实行按服务收费的模式,规模相对于两个公共系统要小得多。

(二)军政府时期医疗卫生系统的发展

20世纪70年代和80年代,巴西医疗卫生系统出现了两个显著变化。一是医疗保障覆盖面的迅速扩大,新参保群体增加了医疗服务需求。特别是1974年,紧急救护扩展到全民。这些新增医疗服务需求一方面集中于大型医院,另一方面又主要由私人医院提供,从而加剧了公立医院和私人医院之间的分化。二是债务危机极大地影响了巴西医疗卫生系统的运转。庞大的预算紧缩计划迫使国家医疗服务和社会保障协会降低通过合同外包提供给外部医疗机构的费用标准。同时,减税计划使得卫生部的财务状况进一步恶化。而外部私人医疗机构为了追求利润,开始选择性地接收病人和病例。因此,尽管政策上新参保人群的紧急救护服务由私人医疗机构承担,但实际上大量病人被转诊到公立医疗机构负责。更有甚者,由于国家卫生部不断恶化的预算约束限制,大量本应获得紧急救助服务的患者实际上要么接收低质量的服务,要么难以获得任何服务。

(三)改革前期的探索

军政府时期医疗卫生体系的变化推动医疗保障体系改革获得广泛社会支持,诞生了Sanitaristsa运动。该运动将医疗保障体系改革集中于结构化和分散化改革两个方向。该运动认为国家社会保障部和国家卫生部的双头管理架构对私人医疗机构协会及其商业利益的获得有利,但不利于公众利益。因此,他们呼吁建立统一的医疗卫生体系以实现医疗资源的配置由私人医疗机构向公立医疗机构转移,从而实现更高质量医疗服务的可及性。同时,他们希望将预防卫生服务和疾病诊疗服务合并,并且将公共资源配置向疾病预防倾斜。1976年,巴西卫生部设计了一项采购计划,为人口稀少地区建立公共厕所。这一项计划需要地方卫生部门的整合和国家医疗服务和社会保障协会提供资金支持,对于将医疗卫生资源投向贫穷落后地区的疾病预防项目和实现医疗卫生发展决策权向地方政府转移提供了一个很好的样本。

实现医疗卫生建设和发展的责任下放是Sanitaristsa运动的一项重要目标。在原有的体制下,政策决策和实施都集中在中央层级,导致难以边远落后地区落地和贯彻实施,产生的后果是医疗卫生资源的分配不公,越是城镇富裕地区资源配置越充分,越是贫穷落后地区资源配置越缺乏。

四、改革目标和经过

《1988 年宪法》倡导建立的统一卫生系统的目标是：①将卫生健康作为一项公民权利和政府责任，实现医疗卫生服务的普遍享受；②实现卫生健康服务的公平获得；③实现医疗卫生服务的完整性和可持续性。这些目标又延伸出其他几项具体内容，包括：各级地方政府责任共担和费用分摊；提高社区参与；重构组织体系以加强整合、协作和降低重复建设；保护患者自主选择权和知情权；利用流行病学资料确定政策施行优先次序和提高资源配置的有效性。

从 1988 年确定建立统一卫生系统到政策落地施行经过了三个阶段。第一阶段从 1988~1990 年，实施重点是颁布基础法律和规范，包括《国家卫生法》（National Health Law）以及相应的代号为 8080/90 和 8142/90 的两部法律的颁布，将国家医疗服务和社会保障协会由国家社会保障部划归国家卫生部管理，将医疗卫生系统管理权限下放到州政府层级和建立社会组织参与管理的机制。第二阶段从 1991~1995 年，重点是确定系统机构、筹资、运行的细节，包括服务提供的多渠道化和中央资金的分配原则。第三阶段是从 1996~2000 年，重点是解决在强化初级诊疗过程中出现的医疗服务组织和供给问题。第四阶段从 2000 年年中开始，重点是通过改革系统管理、合同外包和付费机制、建立地区医疗服务网络来提高医疗服务供给的效率和质量。

五、具体内容

（一）筹资体制

在 1988 年之前，巴西国家卫生经费主要来源于由雇主和雇员缴费建立的社会保障基金，国家卫生部的经费支持只占极少一部分。新制度开辟了新的筹资渠道，要求企业以总收入和净利润为基数强制缴费。从 1993 年开始，新制度完全依靠国家财政支持。1996 年，又增加了一项收入来源，对银行转账的征税收入。2001 年，宪法修正案将卫生经费来源确定为中央政府一般性收入，具体内容是以 1999 年卫生经费额度为基础，后一年的经费预算以前一年的经费为基础并按照国民生产总值（GNP）的增长率进行调整。同时，州政府和地方政府也被要求增加卫生经费开支，在 2004 年之前上涨到财政预算的 12% 和 15%。简言之，通过改革，巴西卫生经费开支由社会保障基金转为政府一般性预算。

（二）分散化

巴西是一个联邦制国家，划分为 27 个州和 5500 个市，地区之间存在很大差异，包括人口、经济发展水平、医疗卫生领域的技术发展水平等。新制度将统一卫生系统的管理权限和责任下放到州政府和地方政府。1991 年，国家卫生部开始权责下放，强调医疗卫生资源的地区化和对拥有能够提供中高级技术诊疗服务设备的地区进行补贴。国家卫生部负责统一卫生系统管理的中央层面,将州和地方政府相应的机构整合进入卫生秘书处。每一个机构都有一个基金账户,用来归集来自不同渠道的经费资源。国家卫生基金按照两项标准向地方政府的卫生基金转移资金:为统一卫生系统提供服务的直接付费和对提供基础医疗和疾病预防服务的人头补贴。国家卫生部负责对每一个地方机构进行评估认证,基于其实力和运转能力,决定是负责医疗卫生系统的所有服务还是只适合于提供基础医疗服务。

六、当前的制度

目前,巴西医疗卫生体系由两个部分组成:统一卫生系统和补充医疗系统。其中统一卫生系统包括所有通过公共合同外包提供医疗服务的公共部门和私营部门雇员。同时,统一卫生系统还覆盖了中央、州和地方三级政府提供的医疗服务。在覆盖的具体人群上,统一卫生系统为那些没有或低医疗服务购买能力和有高购买能力但需求更加复杂医疗服务需求的人群提供直接的医疗服务,而补充医疗系统覆盖对象主要是年纪较轻、疾病风险不高和有更高医疗服务购买力的人群。

第四节　巴西医疗保障改革效果与评价

一、改革效果

(一) 医疗保障覆盖面迅速扩大

从 1981~2009 年,巴西医疗卫生服务机构的数量从 22000 增加到 75000。事实上,同期巴西医院数量只从 6342 家上升到 6875 家且医院床位数实际上是下降的。这些医疗卫生服务机构的增加主要是得益于诊所网络的大规模扩大,其中起重要作用的是 20 世纪 80 年代推行的家庭健康战略 (family health strategy)。这种现象反映了改革所强调的强化初级诊疗服务作用的目标起到了效果。从 1988~2010 年,家庭健康队伍的规模从 4000 个增长到 31600 个,覆盖了超过一半的总人口。在覆盖面扩大的过程中,地区之间医疗卫生资源不公平分配问题得到缓解。地方政府在推动覆盖面扩大的过程中起到了主导作用。从 1985~2009 年,地方政府控制的医院床位数占比从 11% 增长到接近 50%。

(二) 卫生经费开支增加的同时筹资更加公平

从 20 世纪 80 年代开始,公共卫生经费开支快速增长,到 2010 年,实际总开支增长了 224%,按人头开支增长了 111%,这得益于同期巴西经济的良好表现和按照国民生产总值增长率调整卫生经费增长幅度的政策。与此同时,家庭健康战略的实施推动卫生经费的优化配置。从1995~2002年，中央政府针对基础医疗服务的转移支付比例从11%增加到20%。对于初级诊疗服务的重视降低了大医院的负担。此外，不同政府的筹资比例也更加优化。20世纪80年代末期，统一卫生系统建立之初，中央政府卫生经费开支的比例占据85%，随后该比例不断下降，到2009年，中央政府卫生经费开支占比下降到45%，而地方和州政府卫生经费开支占比则分别上升到28%和27%。

（三）强化了对医疗卫生系统的管理

新制度将筹资和医疗服务供给的责任下放到地方政府，建立了地方政府之间合作和协商的新机制。新改革通过建立双方和三方委员会，在中央政府监管和地方政府自治之间寻求平衡，在制度接续与制度碎片化风险之间寻求平衡。为了缓解地方政府医疗资源不足的压力，新改革在州政府和地方政府之间又建立了一个新的层级——地区医疗服务网络。此外，统一卫生体系改革和随后的政策改变了医疗服务中供方和需方的关系。20世纪80年代早期，绝大部分私人医院结算采取按服务付费模式，但公立医院仍沿用传统的总额预算模式。新制度实施后，按服务付费模式逐渐被以按病种预付费模式所取代。

二、改革评价

（一）改革增加了医疗服务需求但扩面效果不及预期

理论上，统一卫生系统的普惠型原则意味着所有人都能够享受可以负担得起的医疗卫生服务，而且通过立法确定了实现目标。从统一卫生系统医疗服务机构提供的医疗服务总量看，从1990~2009年，平均每个人的问诊量上升了70%，所享受的基础医疗服务上升更快。官方调查数据显示，从1986~2008年，在调查时点过去两周中寻求医疗服务的被调查者占比从11.3%上升到14.4%，增加了30个百分点。但是，医疗卫生服务覆盖面在改革后相比改革前并没有出现明显的改善。在一项关于常用医疗服务来源的调查中，在1981年，49%的被调查者通过社会保障或国家社会医疗救助协会获得医疗服务，19%的被调查者依靠公共卫生保健系统或免费慈善服务。到了2008年，也只有58%的被调查者是统一卫生系统的常用者。按照这个标准，统一卫生系统实现医疗卫生服务更广泛覆盖的目标并未实现。

（二）资源分配不均有所缓解但依然存在很大的供给缺口

到2009年，巴西所有州的年人均问诊量都超过了2.35次，特别是经济发展落后地区的增长最为明显。绝大部分州的统一卫生系统住院比率都出现了下降。地区之间医疗资源分配不均所导致的问诊量的差别出现了极大地缓解。特别是在健康干预项目的覆盖上，包括预防免疫、产前护理和住院服务等，基本实现了全覆盖，地区之间的差别也基本消失。但是在看病等待时间的指标上，反映了医疗服务供给依然存在很大的缺口。以癌症治疗为例，巴西2010年的官方数据表明，60%的病人需要等待很长时间才能进行疾病诊断，又进一步影响了治疗的等待时间。按照癌症治疗手段的不同，平均等待时间从 76.3 天到 113.4 天不等。这反映出巴西在初级诊疗、疾病诊断和特殊护理等方面依然存在很大的缺口，难以满足不断增长了医疗服务需求。2014 年，巴西联邦医疗委员会（Federal Medical Council）开展的一项民意调查显示：93% 的受访者认为巴西的公立和私立医疗卫生体系服务水平在中等及以下，80% 的受访者对统一卫生体系不满意。抱怨最多的是就医等待时间过长和化疗、透析和手术等复杂诊疗手段的可及性低。

（三）医疗卫生体系的效率仍然不高

统一卫生体系将更多资源投向初级诊疗服务，有利于提高医疗卫生系统的整体效率。但是，在医疗技术应用和实体医疗服务机构资源配置上，大量的高端医疗设备在配置的时候并没有从成本、质量和有效性方面进行科学衡量，导致地方政府购置的大量设备闲置。与此同时，国家卫生部又没有建立医疗技术发展应用的制度规范。此外，巴西公立医院一直处于低效率状态。2002 年，一项对巴西 428 家医院运转效率的调查显示，在 0~1 的打分上，平均分只有 0.34。导致这种低效率的原因包括医院规模小、人浮于事和现有资源的未充分使用。巴西绝大部分医院规模太小，65% 的医院床位数不到 50 张，且病床利用率也很低，所有医院的平均利用率只有 45%，专科医院的平均利用率只有 37%。

第五节　巴西医疗保障改革最新进展

一、统一卫生系统实施后的后续改革

为了加强对统一卫生系统的管理，1999 年巴西卫生部开始引进信息技术，建立市、地区、州和联邦四级计算机网络。患者原来的纸质医疗卡改换成名为"全国医疗卡"的磁卡。通过这套系统，卫生主管部门可以准确了解各地和各医院接诊的病人数量、药品的使用和需求、每个医生的业务水平和工作量，以便更合理地分配资金、采购药品和培训医务人员。

为了减小由购买药物引起的对家庭预算的影响和由于未参加统一卫生系统造成的住院费用，2004 年巴西政府启动全国"百姓药房"计划，以保证低收入居民对基本药品的需求。"百姓药房"以成本价供应近 100 种常用药品，其中包括止痛、消炎、抗菌、抗过敏药，以及治疗哮喘、高血压、糖尿病、皮肤病等巴西常见疾病的药物以及避孕药具。到了 2010 年，405 个城市设立了 521 个"百姓药房"。药房的运作得益于卫生部、州、市慈善机构之间的伙伴关系，药物由公共机构或私营部门由卫生部公开采购。在那些没有"百姓药房"的城市，人们可从其他的保障计划中获得药物。人们也可以到专门的网络药店购买药品，联邦政府和个人的负担比例是 90∶10。

为了解决医生短缺的问题，巴西政府还引进 Mais Medicos（更多医生）项目，鼓励国

内外医生到巴西偏远贫困缺乏医生的地方去工作。巴西政府还允许地方政府进行创新，部分地方政府在资源非常有限的条件下发展出一些非常成功做法，例如相邻的地区建立医疗卫生联盟进行资源共享。除了投入人力、物力，2013年，巴西政府还宣布一项新的激励措施：投入41亿美元（相当于每年医疗预算的10%）让私营公司与公立医疗机构合作，一起研发新的药物和设备。2015年，巴西政府通过一项法律：允许外国企业对巴西医院进行投资。

近几年，巴西承受着债务危机的困扰，连续两年经济下滑，极大影响了巴西社会公共支出的可持续性。在此背景下，2016年米歇尔·特梅尔（Michel Temer）新政府上台后开始对巴西的卫生、教育、社会保障和像巴西国家石油公司（Petrobras）这样的国企进行结构性改革。他提出了第PEC241号宪法修正案，对未来20年内的巴西教育及卫生支出做出了限制，改变了其前任迪尔玛·罗塞夫总统（Dilma Rousseff）增加医疗卫生供给的政策。

二、医疗卫生指标的变化

根据世界卫生组织的数据，2014年，巴西卫生开支占GDP的比例为8.3%，高于南美洲地区国家的平均水平，但是相比2013年已经开始出现下降。随着2015年和2016年巴西经济转为负增长，给巴西政府预算带来了很大压力，进一步传导到医疗卫生等政府公共开支，未来的开支压力将更大。2016年，受政府投入资源应对塞卡病毒的影响，巴西卫生开支占GDP的比例增长到8.5%。与此同时，公共卫生费用在政府开支中的占比也呈现出下降的态势。

目前，巴西总人口的75%依靠统一卫生系统，25%的人口参加私人医疗保险，但是2014年来自于政府一般性预算的公共卫生费用占比只有46%。巴西医疗卫生体系中存在着庞大的私人医疗保险产业。

2014年巴西公共卫生投入占整个医疗卫生开支的46.04%，低于OECD国家70%以上的平均水平。另外，巴西医疗卫生直付费在卫生总费用中的占比处于下降态势，尤其是自2005年以来，占比从36.71%下降到2014年的25.47%，下降超过10个百分点。

目前，巴西有大约6800家公立和私立医院、19500家诊所、500000张床位。2015年，巴西每千人拥有医生数量是1.9名，在本区域内处于低水平。本区域内的另外两个大国——墨西哥和阿根廷，同期的数据指标分别是2.3名和3.9名。2015年，巴西每千人拥有病床数为2.5张。表7-2统计了1960~2013年巴西每千人医疗资源占有量，包括医院床位数、护士和助产士数和医师数。20世纪80年代末，巴西医疗卫生体制改革后，医院床位数并没有出现明显上升，在2000年以后反而出现了明显下降。每千人拥有的护士和助产士从1990年开始一直处于稳步增长态势，从1.09名增加到1.89名。每千人拥有的医师数量一直处于上升中且上升幅度非常明显。

表 7-2　　1960~2013 年巴西每千人医疗资源占有量

年份	医院床位（张）	护士和助产士（名）	医师（名）	年份	医院床位（张）	护士和助产士（名）	医师（名）
1960	3.20	0.37	—	1987	3.56	—	—
1961	—	—	—	1988	—	1.91	—
1962	—	—	—	1989	—	—	—
1963	—	—	—	1990	3.35	1.09	0.95
1964	—	—	—	1991	—	1.00	3.19
1965	—	0.40	—	1992	—	1.15	1.15
1966	—	—	—	1993	3.50	1.17	1.27
1967	—	—	—	1994	—	1.20	1.43
1968	—	—	—	1995	—	1.24	1.59
1969	—	—	—	1996	3.11	1.27	1.87
1970	3.69	0.49	—	1997	—	1.31	2.08
1971	—	—	—	1998	—	1.30	2.31
1972	—	—	—	1999	—	1.40	2.58
1973	—	—	—	2000	—	1.15	3.84
1974	—	—	—	2001	—	1.42	3.04
1975	5.00	0.62	—	2002	2.60	1.45	3.44
1976	—	—	—	2003	—	1.50	3.73
1977	—	—	—	2004	—	1.62	3.80
1978	—	—	—	2005	2.40	1.66	3.78
1979	—	—	—	2006	—	1.69	3.76
1980	—	—	—	2007	—	1.72	6.50
1981	—	0.77	—	2008	—	1.76	6.42
1982	—	—	—	2009	2.40	1.80	—
1983	—	—	—	2010	2.40	1.79	7.29
1984	—	0.93	—	2011	2.30	1.86	—
1985	—	1.47	—	2012	2.30	—	—
1986	—	—	—	2013	—	1.89	7.60

资料来源：世界银行《世界发展指数》。

表 7-3 统计了 1995 年以来巴西医疗卫生开支情况。外部卫生资源开支在卫生总费用中的占比很小，多数年份不足 0.2%，且近期呈现下降趋势。公共卫生费用在卫生总费用中的占比不到一半，但从 2005 年以来呈现出上升态势。私人现款支付医疗费用在卫生总费用中的占比呈现缓慢下降的态势，但是 2008 年以后下降速度开始加快，相比 1995 年统

一卫生系统实施初期的接近40%，2014年已经下降到25%左右，下降了近15个百分点。私人现款支付医疗费用在私人医疗开支中的占比也处于下降态势，从2011年开始已经下降到50%以下，说明私人医疗卫生服务网络中的预付费占比在升高。公共卫生费用在GDP中的占比处于上升态势，自统一卫生系统实施以来，该比例从2.8%上升到3.8%，增加了一个百分点。总卫生费用和私人卫生费用在GDP中的占比都保持相对稳定。自2005年以来，人均卫生费用增幅明显，2005年只有391.29美元，到2010年已经接近1000美元，但是2011年以后，人均卫生费用呈现出下降趋势。自1995年以来，公共卫生费用在政府开支中的占比先下降后上升，但是近几年随着经济下滑，又出现了下降的态势。

表7-3　　　　　　　　　　1995~2014年巴西医疗卫生开支情况

年份	外部卫生资源[1]	现款支付[2]	现款支付[3]	人均卫生费用（美元现价）	私人卫生费用[4]	公共卫生费用[5]	公共卫生费用[6]	公共卫生费用[7]	总卫生费用[8]
1995	0.18	38.74	67.98	314.30	3.71	43.01	8.36	2.80	6.51
1996	0.46	41.00	68.64	346.30	4.01	40.26	8.04	2.70	6.71
1997	0.23	38.16	66.89	353.30	3.82	42.95	7.03	2.87	6.69
1998	0.34	38.37	66.89	333.47	3.76	42.64	5.63	2.80	6.56
1999	0.47	38.42	67.09	240.30	3.96	42.73	5.48	2.95	6.91
2000	0.54	37.95	63.58	262.76	4.20	40.30	4.08	2.83	7.03
2001	0.48	36.12	62.59	225.78	4.15	42.29	4.75	3.04	7.19
2002	0.46	34.61	62.52	201.09	3.95	44.64	5.00	3.18	7.13
2003	0.22	34.83	62.61	211.33	3.86	44.37	4.41	3.08	6.94
2004	0.64	33.19	62.64	254.29	3.74	47.02	5.15	3.32	7.07
2005	0.08	36.71	62.77	391.29	4.84	41.51	4.98	3.43	8.27
2006	0.12	35.98	61.82	485.39	4.86	41.80	5.17	3.49	8.36
2007	0.09	34.06	58.46	599.60	4.83	41.73	5.40	3.46	8.28
2008	0.06	31.47	56.04	716.76	4.63	43.84	5.99	3.61	8.24
2009	0.13	31.79	57.19	731.92	4.81	44.41	6.06	3.84	8.65
2010	0.27	27.32	50.40	919.67	4.48	45.80	9.90	3.79	8.27
2011	0.34	26.85	48.96	1055.14	4.44	45.17	8.24	3.65	8.09
2012	0.10	26.90	48.31	984.92	4.60	44.32	6.86	3.66	8.26
2013	0.06	25.76	46.93	993.46	4.66	45.12	7.05	3.83	8.48
2014	0.13	25.47	47.20	947.43	4.49	46.04	6.78	3.83	8.32

注：[1][2][5]表示在卫生总费用中的百分比；[4][7][8]表示占GDP的百分比；[3]表示在私人卫生开支中的百分比；[6]表示在政府开支中的百分比。

资料来源：世界银行《世界发展指数》。

第八章 德国医疗保障改革追踪研究

第一节 德国概况

截至2015年12月,德国人口8220万,比上一年增长了1.2%。这是自从1992以来人口增长最快的一年,增长主要来自于移民。① 德国老龄化势头严峻,目前高移民率也难以扭转这一趋势。据估计,从2020年起,工作年龄(20~64岁)人口将显著下降,其占总人口的比例将从2013年的61%下降至2060年的51%左右。20岁以下的年轻人将从目前的1500万人下降至2060年的1100万~1200万人,占比由18%下降至16%。与此同时,65岁及以上人口将持续增长,尤其是接下来的20年中婴儿潮一代出生的人群陆续迈入这一年龄组。2060年,65岁及以上人群将达到2200万~2300万人,占比从目前的约20%上升至32%~33%。德国人口的老龄化的另一个特征是高龄老年人数量增多:2013年,德国80岁以上人口440万人,占总人口约5%;2060年预计达到900万人,占总人口约12%~13%,换言之,届时40%的老年人都是高龄老年人②。这些因素都在研究包括医疗保障制度在内的德国社会保障制度时,必须考虑的因素。

全德雇员平均月工资为2706欧元,失业率在6%左右,青年失业率为欧洲最低。德国工业高度发达,是欧洲头号经济大国、全球第三大出口国、世界第四经济强国。2015年国内生产总值3万亿欧元③,同比增长1.7%,位列欧盟第一。2015年人均国内生产总值约3.7万欧元,财政盈余194亿欧元。2015年进出口总额为21428亿欧元,其中出口11935.5亿欧元,进口9492.5亿欧元,贸易顺差2443.1亿欧元。④

第二节 德国医疗保障制度的最新发展

总体来看,德国医疗保障制度历史悠久、机制成熟、效果良好。在世界卫生组织的评

---

① https://www.destatis.de/EN/PressServices/Press/pr/2016/08/PE16_295_12411.html.
② 德国联邦统计局,https://www.destatis.de/EN/PressServices/Press/pr/2015/04/PE15_153_12421.html.
③ 德国联邦统计局,https://www.destatis.de/EN/FactsFigures/NationalEconomyEnvironment/NationalAccounts/DomesticProduct/Tables/ImportantEconomicIndicators.html.
④ 德国联邦统计局,https://www.destatis.de/EN/FactsFigures/NationalEconomyEnvironment/ForeignTrade/Tables/OverallDevelopmentForeignTrade.pdf?__blob=publicationFile.

估中，德国医疗卫生体系的整体满意度、筹资公平性和健康保障目标实现方面都居世界前列。同时，医疗卫生总费用相对可控：目前支出约为每年3000亿欧元，占GDP的11%，低于OECD国家12%左右的均值。

一、法定医疗保险仍起着主导作用，私人医疗保险仍为辅助

（一）缴费率

现行的德国医疗保险制度以法定医疗保险为主、私人医疗保险为辅。自2009年起，德国所有国民和永久居民都必须加入法定或私人医疗保险体系。除公务人员、自雇者等个别职业类型人群外，凡是工资收入在一定限额以下的（该数额每年调整，2016年的年收入限额为56250欧元[1]）在职劳动者、退休养老金领取者等，均强制参加法定医疗保险，其没有收入来源的家属可以免费连保。法定医疗保险保费不与参保人的性别、年龄、健康状况等风险因素和连带参保家庭成员数量挂钩，而仅以参保者的负有缴费义务的收入为依据。自2015年至今，法定医疗保险缴费率统一为14.6%，其中雇主缴费率固定为7.3%。未来保费的增加将通过向参保人征收额外保费的形式实现。即如果某家医疗保险机构收不抵支，则可向其参保者追征一定百分比的额外保费。从这个角度看，以往由雇主和雇员各缴50%的状况有了微调，缴费负担稍微向雇员方转移。当然，在保险机构提高保费时，参保者有权选择更换保险机构，同时对低收入者有来自税收的补贴。这一医保融资方式的转变争议巨大。反对党和工会激烈反对，社民党甚至表示，若大选获胜将彻底收回此项改革内容。在基社盟和自民党执政联盟内部也有激烈争论，以至于在联合执政协议通过一年之后，各方才达成了妥协：自民党曾经想要完全转向与收入脱钩的人头费模式，但这一主张遭到了基社盟的强烈抵制。[2]

（二）法定医疗保险和私人医疗保险的关系

法定医保保险参保人所享受的医保待遇基本一致，与实际缴纳保费的多寡无关，充分体现社会团结互助原则。收入超过限额标准者则可选择留在法定医疗保险，也可退出法定医保加入私人医疗保险，或将私人保险作为法定保险的补充。参加法定保险者，可以选择购买私人医疗保险作为补充，以获得更好的服务，例如私人病房、更高的牙科服务报销等。德国的私人医疗保险是与法定医疗保险平行运行的一个独立完整的保险制度，并非被限制在补充保险范围内。私人保险可同时起到法定保险的替代和补充作用，这在实行全民强制性医疗保险的国家里是独一无二的。私人医疗保险保费以个体为单位，而非家庭，保费高低与参保者的风险因素以及所选择的待遇高低相关。一旦选择退出法定保险进入私保，就难以再返回法定保险了。具有参加私人保险资格的人群中超过2/3的仍然留在法定保险。私人医保机构目前有40多家，替代性的私人医

---

[1] Social Security at a Glance. German Federal Ministry of Labour and Social Affairs, 2016：75.
[2] 郑春荣，等. 德国发展报告2013. 北京：社会科学文献出版社，2013：158.

保（即参保人为符合条件且自愿退出法定医保者）覆盖了约10%的人口，其中超过半数为公务员和自雇者。

强制参加法定医疗保险的收入限额是由国家根据收入调整的计算公式确定，即由国家决定有法定义务参保法定医疗保险的人群。有资格参加私保的人只是小部分人群，实际私保对法定医疗保险构成的竞争压力和威胁并不大。同时由于德国私人医疗保险并非只起到补充作用，而是也扮演高收入人群法定保险替代的角色，即私保实际上也是实现公共政策目标的手段，因而私人保险市场受到政府的严格管制（私人保险需在国家设定的政策范围内运作、需提供不低于法定医疗保险的待遇水平、一旦转至私保就很难再转回公保、私人医保必须对疾病预防做出贡献等规定）。

（三）医疗保险待遇

各个法定医疗保险机构不仅缴费率一致，而且基本保险待遇也在最高共同自治管理机构（联邦共同委员会）的集中设定下而保持一致，所有德国民众在统一的制度框架下公平地享有基本医疗保险权益和待遇法定医疗保险提供包括预防保健、门诊、住院、康复、疾病津贴[①]等在内的全面而综合的医疗服务。保险待遇的确定由两个层次确定：宏观层面上，社会法典第五编中有原则性的规定；微观层面上，共同自治管理主体协商，决定将哪些服务纳入保险范围。在门诊部门，1989年，医师和医保机构联邦委员会——德国当时的医保最高共同自治管理机构——被赋予权力评估已存在的诊疗方法。之后其权限不断扩张，现在联邦共同委员会可以评估已存在的和新的诊疗方法，决定是否纳入公共筹资的医疗保险待遇中。联邦共同委员会所作出的指令对医生和医保机构具有共同的法律强制约束力。接下来，医疗质量和效率研究所（IQWIG）成立，该机构接受共同自治管理最高机构和联邦卫生部的委托对药物和诊疗方法进行评估，同时也自行开展评估互动。评估根据循证医学的国际标准展开，要求有高水平的研究支持其评估结果。联邦共同委员会在医保机构和医疗服务提供者等量代表的协商下、在医疗质量和效率研究所的科研支持下，确定医疗保险的基本待遇范围。由于基本保险待遇是在联邦层面上统一设定的，也保证了制度的基本公平性。

（四）卫生经费支出情况

由表8-1中数据可见，德国目前每年的医疗卫生费用总支出约为3000亿欧元，并在逐步攀升中。在医疗卫生体系的筹资总额中，来自于法定医疗保险支付的目前约占60%，来自私人医疗保险的接近10%，来自其他法定社会保险险种的约占10%。可见，绝大部分的医疗费用均通过保险给付的形式支出，有效地化解了疾病风险。目前德国完备的医疗保障制度有效地免除了国民的疾病后顾之忧。

---

① 在三年周期内，对同一种疾病支付支付最长期限78周、毛收入的70%水平的病假津贴。病假前6周，雇主仍支付全额工资。

表 8-1　　　　　　德国医疗卫生体系的筹资来源（2012～2014 年）　　　　单位：百万欧元

项目	2012 年	占比（%）	2013 年	占比（%）	2014 年	占比（%）
医疗卫生总支出	302907	100	314666	100	327951	100
一般财政支出（不计社会保障资金）	14353	4.7	14266	4.5	14769	4.5
法定医疗保险	172468	56.9	181664	57.7	191767	58.5
长期护理保险	22985	7.6	24398	7.8	25452	7.8
法定养老保险	4264	1.4	4268	1.4	4363	1.3
法定工伤保险	4899	1.6	5005	1.6	5213	1.6
私人医疗保险	27963	9.2	29039	9.2	29262	8.9
雇主	12825	4.2	13458	4.3	13938	4.3
个人自付/非营利部门等	43149	14.2	42568	13.5	43186	13.2

资料来源：德国联邦统计局，https://www.destatis.de/EN/FactsFigures/SocietyState/Health/HealthExpenditure/Tables/SourcesOfFunding.html。

二、现有医疗保险机构及参保人情况

德国法定医疗保险机构，亦即法定医疗保险的承保人，直译为"疾病基金"，是具有独立公法法人地位和相应的权利及责任的自治管理主体。由雇员与雇主代表组成管理委员会，对重大事宜进行决策；由管理委员会任命理事会，负责日常运营。其背后的运作逻辑是，雇员与雇主是保费的负担者和受益人，作为利益相关者进行自治和协商是最理想的选择。虽然名为"基金"，但又不仅仅是资金的概念；虽扮演的角色与中国语境下的"医疗保险经办机构"类似，但也绝非仅起到业务承办作用；德国医疗保险机构及其各级协会在政策设计、风险管理、购买医疗服务等方面发挥着重要作用，是医疗保险的积极规划、参与和实施者。

（一）医疗保险机构的类型

医疗保险机构的数量由 20 世纪 90 年代初的 1000 多家，缩减至如今的百余家，且有进一步缩减的趋势。截至 2016 年，德国共有六大类、118 家相互竞争的医疗保险机构作为法定医疗保险的支付方。[①] 它们分别为地方医疗保险机构（AOK）、企业医疗保险机构（BKK）、替代医疗保险机构（Ersatzkassen）、手工业者医疗保险机构（IKK）、矿工铁路及海员医疗保险机构（KBS）、农业（LKK）医疗保险机构。这些类别由可溯及不同的历史起源、各异的公私法律地位，相沿成习。然而发展至今只是保留了名称的区别，已无实质性的企业、行业或地区差别。各医保机构的业务范围从一州、若干州到全国不等。参保

---

① 截至 2016 年。http://www.gkv-spitzenverband.de/krankenversicherung/krankenversicherung_grundprinzipien/alle_gesetzlichen_krankenkassen/alle_gesetzlichen_krankenkassen.jsp.

人有在大部分医疗保险机构间自由选择参保的权力[①]，并不存在以职业、地域为标识的制度碎片。各个医保机构不仅缴费率一致，而且基本保险待遇也在联邦共同委员会的集中设定下而保持一致，所有德国民众在统一的制度框架下享受公平医保待遇。

（二）医疗保险机构的管理费

法定医疗保险机构追求资金平衡但不追求利润，管理费用全部通过提取保费支付而非通过财政拨款。自从20世纪70年代末以来，管理总费用基本维持在医疗保险机构支出额的5%左右（2015年为4.9%）。联邦保险监管局对联邦层面的医保经办机构管理费用进行监管，其他医保经办机构的运行管理费用则由各州进行监管，如违反法律规定则进行干预。参保者通过医疗保险机构与医师协会、医院协会、药商签订的协议，可以自由选择医疗服务提供者，并获得包括预防保健、门诊住院、康复、病假津贴等在内的极广泛而综合性的保障。

（三）医疗保险机构同时为长期护理保险机构

这些法定医疗保险机构同时也是长期护理保险机构。为适应人口老龄化的挑战、解决丧失活动能力人员和老年人护理问题，德国于1995年引入社会保险的第五支柱，长期护理保险，其独立于法定医疗保险但由医疗保险机构管理。长期护理保险的推出印证社会需求决定特定社会保险项目的有无。此前对年老、伤残人员的长期护理主要通过家庭进行，但在人口老龄化、家庭核心化趋势下，家庭难负此重责，需要新的风险化解机制。同时，新的社会保险项目的设立并不必然要求新建运营管理机构，而是可以利用在参保人群方面具有同质性的已有组织。

（四）参保情况

就参保人数来说，目前地方（AOK）和替代医疗保险机构（Ersatzkassen）两类占据最大市场份额（各约占35%），加总共覆盖超过5000万的人群；就医保机构的个数来说，企业医疗保险机构（BKK）居首，占总数的约80%，但规模较小，每家平均约仅覆盖10万参保人（见表8-2）。

表8-2　　各类型法定医疗保险机构数据及参保人数情况（2016年）

医疗保险机构类型	机构数（家）	机构数占比（%）	参保人数（人）	占参保人数百分比（%）	每个机构的平均参保人数（人）
地方医疗保险机构（AOK）	11	9.3	25248148	34.92	2295286
企业医疗保险机构（BKK）	93	78.8	11811475	16.72	127005

---

① 部分企业医疗保险机构和农业医疗保险机构除外。

续表

医疗保险机构类型	机构数（家）	机构数占比（%）	参保人数（人）	占参保人数百分比（%）	每个机构的平均参保人数（人）
手工业者医疗保险机构（IKK）	6	5.1	5311513	7.84	885252
农业医疗保险机构（LKK）	1	0.8	674795	1.1	674795
矿工铁路海员医疗保险机构（KBS）	1	0.8	1675666	2.52	1675666
替代医疗保险机构（VVE）	6	5.1	26727541	36.91	4454590
合计	118	100.0	71449138	100	605501

资料来源：根据联邦医疗卫生监测系统（Federal Health Monitoring）数据计算得。http://www.gbe-bund.de/。

最新数据显示，截至2016年7月，法定医疗保险共覆盖约7145万人口，比2015年增加了约70万人；其中约5515万（占参保总人数的3/4以上）为缴费参保人员，1630万为非缴费的家庭连带参保人（约占参保总人数的1/4）；约913万（占总参保人数的12.8%）为符合参加私人医疗保险条件，但仍自愿参保法定医疗保险的缴费参保人员及其家属；退休参保人员及其家庭连带参保人共计约1767万（约占参保总人数的1/4）。[①]目前法定医疗保险约覆盖85%的德国人口，历年支出占医疗卫生总支出的比例约为60%。相比较而言，患者的直接自付额在卫生总费用中的比例不到15%（见表8－3）。可见法定医疗保险在德国医疗卫生筹资体系中占据主导地位，对国民的医疗风险进行了较为充足的保障。

表8－3　　　　德国法定医疗保险参保人组成情况（2016年）

参保人类别	人数（人）	百分比（%）
法定医疗保险总参保人员	71449138	100
在职的强制参保缴费人员	32497438	45
在职自愿参保缴费人员	5853837	8
退休参保缴费人员	16802046	24
家庭连带参保人员	16295817	23

① Imagebroschuere_GKV - Spitzenverband_Einzelseiten_Englisch_2012；http://www.gbe-bund.de/oowa921-install/servlet/oowa/aw92/WS0100/_XWD_PROC？_XWD_2/1/XWD_CUBE.DRILL/_XWD_30/D.009/3064.

第三节 医疗保险制度的运行（筹资、日常管理、待遇支付等）

一、医保机构和医疗服务供给方之间的谈判机制

在德国医疗保险自治管理模式下，雇主、雇员劳资共同自治下的医疗保险机构与行政、司法、立法机构在社会保险相关事务中的权力、责任得以清晰划分和制衡，利益相关各方共同参与、民主管理。

德国医疗保险的突出特点是医保机构和医疗服务供给方的自治管理。中观层面最重要的参与者，医师协会以及联邦和州的医保机构协会，至今仍基于国家认可并授予的代表性垄断权，围绕集体性合同进行协商。谈判双方通过协商缔结合同，拟定医疗保险具体的实施细则，共同治理医疗保险系统，以保障被保险人获得适当的医疗服务，同时也使医疗行为获得适当的支付。可以说，德国法定医疗保险很大程度上是通过相互制衡的医疗保险机构和医疗服务机构间的结构化协商谈判，并以订立契约的方式得以组织和落实。[①] 谈判双方的关系是以合作和取得共识为基础的，如果达不成一致意见，通常由中立的仲裁机构裁决。国家的任务并非管制，而是为这些谈判提供制度框架、制定明确规则和进行法律监督。通过自治管理进行组织的医疗服务提供者、医疗保险机构有序参与、平等协商、协调利益、共同自治管理（见图8-1）。

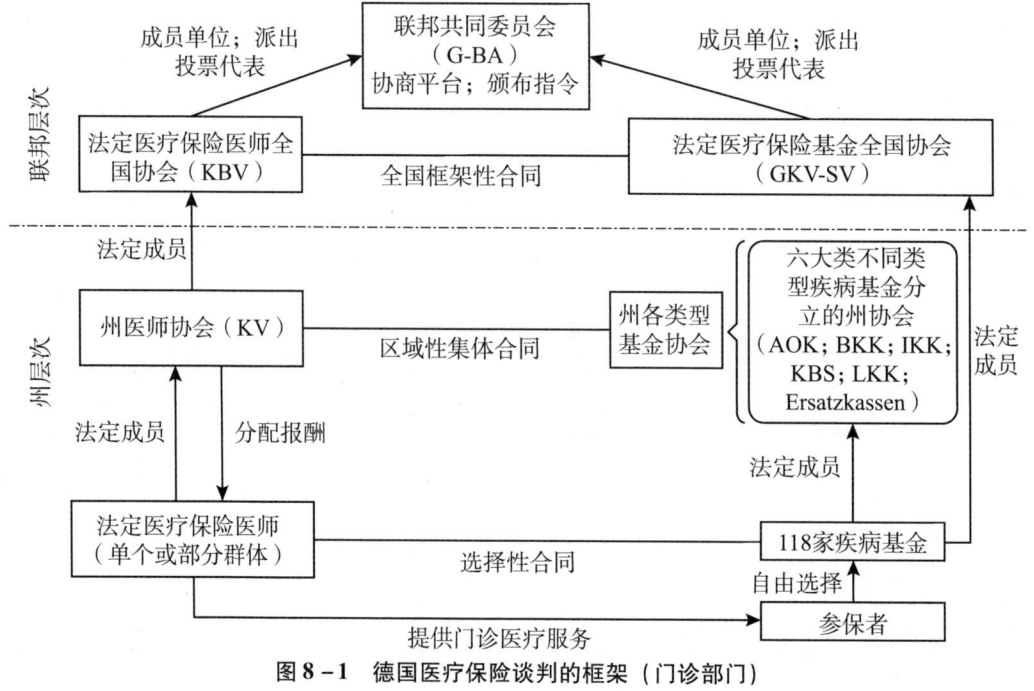

图8-1 德国医疗保险谈判的框架（门诊部门）

---

① Schwartz F W, Busse R. Fixed Budgets in the Ambulatory Care Sector: the German Experience. Fixing Health Budgets: Experience from Europe and North America, 1996: 93-108.

德国法定医疗保险机构和医疗服务提供方之间的谈判主要是基于协会层面的,以集体谈判和合同为主要特征,协商的主要内容包括了医疗服务的内容与范畴、服务价格等。实际上,这种建立在协会基础上的保险谈判机制又可以划分为两个基本层面,即联邦和地区层面。谈判层次的划分与联邦政治体系和辅助性原则一致,是一种典型的纵向分权。总体来说,联邦层面的谈判聚焦于制定框架性的规则,特别是对全德国统一的医保基本待遇范围、医疗服务质量保障措施等做出规定。地区层面的谈判则更多地依据各地实际情况和地区差别,在附加服务、地区的医师报酬规则等方面进行进一步的协商。

(一) 联邦层面

在联邦层面,医保机构和法定医疗保险医师之间协商的重要平台是联邦共同委员会。联邦共同委员会是2004年《医疗保险现代化法案》的产物,将原先独立行事的、分别负责门诊、牙医、住院治疗的工作委员会合并并且标准化,在组织结构上支持医疗服务的协调[①],为提高决策的针对性和权威性,并在执行中形成合力奠定组织基础。

1. 联邦共同委员会

作为共同自治管理组织,联邦共同委员会聚集了来自医保机构和医疗服务提供者的等量代表,受联邦卫生部的法律监督。通过联邦层面委员会的建立和在此平台上的协商,德国医疗保险自治管理系统呈现集中化的趋势,联邦政府可以施予更直接的干预。在法律框架下,该委员会就医疗服务各部门(门诊、住院、药品)颁布指令。这些指令对法定医疗保险体系中所有参与者具有共同约束力,主要关于医疗保险的待遇范围和偿付标准,并确保医疗服务充足、合适、有效率。联邦共同委员会制定的自治章程以及签发的指令都需要递交到联邦卫生部进行审核。法定医疗保险机构全国协会(GKV – SV)、医师全国协会(KBV)、牙医全国协会(KZBV)和德国医院协会(DKG)作为联邦共同委员会(G – BA)的四个成员单位,通过选派投票代表的方式参与实际决策过程。

联邦共同委员会本身以中立于医保机构和服务提供方的角色发布指令,免除了利益团体或国家监督的过度干涉,其主要运作功能在于规范,并通过具有法律强制力的指令确保所有的法定医疗保险参保人享有平等的基本医疗服务。由于联邦共同委员会的决策的普遍约束力,各医保机构间的保险待遇差别很小。一方面,有助于促进公平;另一方面,也意味着各医保机构需要选择能够增加各自竞争力的低成本治疗方法,并提供给参保者有别于其他竞争对手的、富有一定区别度的合同。

联邦共同委员会的运作资金并非来自财政预算,而是依法从医保支付项目中提取,包括医院挂号的附加费,以及门诊和牙医服务的额外费用。委员会根据自身经费预算情况确定每年的附加费用提取标准,该总额包括委员会和独立的医疗服务治疗和效率评估所的运营费用。

---

① 德国门诊和住院服务分立:私人开业医生负责门诊医疗服务;医院负责住院医疗服务,只提供非常有限的门诊服务,协调不足。

2. 联邦共同委员会的组织架构和工作机制

联邦共同委员会由决策大会和下设的若干小组委员会组成，有着严谨的工作机制。

目前决策大会设有 13 名（5 + 5 + 2 + 1）投票表决成员。其中 10 名由各方自治管理组织推选产生并代表其组织：其中 5 名来自于医保机构（医保机构联邦协会）；5 名来自于医疗服务提供者（2 名来自法定医疗保险医师全国协会，2 名来自德国医院协会，1 名来自牙医全国协会）。除了自治管理机构选派的代表外，还有 2 名中立成员和 1 名中立主席作为投票成员。主席名单需要经卫生部报德国联邦议院卫生委员会审核确定。2 名中立成员由医保机构和医疗服务提供方各推举一名。该 13 名具有投票权的成员每月召开 1~2 次决策大会，会议内容透明、对外公开，公众可以登记参加。会上将讨论和投票决策一系列议题。此外，还有 5 名患者代表参加决策大会的咨询听证，它们由患者组织和自助团体提名。这 5 名患者代表虽然不享有无投票权，但有提案权和讨论权。从委员会决策大会的结构看，医保机构与服务供给方等量代表，有助于决策的相对平衡，而奇数的总表决人数也保证了决策过程不至于陷入僵局。

在该决策大会之下，是涉及不同领域的小组委员会，为决策大会的政策制定准备意见。委员会的日常工作更加以主题为导向，设有药品、质量保障、慢性病管理项目、门诊服务、牙医、需求规划等专门委员会。每一个专门委员会都由等量的医保机构方的代表和涉及的服务供给方代表组合。

（二）州层面

在地区层面，州医师协会和医保机构及其协会，就医师－医保机构地区基本合同、附加服务、地区报销规则、地区的点数价格、药品供应、可行性评估等进行协商。地区层次的协商着眼于地区差别，如特定疾病的患病率或德国南北部地区治疗用药的习惯差异等。值得注意的是，地区层面协商的关注点是当地医师的报酬支付等财政问题，而非参保者的待遇和医疗质量。保险待遇和医疗质量在联邦层面上的统一确定可有效避免地区层面协商可能带来的待遇差距，充分保障参保人的权益公平。

在州一级层次上，各医保机构与其参保人居住地区的州医师协会商定医师报酬的预算总额，并向州医师协会进行支付，再由州医师协会按一定标准对医师提供的服务进行审核、结算，再行分配。

类似于德国联邦政治系统，联邦协会不能对州层次的谈判进行直接干预。但为了协助地方的谈判，联邦协会可以基于各州的比较给予建议，例如制定一定的总额支付调整空间，作为医保机构和州医师协会议价的参考依据。如果医保机构和医师协会不能达成共识，将由中立的调解机构处理谈判争议。

二、资金的筹集和分配

（一）医疗保险基金的收支状况

医疗保险基金绝大部分来自于雇主、雇员的缴费，目前每年的收支规模约为 2000 亿欧元（见表8-4）。2004年，联邦财政首次对医保进行补助，这在当时被作为家庭政策的一部分推出。这部分补贴是通过加征烟草税筹资的，被视作是用于支付连带参保儿童的医疗费用，但是实际两者在数额并无技术上的精算关系。财政补贴的规模每年在100亿欧元左右，相对于法定医疗保险的总收入比例尚小。

表8-4　　　　德国法定医疗保险基金的总收入和支出（1994~2015年）　　单位：十亿欧元

收支状况	1994年	2000年	2005年	2010年	2011年	2012年	2013年	2014年	2015年
总收入	118.79	133.81	145.74	175.60	183.77	189.69	195.85	204.24	212.56
总支出	117.38	133.70	143.81	175.99	179.61	184.25	194.49	205.54	213.67
保险待遇支付	111.07	125.94	134.85	164.96	168.74	173.15	182.75	193.63	202.05
管理费用支出	5.99	7.30	8.16	9.51	9.44	9.67	9.93	10.01	10.43
结余	1.11	0.10	1.68	-0.39	4.20	5.44	1.36	-1.30	-1.12

增加对健康基金的财政补助，实际上适应了外部环境和被保险人结构的新变化，是维持系统可持续性和增强制度的公平性的必然要求。最初德国法定医疗保险是仅面向产业工人的劳工保险，但现在扩大了对非就业人群的覆盖面，受益资格有普遍化的趋势，不可逆地走向了全民医疗保险。近7000万参保者中非缴费人员达到了两成多。德国实现医保全覆盖的方式并非通过为非就业人口单立系统实现，而是将他们作为连带参保人全面纳入现有统一制度框架下。这样原有的筹资模式需要调整，政府有责任以财政补贴的形式支持低收入者、非缴费人员参保。政府履行支持参保和兜底的财政责任，是医疗保险制度具有公平性和实现保护功能的前提条件。尽管对医疗保险的财政补贴增加，但医疗保险基金与财政资金还是保持独立关系，这对社保资金不受国家财政波动、不受与其他支出争夺优先性的影响意义重大。

（二）资金的筹集和分配：全国统筹的健康基金、改进风险结构平衡计划

法定医疗保险资金的筹集、管理和分配现在由政府部门通过全国统筹的健康基金操作。具体的运作机制如图8-2所示。该健康基金由联邦保险局管理，是一个建立在国家层面上的运作实体，自2009年建立以来它取代了各医保机构原有的费率厘定、保费征缴等部分职能。健康基金的资金来源为雇主、雇员缴费和财政补贴，资金首先统一集中汇入健康基金，之后依据各医保机构的参保人数，综合考虑参保者的患病率、年龄、性别等风险因素再分配给各医保机构。资金的分配基于经过改进的风险结构平衡计划，在不同的医疗保险机构间进行风险调解，更加公平合理。法定医保基金用于医师酬劳、医院、药品的支出分别约为18%、30%和18%。[①]

---

① 数据来源：联邦医疗卫生监测系统，www.gbe-bund.de。

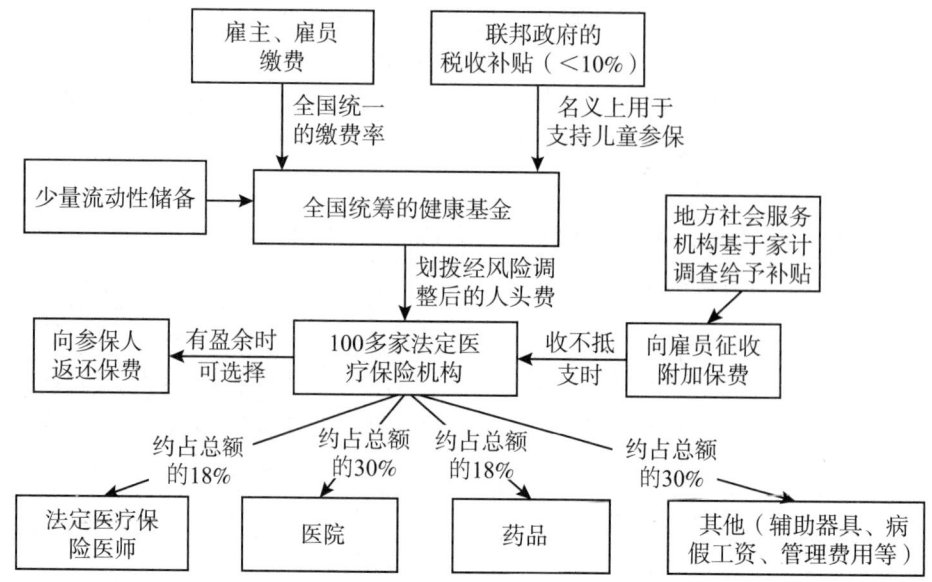

图 8-2 全国统筹健康基金（HF）的筹资与分配机制

医保机构如出现资金结余或收不抵支，则依法进行如下处理：结余可留作储备金，最低限额为月支出的25%，最高限额不得超过月支出的1.5倍。超出最高限额的结余可选择直接返还参保人，也可通过增加支付项目、引入新类型的医疗服务（家庭医生、一体化治疗等）使参保人获益，进而增强基金的竞争力。至今仅有一小部分医保机构宣称有结余或者返款。如果资金收不抵支，医保机构可直接向参保人征收定额附加保费。

健康基金的建立和一系列配套措施无疑增强了医保资金的全国统筹性和互助共济，但实质上削减了各医保机构的自治空间，曾一度遭到医保机构的抵制，他们声称健康基金可能会增加官僚程序，同时也担心丧失以往单独征缴、管理保费的财政自主权而削弱影响力。

三、医保支付制度，医疗服务支付标准

医保机构对医疗服务机构的支付补偿方式是医疗保险制度运行中的重要环节。不同的支付方式会对医疗行为、资源流向产生不同的影响。

德国的门诊与住院医疗服务分设，医药严格分业。法定医疗保险门诊服务由私人开业的全科或专科医师提供，住院治疗和日间手术服务由各种所有制形式的医院提供，药品由药店提供。门诊、住院、医药等不同医疗服务部门的支付制度也呈现差异化。本节将对德国医疗卫生服务体系和最新的医保对其支付方式做一简述。

（一）门诊部门

门诊医师形成了医师协会，是自治管理的公法法人。对门诊医师的支付方式由两步构成：第一步是医保机构协会与医师协会谈判确定总支付额；第二步是医师协会向医生进行

支付。现在采取统一值点方式对医师进行支付。医保机构和医师全国协会依托下设于联邦共同委员会的估价委员会，共同参与设计和修订门诊医疗服务的定价，制定统一费用体系。该估价委员会对保险待遇目录中的每一项门诊服务进行详细界定和描述，以点数的形式给每一项服务的相对成本权重赋值，并就每点数代表的货币价格进行协商。自2009年1月1日起，每一点数的货币指导价格固定为3.5001欧分。2010年上升为3.5048欧分。不同地区间相同服务的价格原则上一致。该估值委员会的决策结构受到联邦卫生部的审查，卫生部有权否决或修改。统一费用系统十分复杂，且争议点多。如医生和医疗保险公司间无法达成一致，由中立的仲裁委员做出决定。

（二）医院部门

近几年，私立医院的数量呈增长趋势，公立医院和教会医院数量相应减少。全德16个州医院协会，以及12个类别医院的联邦协会（如大学医院协会、教会医院协会等），组成了联邦医院协会。作为德国卫生领域自治管理体系中的重要组成部分之一，联邦医院协会代表医院方的利益，参与共同委员会的政策讨论和制定，与医保机构全国协会共同负责研究决定医院的医保支付系统。联邦医院协会由代表大会、董事会和执行办公室组成。董事会指派若干工作委员会。联邦医院协会共有雇员75人，设有10个部门，处理全德国医院有关财务管理、信息技术、医疗质量保障、法律和医疗问题等。自1949年成立以来，德国医院联邦协会与其28个成员协会紧密合作。在自治管理的医疗系统内，联邦医院协会在医院财务系统和质量保障措施上起到了重要作用。联邦医院协会的运作经费由各州医院协会分摊，缴费标准为每病床18欧元，全德共有约50万张病床。[1]

医院筹资和医师的支付是两个独立系统。医院采取二元筹资结构：各州财政负责公立医院的基础设施建设（通常以床位为标准）和设备投资；医疗保险支付医院日常运营费用。21世纪初，引入了疾病诊断相关组（DRG）支付系统，其实质是按病例组合包干预付医院费用。首先是根据病人诊断、疾病严重程度、临床服务强度等多方面因素，把疾病分成不同的病例组。目前全德国有1200组左右，基本包括了医院所有疾病。其次，在成本测算的基础上，给每个病例组确定分值。以阑尾炎为例，如果普通阑尾切割术组的分值设为1，而有并发症的阑尾切除术组，由于其医疗服务强度增加，成本提高，其分值可能就是1.2。根据病例组确定的分值全德统一。基础分为1的支付价格即是基准价格。德国在实施DRG之初，基准价格根据医院总费用的历史数据，以及达成协议的DRG数量计算来确定，每个医院有一个基准价格。从2010年起，基准价格由各州医院协会与医保机构谈判确定，主要考虑上一年的基础数值、当年医保筹资、当地物价变化等因素。因此，基准价格在一州内是统一的，但各州之间有差异。为了避免医院将病情轻的病人归入病情重的组中，以及增加案例数量等行为，德国实行总额预付下的DRG系统，即各医保机构按照病例组合，包干预付医院总额费用，此费用为医院DRG分值总和×各州的基准价格。此外，医保对医院的医疗创新还有额外支付，具体数额由各医保机构与医院协商。

---

[1] 国务院深化医药卫生体制改革领导小组简报．2012年，第471期．

实施 DRG 后，病例组价格相对固定，医院无法自主定价，而且根据德国医保基本原则，民众可自由选择医院。这样医院吸引大众的唯一办法就是加强成本管理、提高效率和医疗服务质量。一方面，医院之间的竞争加强，促使其有主动提高医疗质量的压力、动力；另一方面，为避免服务质量降低等风险，德国采取相应措施，如强制实施医院内部质量管理系统、每两年发布质量报告等。

DRG 的实施是一个复杂的系统工程，其复杂性在于基础数据的计算和分析、分值确定以及实施效果等多方面。因此，德国走的是自上而下，分步实施的路子。2000 年，以立法形式确定引入 DRG 系统。2001～2002 年为准备期，对 1200 家医院的数据进行分析，并在联邦层面制定统一的 DRG 编码和分值。2003 年 750 家医院自愿实施 DRG，2004 年在全德 2000 多家医院强制实施 DRG。直至 2005 年，经过 5 年的规划设计调试期后，德国才开始正式实施 DRG。大量的政策法规和良好的协调机制，保障了 DRG 实施过程的井然有序。

（三）药品领域

在该领域，医保机构对原有完全市场化运作的药品定价有了日益增强的影响力。传统上，药价通过市场机制确定，药品生产厂家至今也可自由定价，经过药理实验批准上市的处方药品自动进入医保报销目录。由于国家未对药价进行行政管制、医保机构也未通过谈判对其进行规制，德国的药价曾一度居欧洲之首。

目前医保机构对药品价格的控制和影响日益加强，具体表现在以下几方面：一是 1989 年《医疗保健改革法案》引入了药品和医疗辅具的参考价格。即将具有类似效果的非专利药品和医疗辅具合并组，每组制定一个平均固定价格，法定医疗保险只支付该价格内的部分，病人需自付差额，以此鼓励购药者选择限价之内的药品。虽然无硬性的药价限制措施，但参考价格体系通过减少参保者对高价药品的需求和刺激药品生产者主动降价，以此达到间接控制药品价格的作用。该参考价格系统目前由共同自治管理的最高机构（联邦共同委员会）负责。二是引入了对有专利保护的创新药品有效性的评估。原来完全由市场定价的专利药现在受制于联邦共同委员会的评估，以及医保机构全国协会与药商的协商议价。2011 年改革前，专利药由生产厂家自主制定出厂价，再由药品批发商（全德共有 10 家左右药品批发公司）加价 8% 后提供给零售药店。这部分专利药虽然在品种数量上只占 20%，但却占到药品总开支的 80%。从 2011 年起，联邦共同委员会开始对专利新药的有效性进行评估，限制药厂对专利药的自由定价，以控制专利药品开支。联邦共同委员会在新专利药上市后 6 个月内，根据药厂提供的报告，在德国医疗质量与效果研究所（IQiWG）的协助下对专利药的附加效果进行评估。如果结论为无附加疗效（新增价值），则放入其他已存在的药品组中，核定参考价格；如果结论为有附加作用，则再由药商和医保机构全国协会依据评估结果按照专利药政策谈判定价，若双方未能在半年内（即专利药上市一年内）就药价达成共识则由仲裁委员会（由厂商、医保机构全国协会代表和中立成员组成）裁定，但通常情况是能达成共识。在这一年评估和价格协商期中，这些药物都可按照药厂定价报销。新办法实施一年多，联邦共同委员会对 27 个专利药进行了评估，只有 5 个（18.5%）专利药被确认为有附加疗效。[①]三是个体医保机构还可与药商就药品折扣议价。折扣价格一般为参考价格的 80%。折扣价格对参考价格的动态调整起到参照作用，也是强化医保机构间竞争的一种方式。

第四节 相关的医疗卫生服务体系及费用支付

一、医生

德国医生分为在医院执业的专科医生和独立开业的全科、专科医生两大类，都是稳定的高收入人群。

（一）独立开业的门诊医生

州医师协会与医保机构协商医生报酬的总额，继而在其成员医生中分配资金。医师的报酬由医师协会进行分配，以确保医师的医疗行为不会过度扩张。如果社会保险的目的在于提供安全和稳定的预期，那么医疗服务的专业供给者应该有类似的就业环境，否则就容易形成恶性竞争甚至畸形的医疗资源分布，降低医疗服务质量。同时，协会间的协商使得所有的利益谈判、协调、冲突与医患双方无关，这对于和谐医患关系的建立大有裨益。

具体分为两个环节：一是医保机构对其参保人居住地区的州医师协会，进行按参保人数计算的总额预付。二是州医师协会与各个医师之间，按服务点数计算的总额预付制度。

第一步，按人头的总额预付制度。各医保机构支付给各州医师协会的经费，是基于常见病、多发病的患病率的按人头总额预付。以上一年的人头费为基数，考虑常见病、多发病发病率人群的人群分布和变化情况，参考物价指数（CPI）、工资收入变化等因素，由医保机构与各州医师协会谈判确定当年的人头费支付标准，再乘以实际参保人数，即为按人头总额预付费用。按人头总额预付费用包括基于常规服务数量的支付总额（RLV）、心理咨询费用和不可预见的费用。全德 MGV 的经费规模每年约为 300 亿欧元。由谈判确定的人头费×参保人数＝按服务点数的总额预付＋心理咨询费用＋不可预见的费用。

第二步，按服务点数的总额预付。各州医师协会按全科和专科医师提供的常规服务量予以支付总额费用。总额费用的计算流程如下：①联邦层面由评估委员会，统一制定门诊服务项目和相对权重标准。每一项门诊服务都被赋予一个由点数表示的相对成本权重，如针灸服务的点数为 25。②各州医师协会与医保经办机构，谈判确定当地的基准点数价格。如柏林州 2012 年基准点数价格为 3.5048 欧分。③各州医师协会根据上一季度的服务情况，确定每个门诊项目的常规服务量，计算总额费用（即基准价格×各项目基于常规服务量的点数总和）并按季度进行总额预付。

如果医师提供的服务是在常规服务量以内，其收入＝基准点数价格×该服务的点数×

[①] 国务院深化医药卫生体制改革领导小组简报. 2012 年，第 471 期.

提供的服务量；如果提供的服务数量超过常规服务量，则每点数的单价降低。总之，医师协会对医师基于有一定封顶线的按服务项目支付，并根据每名医生专业、病例个数变动、服务人群年龄等进行调整。这种门诊支付方式设计虽然复杂，但较为科学。第一个环节在医保机构和各州医师协会间进行，按人头的总额预付制度可以在宏观上达到控制医疗费用的目的。第二个环节在州医师协会和医师间进行，在微观上对每名医师的行为起到了控制和激励的作用。在常规服务量以内，医师的行医自主权不受干预，其报酬随服务量的增加而增长，这可充分调动医师的工作积极性。一旦超过常规服务量，基准点数价格便会贬值，这一方面使得州医师协会的支付额具有可预见性，另一方面控制了医生提供过度医疗服务。[1]

独立开业的医师收入平均水平根据其具体科室的不同有小大的差异，但专科医生的收入水平普遍高于全科医生。这也使得全科医生职业吸引力有限。

据调查[2]，收入最高的是核医学和放射科医生，年毛收入约为 30 万欧元；眼科和外科医生年毛收入为 29.7 万欧元；内科和皮肤科医生年毛收入为 24.9 万欧元；最低是儿童医生和全科医生，年毛收入为 14 万欧元。

（二）在医院执业的专科医生

在医院执业的专科医生薪酬是固定的，与医院收入的收入没有直接关系，具体以劳资协议为依据。工资标准的主要依据是医生的专业级别和工作年限及经验。从表 8-5 中可见市立医院各专业级别和不同工作年限的医生税前月工资参考值，在市立医院、大学医院、私人医院间的数值略有差异。参考标准由医院医师协会和雇主协会协商确定。

表 8-5　　　　集体劳资协议月工资（市立医院，自 2015 年 12 月 1 日起）　　　　单位：欧元

薪酬组	工龄等级					
	一级	二级	三级	四级	五级	六级
主治医生	8148	8730	—	—	—	—
高级医生	6926	7333	7916	—	—	—
专科医生	5530	5993	6400	6638	6870	7102
助理医生	4190	4427	4597	4891	5241	5386

（三）医院

1. 医院类型和规划

截至 2015 年，德国共有 1956 家医院，按医院所有权类型，可分为三类：一是公立医

---

[1] 国务院深化医药卫生体制改革领导小组简报. 2012 年，第 471 期.
[2] http://www.praktischarzt.de/arzt/gehalt-arzt/.

院，577家，由地方政府、大学负责运营，床位数约占45%，床位规模一般大于500张；二是私立非营利性医院，679家，由宗教团体或非营利组织（如红十字会）运营，床位数占35%；三是私立营利性医院，700家，由私人举办，床位数占20%左右，床位规模一般小于100张。总体床位使用率近十年来维持在77%左右[1]。近年来，德国医院的总数稳步下降，其中公立医院和非营利医院的数量和床位持续下降，私立医院的数量和床位数则持续上升（具体见表8-6）。

表8-6　　　　　　　　　　德国各类型医院变化趋势　　　　　　　　　单位：家

类型	2000年	2005年	2006年	2007年	2008年	2009年	2010年	2011年	2012年	2013年	2014年	2015年
公立医院	—	751	717	677	665	648	630	621	601	596	589	577
非营利性医院	—	818	803	790	781	769	755	746	719	706	696	679
私立医院	—	570	584	620	637	667	679	678	697	694	695	700
总数	2242	2139	2104	2087	2083	2084	2064	2045	2017	1996	1980	1956

德国对医疗卫生资源有着严格的区域规划，以确保医疗服务设施的合理布局。除极少数私立营利性医疗机构外，公立医院和大部分私人医院是在政府规划下设立的。不同类型的医院间平等竞争，享受相同的监管框架、医疗保险支付等政策。医师开设诊所必须遵循规划，其准入由州医师协会负责审批，审批实行规划限额制，额满后新申请人员必须候缺。德国医院一般只提供住院服务，近年来，开始提供少量门诊服务。

2. 医院的筹资

自1972年《医院筹资法》实施以来，医院实行以医保支付和政府投入为主的二元筹资体制，即医院的基建装修和大中型设备购买、教育、科研等费用来源于财政，而医院的日常运营费用则来自于医保支付。具体来说，地方政府（主要是州政府）承担资本投入的主要责任，对医院使用寿命在一定时期以上的设施进行购置。无论是公立医院还是私立医院，政府都有义务投入。医院资本投资的具体金额取决于州政府与每一家医院间一对一的谈判。德国政府对医院的投入机制，并不区分公立医院和私立医院，也不区分非营利性或营利性。任何类型的医院，只要在政府规划内设立，则可以申请财政投入，并可与法定医疗保险签订服务与支付合同。

医院日常运营费用，如人员、材料、药品等费用，包括平均使用寿命在3年内的资产置换和维护费用等，主要由医疗保险基金支付。付费由医院与医疗保险机构谈判完成，主要方式为按病种付费G-DRG和额外费用。

医院运营费用主要依靠法定医疗保险，按照疾病诊断相关组（DRGs）支付。支付系统是基于疾病分类系统，该系统明确地把患者治疗需求划分到诊断相关疾病组（即

---

[1] http://www.dkgev.de/media/file/23877.2016-05-17_Foliensatz_KHstatistik_ENG_Finale.pdf.

DRG)。在 G-DRG 中，分组运算使用住院部门出院病例数据库作为基础，包含一系列的指标：主要诊断、其他诊断、临床干预（医疗程序，如支架植入术）、患者个体特征（性别、年龄、新生儿体重）、出院的原因（如死亡）、住院时长等。正是由于指标细分的多样化，DRGs 的疾病组数量在 2004 年澳大利亚的 824 种基础上增加至 2012 年的 1193 种，包括约 13000 种诊断和 23000 个程序。每个 DRG 的精确定义载于不断更新的 DRG 手册中。G-DRG 应用于全部医院的各类型服务。自 2013 起也囊括了精神病、心理治疗和身心治疗。

自治管理组织认为 GDRG 系统的费用权重确定应该基于德国数据。由自治管理机构筹资的 DRG 研究所为持续改进 GDRG 系统提供支持，该所负责计算费用权重。DRG 病种的分类基于德国医院的历史费用数据。每一个版本的 GDRG 都是基于之前两年的费用和结构数据。德国的每一家医院每年必须向 DRG 研究所提供和医院相关的结构数据（如医院的机构编码和产权、床位数、实习医生数、人员费用和总费用）以及病例相关数据。病例相关的费用数据是通过来自自愿参加数据共享项目的医院的样本数据。

具体来说，法定医疗保险按照"病例组合数×州基准费率+附加费"向医院支付医疗费用。其中，病例组合是加权过的病例数，可以反映医院收治病人疾病的严重程度、服务强度、照顾强度和资源耗用；州基准费率根据医疗技术的发展动态调整，每年由各州医院协会和医疗保险基金地区协会进行协商确定，基准费率在统一的联邦基准费率区间。全州范围内的可比较的住院服务的价格统一，而不由于护理级别、医院结构或是其他因素而有别。地区层面的医疗保险机构需要和各医院逐个协商，确定个体附加费用或扣除费用。附加费主要针对不在 DRG 按病种付费列表里的、最新的检查和治疗方法。

第五节 最新改革动态

德国医疗保险近二十多年来的重要改革措施包括：1993 年实施的《医疗保健结构法》改变了医保机构间原有的按区域或行业封闭运行的状态，允许参保人自由选择医保机构，从而首次将竞争机制引入各个医保机构间。随着兼并重组趋势的加剧，医保机构的数量逐年减少，呈现收敛性发展的趋势。2000 年《法定医疗保险改革法》逐步引入按病种付费（从 2003 年起）作为医保对医院的结算方式。2007 年出台的《法定医疗保险竞争加强法》推行了全民强制医疗保险，德国所有国民和永久居民都必须加入法定或私人医疗保险体系。财务方面，统一了缴费率，建立了全国统筹的健康基金，充分考虑医保机构的风险结构，为其提供更为公平的资金分配。

历经一百多年的发展，德国医疗保障制度已经趋于稳定和定型。近几年的重大结构调整鲜见。2016 年值得关注的改革是，德国立法全面推进医疗数字化，出台了《安全数字通信和医疗应用法（E-Health-Gesetz 电子健康法）》。法案内容包括积极推行电子医保卡（记载病人个人信息：过敏史、既有病症、接受过的治疗、处方等）；增强用药安全性，避免突然改变处方药给病人带来的危险和副作用；推行远程医疗；加快医生、医保机构、药店与医院之间的远程通信设施建设等。德国推进医疗数字化受到阻力。例如，医生反对，担心"因不熟悉数字化办公，而产生工作失误"；数据信息泄露，病人的隐私会遭到损害。不过，德国已通过立法形式全面推进医疗数字化进程。新法案明确规定，对于拖延德国医疗数字化进程的医生和相关医疗保险机构，将予处罚措施。

第九章 墨西哥医疗保障改革追踪研究

第一节 墨西哥基本情况

一、地理人口

墨西哥位于北美洲南部，拉丁美洲西北端，其面积近200万平方公里，是拉丁美洲第三大国，仅次于巴西与阿根廷，位居世界第十四位。墨西哥与美国接壤，在美国西南部，西临太平洋加利福尼亚湾，东临墨西哥湾。全国划分为31个州和1个联邦区（墨西哥城）。

根据联合国人口司的数据，2016年墨西哥总人口数约为1.2863亿人，比上年增长1.27%，人口密度每平方公里约为66人，城镇化率78.3%。目前，墨西哥人口的平均年增长率约为1.3%，按照联合国人口司中方案下的预测（见图9-1），其总人口将保持持续增长，在2062年达到峰值1.6615亿人，然后呈现缓慢下降趋势。墨西哥目前总和生育率约为2.29，粗出生率约为19‰，粗死亡率约为4.8‰，初生婴儿死亡率约为19‰，人口预期寿命约为77.7岁。

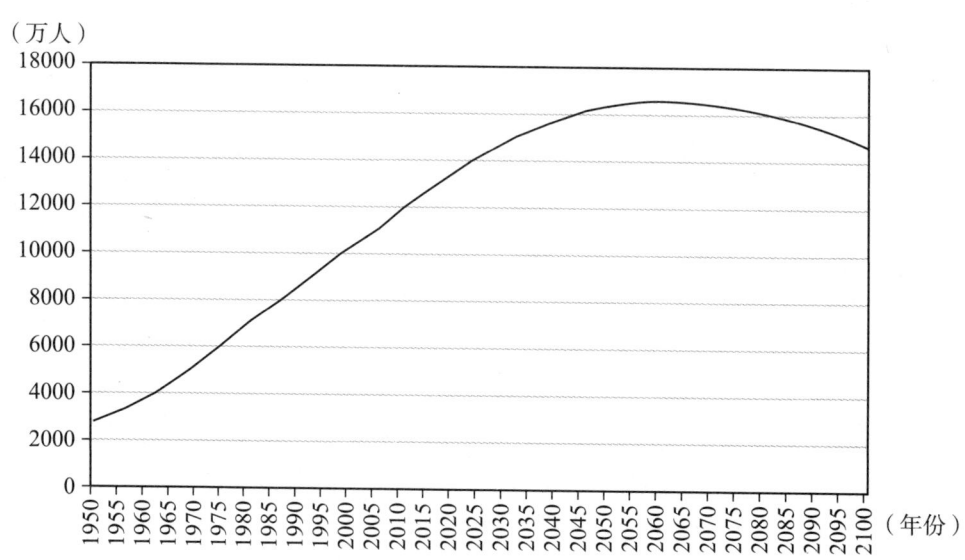

图9-1 墨西哥总人口数

注：2015年及以后数据为中方案（medium variant）下的预测数据。
资料来源：联合国人口司《2015年世界人口展望》。

墨西哥的总人口抚养比①曾经在1960年左右出现了一个小高峰,超过100%,目前处于下降趋势,但是从2030年左右开始,总人口抚养比将出现回升(见图9-2)。从1960年以来,少儿抚养比出现了剧烈下降,直到2060年才稳定在20%的水平。目前,墨西哥人口的年龄中位数是27岁,依然是一个年轻的国家。自20世纪50年代以来,墨西哥老年抚养比一直稳定在10%以下的低水平上,但是从2020年之后,老年抚养比将呈现出加速上升的态势,从而带来人口总抚养比持续回升,在2080年左右超过80%。

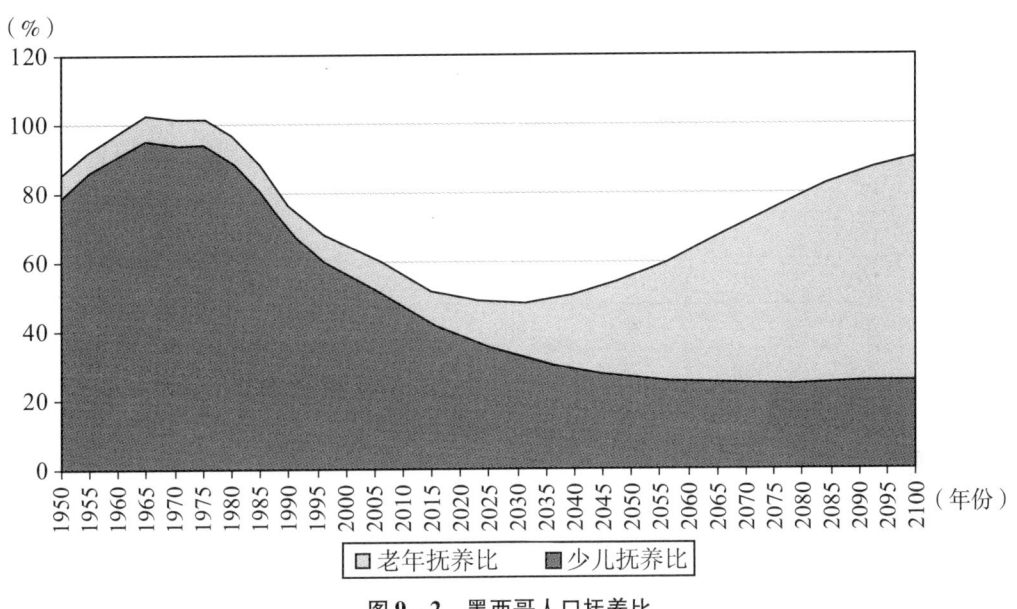

图9-2 墨西哥人口抚养比

注:2015年及以后数据为中方案(medium variant)下的预测数据。
资料来源:联合国人口司《2015年世界人口展望》。

二、社会经济

墨西哥是拉丁美洲第二大经济体,北美自由贸易区成员,并于1994年加入经合组织(OECD),是该组织在拉丁美洲的第一个成员,同时也是二十国集团成员。世界银行将墨西哥归入中高收入国家。

20世纪80年代初,墨西哥遭遇了最严重的经济衰退,本币大幅贬值,失业率飙升,实际收入剧烈下降。GDP下滑严重,从1981年的2501亿美元不断下滑到1986年的1294亿美元(见表9-1)。最近几年,拉美整体经济发展萎靡不振,尤其是区域内的最大经济体巴西和第三大经济体阿根廷先后遭遇经济危机,拖累了整个地区的经济增长。2012年以来拉美经济增长开始减速,2014~2016年连续三年地区经济增长低于经合组织

---

① 此处的总人口抚养比是指0~14岁人口和65岁及以上人口之和占15~64岁人口的比例,下文的老年人口抚养比和少儿人口抚养比相应的分别为65岁及以上人口和0~14岁人口占15~64岁人口的比例。

(OECD)成员国均值。在拉美国家普遍面临经济寒冬的时候,墨西哥却成为增幅最高的国家之一。2016年,拉美整体经济预期将出现0.5%的衰退,但墨西哥却能维持正增长,全年增长预计为2.6%。其他增长较快的国家还包括:秘鲁(3.6%)、巴拉圭(3.1%)、哥伦比亚(2.4%)。拉美地区内部呈现差异,安第斯国家,如秘鲁、哥伦比亚、智利继续应对外部不利环境的调整进程,出口收入减少。但是域内最大经济体巴西和第三大经济体阿根廷GDP预计将分别下降3%和0.4%。2017年墨西哥GDP预计增长3%。

表9-1   1960~2015年墨西哥GDP与人均GDP

年份	GDP（亿美元）	人均GDP（美元）	年份	GDP（亿美元）	人均GDP（美元）	年份	GDP（亿美元）	人均GDP（美元）
1960	131	342	1979	1345	1988	1998	5020	5039
1961	142	359	1980	1944	2803	1999	5795	5722
1962	152	374	1981	2501	3525	2000	6836	6650
1963	169	404	1982	1737	2395	2001	7247	6952
1964	201	464	1983	1489	2008	2002	7416	7024
1965	218	489	1984	1756	2319	2003	7133	6673
1966	243	529	1985	1845	2386	2004	7703	7115
1967	266	560	1986	1294	1640	2005	8663	7894
1968	294	601	1987	1403	1741	2006	9653	8666
1969	325	645	1988	1831	2227	2007	10435	9223
1970	355	683	1989	2230	2658	2008	11013	9579
1971	392	730	1990	2627	3069	2009	8949	7661
1972	452	814	1991	3145	3600	2010	10511	8861
1973	553	965	1992	3636	4080	2011	11712	9730
1974	720	1218	1993	5040	5545	2012	11866	9721
1975	880	1446	1994	5273	5691	2013	12618	10197
1976	890	1422	1995	3438	3641	2014	12979	10351
1977	818	1272	1996	3974	4132	2015	11443	9009
1978	1025	1553	1997	4806	4907			

资料来源:世界银行《世界发展指数》。

目前,墨西哥经济面临的最大威胁是本币贬值。进入2016年仅两个月,墨西哥比索大跌近9%,高居同期主要货币跌幅榜首,而在过去18个月中已经出现了高达31%的下滑。2016年9月末,墨西哥比索汇率持续下跌,对美元汇率贬值幅度一度达9%,甚至首次跌破1美元兑换20墨比索大关,刷新了历史低位。这使得墨比索成为2016年除英镑以外表现最糟糕的货币之一。墨比索贬值也招来了庞大的政府债务。墨西哥财政部预计,如果墨比索汇率保持在1美元兑换20墨比索的状态甚至更高,墨西哥公共部门债务占国内生产总值的比重将升至 50.5%，同时将导致金融成本占国内生产总值的比重升至 2.7%。

根据拉美和加勒比经济委员会（CEPAL）的数据，受各国经济形势影响，2016 年拉美地区内失业可能增加，增加就业疲弱，新增就业减少，就业质量下降，城市失业率可能超过 7%，高于上年的 6.5%。区域内的最大经济体巴西和第三大经济体阿根廷都面临严重的失业问题。根据巴西统计局公布的数据，2016 年 6~8 月失业率高达 11.8%，不仅高于 3~5 月的 11.2%，且与上年同期的 8.7% 相比更是大幅飙升。阿根廷国家统计局公布的数据显示，2016 年二季度失业率为 9.3%，29 岁以下青年失业率更高达 18.9%。墨西哥的失业状况要明显好于巴西和阿根廷，自 2011 年以来一直保持在 5% 以下，且存在继续下降的良性趋势（见图 9-3）。

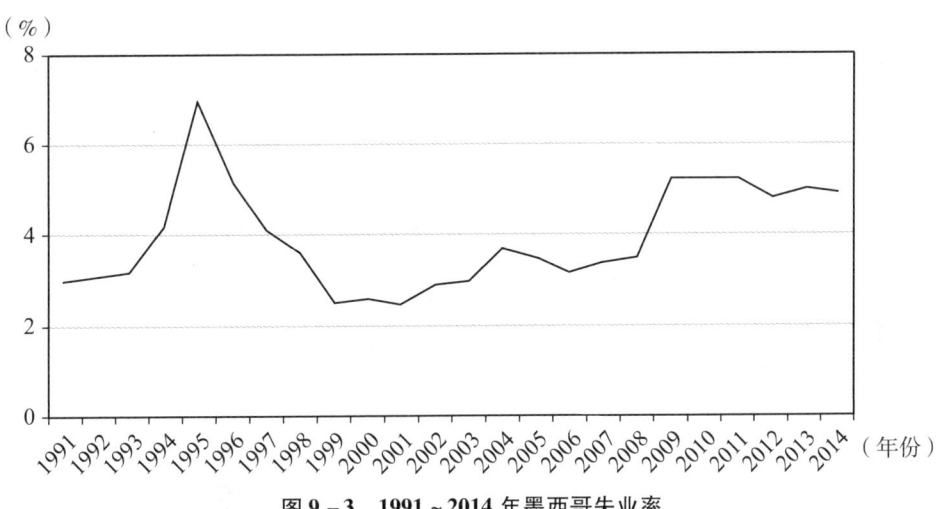

图 9-3　1991~2014 年墨西哥失业率

资料来源：世界银行《世界发展指数》。

第二节　墨西哥社会保障体系

一、养老保障

墨西哥的养老保障始于 1943 年开始实施的养老保险计划，1973 年进行了改革，在 1995 年引入个人账户并于 1997 年开始实施，2004 年又在整个系统内增加了社会发展计划。养老保障体系包括老年、残障和遗属三个方面，由强制性个人账户、社会养老保险和社会救助三个部分构成，其中强制性个人账户计划覆盖私营部门雇员和合作组织成员，2007 年 4 月 1 日后开始工作的公共部门雇员进入一项特殊计划，石油工人、武装部队和特定公共部门雇员参加另外一项特殊计划，自雇者、家政工人、雇主、小农场主以及没有参加其他养老保险计划的公职人员等自愿参加计划。在社会保险和个人账户的筹资来源上，参保职工按照缴费收入的 1.125% 向老年计划供款，另外 0.625% 向残障和遗嘱计划供款。自雇参保者按照法定最低日工资分别缴纳 6.275% 和 2.375%。雇主按照缴费工资开支的 5.15% 和 1.75% 分别缴费。最低缴费基数为法定月最低工资，最高缴费基数为最低工资的 25 倍。政府的供款比例分别是 0.225% 和 0.125%。此外，最低养老金和社会支持计划全部由政府承担。

在个人账户养老金的给付资格上，包括达到 65 岁且至少缴费 1250 周或者任何年龄只要个人账户累积额达到法定最低养老金的 30%，达到 60 岁且至少缴费 1250 周的失业者，此外在 60～65 岁之间且至少缴费 1250 周的享受最低养老金。在社会养老保险的给付资格上，包括达到 65 岁且最低缴费 500 周或到 60 岁且至少缴费 500 周的失业者。残障个人账户养老金的给付资格包括失去获得正常收入能力的 75% 以上且至少参保 150 周或者失去 50%～74% 且至少参保 250 周。残障社会保险的给付资格为失去获得正常收入能力的 50% 且至少参保 150 周。遗属养老金的给付资格包括去世家属正在享受或拥有老年或残障养老金的资格，或者去世时已经至少参保 150 周。达到 65 岁但没有享受其他养老保险计划的人获得社会救助。个人账户养老金的给付包括两种选择：按计划给付和购买年金。社会养老保险的给付：个人过去 250 周的缴费平均工资的一定比例加上缴费超过 500 周以上的增量部分。残障个人账户养老金按照过去 500 周缴费平均工资的 35% 计发，残障社会保险养老金的计发方法与老年社会养老保险的计发办法相同。遗属养老金按照配偶、后代等其他对象分别计发。社会救助按照固定额度计发。

二、医疗和生育保险

墨西哥的医疗和生育保险最早开始于 1943 年建立的社会保险，1995 年进行了修订并于 1997 年开始实施，2004 年增加了社会发展方面的内容并在 2006 年进行了修订。医疗和生育保险计划包括保险和救助两个部分，其中保险部分又分为现金福利和医疗福利两个计划，且根据享受对象不同又分为在职者和退休人员两类，与强制性个人账户养老金的参保对象相同，私营部门雇员和合作组织成员强制参加，其他劳动者自愿参加。现金福利计划的筹资来源包括参保者缴纳参保工资的 0.25%，自雇者按法定最低工资缴纳 1.425%，雇主除依照自雇者标准供款外还需要按工资总额缴纳 0.70%，政府的供款比例是 0.125%，其中 0.075% 是给予退休者计划。医疗福利计划的筹资来源包括参保者以缴费工资与 3 倍最低工资标准之间的差额为基数按 0.40% 缴纳，另外按照月收入的 0.375% 向退休者计划供款。自愿参保者按照法定最低工资标准的 20.40% 供款。雇主除按照自愿参保者的标准供款之外，还需要以缴费工资与 3 倍最低工资标准之间的差额为基数缴纳 1.1%。政府按照人头每月补贴 9.30 比索。

在疾病现金福利计划的给付资格上，参保者生病前必须至少参保缴费 4 周，对于灵活就业人员则是在过去 4 个月至少参保缴费 6 周。生育现金福利计划的给付资格包括给付前 12 个月至少缴费 30 周。医疗福利计划要求是正在参保、已经退休或者是合格的被抚养人。医疗救助计划的享受资格包括在法定收入水平之下家庭的成员，或者在被保险计划覆盖地区且家庭中有孕妇或者不到 22 周岁的孩子。疾病福利计划的给付标准是按照参保者缴费收入的 60%，给付至多 52 周，某些情形下延长到 78 周。生育福利计划的给付标准是从婴儿出生前的 42 天到出生后的 42 天按照 100% 的缴费收入给付。此外，医疗福利计划还根据在职者、被抚养人划分为不同的待遇给付方式和标准。

三、家庭津贴

墨西哥家庭津贴制度也包括社会保险、强制性个人账户和社会救助三个部分，项目支持范围包括日间照料中心、婚姻津贴和现金津贴。其中日间照料中心由社会保险负担，保障范围包括在职母亲、有法定后代监护权的遗属父亲或离婚且未再婚的父亲和法定监护人，但不包括自雇者。婚姻津贴由强制性个人账户承担，覆盖范围与老年、残障和遗属养老保险制度参保者相同。个人账户资金来源与养老保障相同，由参保者、自雇者和雇主承担。社会保险资金来源于雇主缴费工资总额的 1%。社会福利部分由政府全额承担。日间照料中心为 43 天到 4 岁的儿童提供服务，婚姻补贴是由个人账户提供 30 天法定最低工资标准的一次性补贴。社会救助按照家庭组成的不同而不同，主要依据年龄小于 9 岁的儿童的数量，学龄儿童的年级和数量以及老人的数量。

四、失业保险

按照墨西哥法律，雇主需要向被解雇员工提供 3 个月工资的一次性遣散费，外加 20 天工资（每服务满一年），最长至 12 个月。向个人账户至少缴费满 5 年的失业者能够获得以下二者中的较低者：一是 90 天的工资，基准是过去 250 周的平均缴费工资；二是个人账户累积额的 11%。向个人账户缴费 3~5 年且至少两月一次缴费缴满 12 次的失业者能够获得 30 天的缴费工资，最高不超过法定最低月工资标准的 10 倍。每次获得失业保险的间隔是 5 年。失业者再就业后可以将在失业期间提取的个人账户保险金补齐，否则缴费记录将相应减少。

五、工伤保险

墨西哥工伤保险的覆盖范围包括私营部门雇员、合作组织成员和部分联邦雇员，未参加其他计划的部分公共部门雇员、自雇者、雇主、家政工人自愿参加。工伤保险缴费全部由雇主承担，按照评估风险的不同，缴纳工资总额的 0.5%~15%。最低缴费月工资基数为参保者所在地区的法定最低工资，最高基数为首都墨西哥城法定最低工资的 25 倍。工伤福利没有最低参保限制且覆盖上下班途中发生的事故。暂时性伤残福利为过去 52 周的平均月收入，从工伤第一天开始支付直至确认永久性伤残，最长不超过 52 周。永久性伤残福利包括：完全性伤残按照参保者 70% 的收入水平支付；部分性伤残又包括：伤残超过 50% 根据评估等级按照全额养老金的一定比例支付，伤残等级 26%~50% 的根据评估等级按照全额养老金的一定比例支付或者一次性支付参保者 5 年的养老金，伤残等级在 25% 及以下的一次性支付 5 年的养老金；圣诞节福利，即伤残等级超过 50% 的另外增加 15 天的个人养老金。伤残等级在工伤发生后两年内进行定级，之后按照永久性养老金计发。待遇标准每年根据物价指数进行调整。伤残人员的医疗福利预防、一般、手术和医院护理，还有药品、康复、转院、器具和矫形等。遗属福利包括配偶、子女、父母养老金和丧葬补贴等。

第三节 墨西哥医疗保障改革

一、改革历程

墨西哥医疗卫生体系第一项重要改革是 1943 年建立墨西哥社会保障协会，自此医疗卫生领域的改革进入了制度化轨道。

第二项重要改革是 1983~1988 年之间的医疗卫生体制结构化改革，致力于法制规范、结构变革和管理改革，目的是解决未被墨西哥社会保障协会覆盖的人群。20 世纪 80 年代初，墨西哥遭遇经济衰退，石油收入锐减，难以偿还外债。为获得世界银行的贷款，墨西哥按照世界银行的建议推动医疗卫生服务分散化管理和私有化，将财政责任下放到地方政府和使用者以削减政府开支来偿还外债。但是在工会的阻止下，墨西哥社会保障协会系统的改革难以推进，只有国家卫生部管理的计划得以实行。在该政策下，地方州政府根据经济发展状况的不同，承担从 20%~40% 不等的医疗卫生开支。但是改革未能成功，一方面实施进程非常缓慢，另一方面也未能实现提高效率、公平的目标，反而减少了医疗服务供给。最终在 1988 年新政府上台后废弃了改革。1994 年后又一届新政府上台后，也尝试进行分散化和私有化改革以增加医疗供给方之间的竞争，进而提高医疗服务供给效率，但最终也未能成功。

2000 年新执政党上台后，由于意识到工会组织对墨西哥社会保障协会私有化的阻挠，新政府转而寻求第三条道路。2003 年墨西哥议会通过了一项改革，建立了社会卫生保护制度（system of social protection in health），旨在通过提高公共投入提供统一的全覆盖的社会卫生系统。基于此建立了人民保险计划（seguro popular），目标是确保即使是最贫穷的人也能享受一揽子预防卫生服务、慢性病治疗和大病医疗，让没有医疗保险的人群自愿进入一项保险计划并消除医疗卫生体系内不同群体之间分割的状况，同时，提高政府的公共卫生投入。该计划最初从 2001 年开始在 5 个州试点，2003 年扩展到 24 个州，2004 年开始统一实施，逐步推进提高覆盖面，计划在 2010 年之前实现全覆盖，但是未能实现目标。在世界银行 12.5 亿美金贷款的支持，人民保险计划最终于 2012 年实现了全覆盖。从 2004 年开始实施，通过近十年的时间将约 5260 万未保险人群纳入公共医疗保险计划。

二、改革缘由

（一）碎片化

墨西哥的社会保障体系是基于就业身份划分的。最大的社会保障系统是墨西哥社会保障协会，负责所有私营单位正式部门工薪阶层的医疗保险，在2003年人民保险制度改革通过时约占总人口的40%（OECD，2005）。其次是墨西哥政府雇员社会保障协会（Mexican Institute of Social Security for Government Employees），于1960年开始实施，负责政府雇员及其家庭成员的医疗保险，2003年时约占总人口的7%。还有专门针对武装部队、海军和国家石油公司工人的单独的社会医疗保险。此外，还有几百万人购买私人医疗保险。2000年的一项普查数据表明，墨西哥18岁以上人群中有超过30%购买私人医疗保险，包括已经参加了其他社会医疗保险的群体。除此之外，国家卫生部医疗卫生系统覆盖非正式部门劳动者、失业者和为未保险者的门诊就医提供基于收入水平的差别化补贴。每个系统都有自己单独的医疗卫生体系，包括医院、诊所、药房、医护人员等，因此不同体系之间不存在竞争关系，处于碎片化和分割化的状况。

（二）覆盖范围有限

根据人口统计调查，2004年墨西哥各项社会保险机构负担的受益人是4770万，占总人口的45.4%，包括墨西哥社会保障协会、墨西哥政府雇员社会保障协会和其他负责武装部队、石油工人和海军的机构，其中墨西哥社会保障协会和墨西哥政府雇员社会保障协会分别占80%和16.7%。[1] 人民保险计划实施的第一年，即2004年，纳入了500万人。加上另外购买私人医疗保险计划的500万人，2004年墨西哥仍然有约5000万人没有任何预付费医疗保险，占总人口的近一半。自雇者、未充分就业者、失业者和那些暂时或永久离开劳动市场的劳动者及其家属只能通过国家卫生部提供的社会医疗救助享受有限的基础医疗服务，而且需要自行承担医药费。大约250万最贫困的家庭只能享受最基础的社区保健和预防医疗服务。

（三）保障水平低

20世纪90年代中期，墨西哥政府实施了一项全国卫生账户计划，该计划显示超过一半以上的全国医疗卫生总开支来源于自付费，导致了墨西哥家庭大量的因病致贫问题。2000年，据估计有300万～400万墨西哥家庭出现因病致贫。墨西哥的医疗卫生开支占GDP的比重低于拉丁美洲的平均水平且增长缓慢。1990～2000年，墨西哥的医疗卫生开支占GDP的比例从4.8%增长到5.6%，仍然低于拉美地区6.9%的平均水平。[2] 2003年，墨西哥医疗卫生开支占GDP的6.1%，人均360美金。如图9-4所示，墨西哥医疗卫生开支中自付费占比在2003年改革之前一直维持在50%以上，特别是1999～2003年之间还处于不断上升的态势。墨西哥还是OECD成员当中少数几个未实现医疗保险全覆盖或接近全覆盖的国家，而且公共医疗卫生开支在不同地区不同群体之间差异很大。2000年，世界卫生组织（WHO）卫生系统指数将墨西哥排在191个国家中的51位，但是在支出公平

---

[1] Mexico, Secretaría de Salud. Salud：México, 2004. Mexico, DF：SS, 2005.
[2] Organization for Economic Co-operation and Development. OECD Reviews of Health Systems：Mexico. Paris：OECD, 2005.

性上排在第144位。① 2003年改革之前，墨西哥的医疗保障体系的主要特点是低公共开支、私人医疗占主导、现金付费比例很高、医疗资源在不同地区和保险与未保险群体之间不公平分配、州政府医疗费用负担责任不足和医疗卫生实施投入不足。

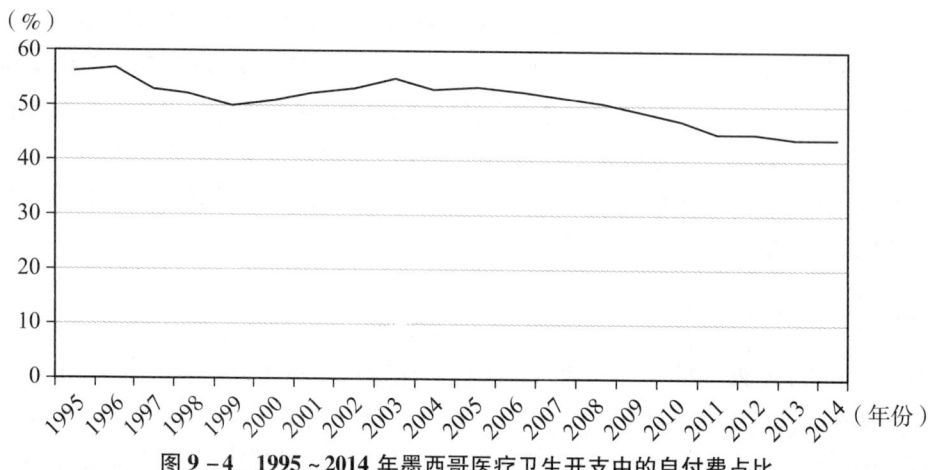

图9-4　1995~2014年墨西哥医疗卫生开支中的自付费占比

资料来源：世界银行《世界发展指数》。

三、改革目标

人民保险计划的改革目标包括：①建立一个基于社会保险的统一的医疗保障系统；②通过确定一份有效的诊疗清单来提高医疗资源的配置；③降低自付费，尤其是针对穷人；④确保中央政府投入在各州之间更公平地分配；⑤由补供方转向补需方，通过增加医疗供给方的竞争来提供医疗服务供给数量、质量和效率；⑥监督公共医疗卫生经费投入；⑦提供大病医疗保护。

四、具体内容

（一）覆盖范围

人民保险计划覆盖所有没有被其他社会保险计划覆盖的人群，包括自雇者、非正式工作者和失业者。实行自愿参加，但是改革提供了扩大覆盖范围的激励措施。地方州政府所能获得的医疗卫生服务预算取决于每年的参保人数。此外，在2010前没有参加该计划的家庭尽管仍然能获得公共医疗机构提供的医疗服务，但是需要按服务付费。

（二）筹资模式

人民保险计划实行三方筹资，包括中央政府、地方州政府补助和雇员缴费。其中，政

---

① World Health Organization. World Health Report 2000, Health Systems: Improving Performance.

府补助中有一部分为中央政府和地方州政府共同筹集部分，名为政府团结基金。中央政府每年按照参保家庭数量实行固定额度的补助，户均标准为中央地区法定日最低工资标准的15%。政府团结基金中，中央政府筹资的起步标准是上一固定额度的1.5倍，并按照实际的医疗需求、各州筹资额度和医疗卫生服务绩效相应的增加，地方州政府的筹资标准是固定额度的50%。参保家庭按照收入水平的分层实行差别化缴费。收入水平处于20%以下的家庭无须供款，收入水平处于20%~30%的家庭如果有一名5岁以下的儿童也无须缴费，在此之上的家庭实行按收入水平由低到高差别化缴费。

中央政府筹资部分和政府团结基金的8%进入大病开支保护基金，另外2%投向贫困地区的社区医疗设施，还有1%作为机动资金用来平衡各州政府之间医疗卫生开支上的波动和负担临时性需求，这些资金在中央层级统一集中管理。剩下的资金分配到各州用来负担基本医疗服务的供给，另外的补充资金包括州政府筹集的资金和参保家庭的缴费。各州政府的开支预算取决于参保家庭的数量和由医疗服务需求决定。中央政府调剂到州的资金取决于之前的拨款标准，医疗卫生开支规模和协商结果。

（三）资金运用

人民保险计划将对患者、医疗机构和公共卫生服务的资助分离。根据社会卫生保护制度的规定，资金用途划分为四个方面：①信息搜集、研究、机构发展等管理成本；②社区医疗卫生系统建设；③一般性个人医疗卫生服务；④个人大病医疗开支。其中第一类来源于国家卫生部的行政开支，第二类来源于专门的社会卫生服务基金（fund for community health services），用于健康推广、疾病免疫、流行病预防和控制等社区公共卫生服务。个人医疗服务的资金筹集基于保险原理，一是通过人民保险计划提供覆盖个人门诊和医院一般医疗需求的基础疾病医疗服务包；二是通过专门的大病开支保护基金（fund for protection against catastrophic expenditures）提供高费用的大病医疗开支。

（四）待遇标准

人民保险计划包含权利和责任章程（charter of rights and duties），里面标明了参保家庭所有能够获得的基础卫生服务统一目录（universal list of essential health services）。目前，这一清单包含了人民保险所覆盖的超过1500种基础医疗卫生服务，划分为公共卫生、门诊就医、牙医服务、紧急救护、住院和普通手术6类。基础医疗服务清单每年都会根据流行病学资料、医疗技术进步和可提供的医疗服务资源进行扩充和更新。从2004~2012年，基础医疗服务清单中包括的第一层级和第二层级的医疗卫生服务条目从91项增加到284项。这一清单包括了100%的初级诊疗项目，覆盖了公共诊所和医院95%以上的医疗服务需求。此外，人民保险还包括通过大病保护基金提供一项大病保护包，覆盖了根据开支、有效性和社会接收程度等标准确定的大病重病开支目录，目前包括18项，包括重症监护、多种癌症和艾滋病等。另外还有通过后代健康保险（health insurance for a new generation）提供专门针对儿童和新生儿的医疗卫生服务包。

人民保险计划参保者获得免费医疗服务和药品。这些医疗服务绝大部分由国家卫生部下属的医疗服务网络提供。国家卫生部拥有自己的医疗服务网络，包括诊所和医院，自行雇用医护工作人员。这个医疗服务网络同时也向其他未参保者提供服务。同时，人民保险计划还通过保险合约向其他公立和私人诊所和医院购买医疗服务。19 个州和中央特区向公立和私人诊所与医院购买医疗服务，另外 11 个州向其他计划的医疗机构购买服务，只有一个州完全由自有系统承担。绝大部分的大病医疗由私人诊疗机构承担。[①]

第四节　墨西哥医疗保障改革效果与评价

一、改革效果

（一）平衡了公共医疗卫生服务与私人医疗卫生服务之间的资金投入

墨西哥公共医疗卫生服务开支在整个医疗卫生服务开支中的占比从 2003 年的 42.2%上升到 2014 年的 51.77%，结束了自 1999 年以来不断下降的局面，且公共卫生开支在整个卫生开支中的占比从 2011 年开始超过一半（见图 9-5）。

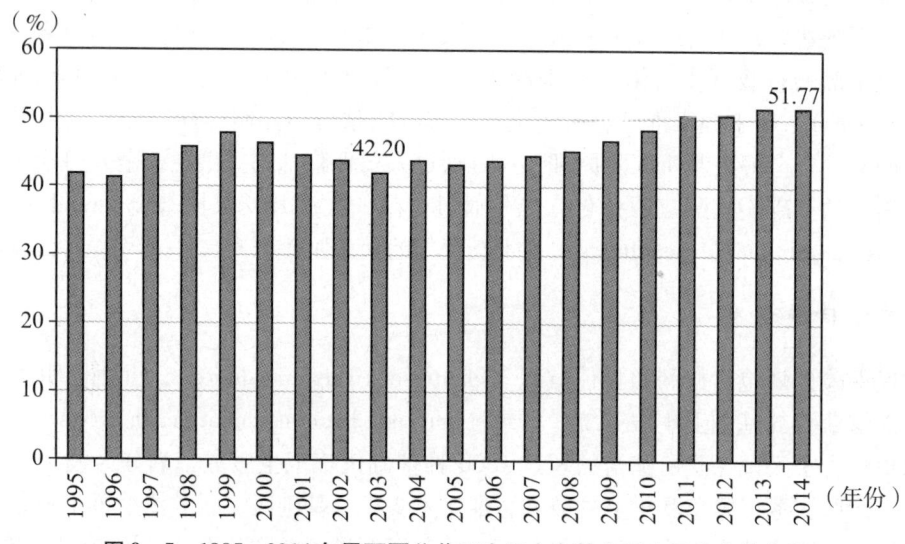

图 9-5　1995~2014 年墨西哥公共卫生开支在整个卫生开支中的占比

资料来源：世界银行《世界发展指数》。

人民保险的扩面将带来公共医疗卫生开支的进一步上涨，在此过程中，平衡了不同州政府医疗卫生开支的差距。人均公共医疗卫生投入最高的州与最低的州之间的差距从 2000 年的 5 倍下降到 4 倍。同时，医疗服务设施的投入出现了较快增长，占国家卫生部

[①] Go'nzalez-Block M A, Nigenda G. Sistema de proteccio'n social en salud evaluacio'n de procesos dministrativos. Cuernavaca (Me'xico): Instituto Nacional de Salud Pu'blica, Secretari'a de Salud, 2008: 54.

预算的比例由2000年的3.8%上升到2006年的9.1%年。① 2000~2006年，国家卫生部大幅提高了对医疗卫生基础设施的投入，增加了1054个诊所，124家普通医院和10家特殊医院。2007年人民保险的总开支是27.5亿美元，平均每个家庭377美元，其中69%由中央政府承担。从2003年开始，墨西哥私人卫生费用占GDP的比例开始下降，从接近3.5%的高点下降了0.5个百分点，而公共卫生费用的GDP占比呈现出加速上升趋势，并在2011年首次超过了私人卫生费用的GDP占比（见图9-6）。

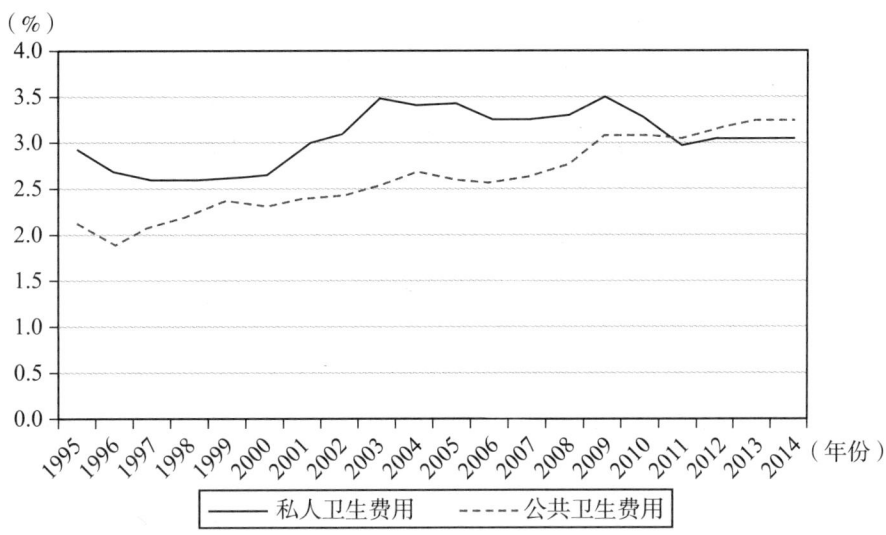

图9-6　1995~2014年墨西哥公共和私人卫生费用的GDP占比

资料来源：世界银行《世界发展指数》。

（二）覆盖面迅速扩大

人民保险计划通过建立基础卫生服务统一目录来明确参保家庭所能够享受到的医疗卫生权利，推动了覆盖面的迅速扩大。建立这样一个清单的目的包括：①作为一个蓝图，用来评估在未来实现目标所应进行的医疗设施设备和医护人员的投入；②作为一项标准，用来监控所提供的医疗卫生服务的质量，只有通过评估标准的医疗服务机构才拥有服务资格；③作为一本目录，让参保者明确自己所应享受的权利。2003年人民保险的参保家庭数量是614000个，2004年增长到1722000个，大约相当于未保险人群的13%。②

墨西哥的一项调查表明，人民保险计划覆盖的家庭当中96.6%的属于最低的20%收入水平之列，35.2%属于农村地区，8.2%属于原住民（见图9-7）。③

---

① Frenk J, Gómez-Dantés O, Marie Knaul F. The Democratization of Health in Mexico: Financial Innovations for Universal Coverage. Bulletin of the World Health Organization, 2009, 87: 542-548.

② Ministry of Health, Salud: México 2003; and Salud: México 2004, Información para la rendición de cuentas.

③ Comisión Nacional de Protección Social en Salud. Informe de resultados, 2007. Mexico, DF: CNPSS, 2008.

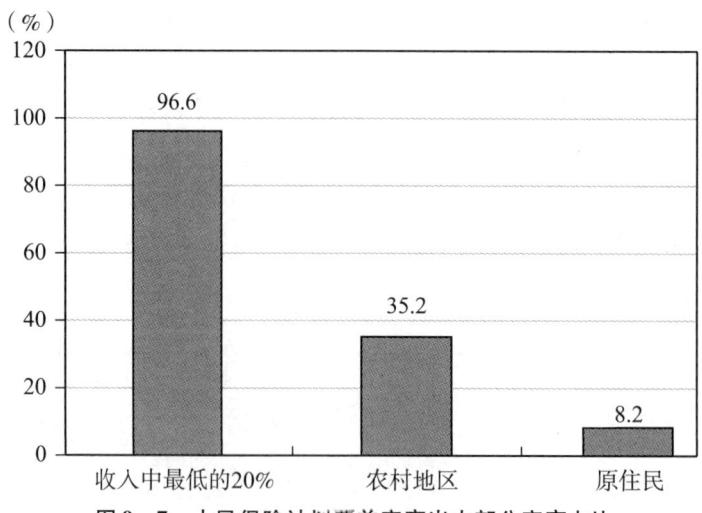

图 9-7 人民保险计划覆盖家庭当中部分家庭占比

(三) 提高了卫生设施和药品可及性

2002 年，墨西哥国家卫生部下属的诊所中只有 55% 的处方能够被满足，到了 2006 年，这一比例上升到 79%，特别是人民保险受益人的处方满足比例高达 89%，部分地区则实现了 97%。[1] 人民保险提高了慢性病的诊治率，包括糖尿病、哮喘、关节炎和高血压等，以及医药和牙科保健等。降低了患者的自付费比例，提高了大病保护，尤其是针对穷人。一项调查标明，62% 的人民保险参保者能够获得所需的医疗卫生服务，高于未参保人群的 54%，68% 的人民保险参保者能够获得免费药品，高于未参保人群的 60%，参保人群获得大病医疗保护的比例比未参保人群高 2.2～3.2 个百分点，参保人群自付费的比例相比未参保人群要低 17%～18%。[2] 从 2004 年开始，墨西哥每千人拥有护士数量止跌回升，从 2.08 名上升到 2014 年的 2.7 名，与此同时，每千人拥有医生数量也出现了加速增长，从 2001 年的 1.49 名持续上升到 2014 年的 2.23（见图 9-8）。人民保险计划的扩面直接带来了问诊量的提高，增加了医疗服务的利用率。一项研究表明，人民保险计划扩面 0%～20% 带来了医疗服务利用率从 58% 上升到 64%，而且人民保险受益人相比其他未保险群体更倾向于寻求医疗服务。[3]

---

[1] Mexico, Secretaría de Salud. Evaluación del surtimiento de medicamentos a la población afiliada al Seguro Popular de Salud. In: Secretaría de Salud. Sistema de Protección Social en Salud: evaluación de procesos. Mexico, DF: SS, 2006: 59-78.

[2] Go´nzalez - Block M A, Nigenda G. Sistema de proteccio´n social en salud evaluacio´n de procesos administrativos. Cuernavaca (Me´xico): Instituto Nacional de Salud Pu´blica, Secretarı´a de Salud, 2008: 54.

[3] Mexico, Secretaría de Salud. Utilización de servicios y trato recibido por los afiliados al Seguro Popular de Salud. In: Secretaría de Salud. Sistema de Protección Social en Salud: evaluación de procesos. Mexico, DF: Secretaría de Salud, 2006: 39-57.

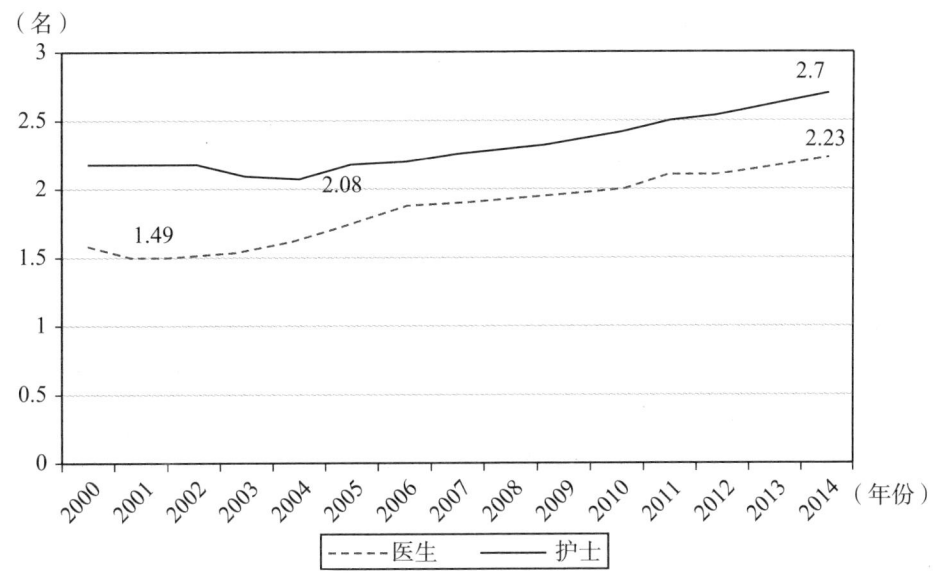

图 9-8　2000~2014 年墨西哥每千人拥有医生和护士数量

资料来源：世界银行《世界发展指数》。

二、改革评价

（一）碎片化依然严重

目前，墨西哥的医疗卫生保障分割为六个部分，包括墨西哥社会保障协会（IMSS）、墨西哥政府雇员社会保障协会（ISSSTE）、人民保险（Seguro Popular）、石油工人医疗保险（PEMEX）、武装部队医疗保险（SEDENA）、海军医疗保险（SEMAR），每个计划的覆盖范围、保障标准和管理模式都存在很大差别。每个系统都有自己独立的医疗卫生服务网络，包括医生、护士、诊所、药房、治疗中心和工会。每个计划之间彼此分割，每个计划的参保者只能在本体系的医疗服务网络内看病就医，除非产科急诊和愿意自掏腰包。这种分割性导致医疗卫生资源在各地区分布不均。另外，每个计划都有自己的诊疗标准，而且彼此之间差别很大。实际上，由于各州之间的具体情况存在很大差别，墨西哥存在 32 个不同的人民保险计划。

药品和医疗设备的使用由专门的卫生监督部门（COFEPRIS）核准，由其接收药品和设备使用申请并评估确认安全性和有效性。所有的医疗保险计划只能购买和使用经过卫生监督部门核准的药品和医疗器械。但是设备和药品采购的最终决定权由另外一个机构掌握——公共卫生委员会（General Health Council）。该委员会由不同保险计划共同组成，基于成本效益分析决定成员单位是否采购经过卫生监督部门核准的药品和医疗器械。所有六个医疗保险计划都是公共卫生委员会的成员单位，共同投票决定某一药品或设备的采购决定。即使是没有通过的药品或设备，每一个成员单位还可以自行决定是否采购。实际上，这种采购决定的主要影响因素就是预算，其直接结果是不同计划下的覆盖人群所享受的药品和医疗设备存在很大的差异。

(二) 财务不可持续性风险

人民保险的行政成本高企。墨西哥的医疗卫生系统是 30 个 OECD 国家中行政管理成本最高的国家。人民保险计划的推行中也产生了诸多行政管理上的难题：①决策分散在国家卫生部和地方卫生系统中的很大分支机构；②分散的地方州政府选择性地接收国家卫生部的指令；③中央和地方在法律法规上存在很大差别；④很多中央和地方州政府行政管理人员对于人民保险的规则和架构不熟悉；⑤未能建立评估地方州政府表现的绩效评估系统；⑥地方州政府行政管理能力欠缺。[①] 2007 年的一项报告表明，人民保险的预算难以提供其承诺的医疗卫生服务，特别是在经济危机的打击下，该计划的财务不可持续性逐渐凸显。人民保险允许私人机构提供诊疗服务，引入了竞争，弱化了公立机构的地位。由于允许公立医院医护人员到私人医疗机构兼职取酬，他们倾向于减少在人民保险下的工作量而将患者转往私人医疗机构就医。这种利益上的冲突随着私人医疗机构的扩张而不断凸显。

(三) 地区之间医疗卫生资源和开支差距

人民保险计划下的许多治疗中心存在医疗设施不足、医疗诊治水平不高的问题。由于大量的医疗卫生资源集中于首都周边地区，部分大病患者必须前往这些地区的医院就医。在此过程中产生的交通和食宿花费对于参保家庭是很大的负担，特别是这些参保家庭大部分是贫困家庭或失业人员，尤其是大量边远、贫困农村地区，享受医疗卫生服务非常有限和不足。由于地方州政府的筹资标准取决于参保家庭的数量，因此经济发展落后、贫困人口和未参保人口多的地方州政府的负担要大大高于富裕地区，从而导致了地方之间的不公平。

按照人民保险的缴费规则，大约 97% 的参保家庭无须缴费。另外地方州政府的筹资也不充足，各州之间的公共卫生投入差别很大（见表 9-2）。

表 9-2　　　　　　　　　不同地方医保开支占 GDP 的比例

地区	医保开支占 GDP 的比例
Oaxaca	超过 5%
Nayarit；Zacatecas；Tlaxcala；Baja California Sur	超过 4%
Nuevo León	超过 2%
Querétaro；Coahuila；Quintana Roo	低于 2%
Campeche	0.7%
全国	2.8%

---

① Homedes N, Ugalde A. Twenty-Five Years of Convoluted Health Reforms in Mexico. PLoS Medicine, 2009, 6 (8).

各州人均医疗卫生投入的差别也很大，人均投入最高的州的数额是 77 美元，人均投入最低的只有 2 美元，全国的人均投入标准是 24 美元。其中有 5 个州的人均投入不超过 5 美元，但也有 5 个州的人均投入超过 33 美元。[①] 此外各州之间参保人就诊比例也存在很大差距。2010 年墨西哥人口与家庭普查的数据显示，全国公共医疗保险被覆盖人群的比例是 65%，最高的 5 个州超过 76%，最低的 5 个州不到 60%。实际上，部分富裕的州相比贫穷的州获得了更多的中央财政转移支付，试图平衡不同地方之间投入差距的目标并未实现。

(四) 诊疗服务存在较大偏差

有批评者认为，人民保险计划的基础医疗服务清单既没有完全包括本国国民常见疾病，也没有覆盖所需要的疾病诊断、手术和药品。因此，如果参保人患上了清单中没有的疾病，则必须承担全部的医疗服务和药品费用。另外，清单要求所包含的绝大部分病种采用简单的低成本治疗方法。例如，一个患上水痘的病人的治疗手段是两种药品和一条医嘱。如果一名患者如果患上需要特殊护理和复杂治疗的常见病，那么必须由患者本人承担住院、诊断和治疗服务开支。按照清单要求，缺血性心脏病的患者的治疗方法不是依据慢性病，而是按照紧急救助对待。另外，清单仅覆盖 6 种癌症治疗，而实际上目前已经有超过 100 种不同的癌症。

第五节 墨西哥医疗保障改革最新进展

一、人民保险计划的后续改革

2012 年墨西哥政府提出了《国家发展计划 (2013~2018 年)》(*National Development Plan*) 和卫生部门的国家发展计划项目 (National Development Plan's program for the Health Sector)，旨在建立一个覆盖全民的真正的统一的医疗保障体系，并提出了六项具体措施：①加强健康促进、疾病预防和保护；②保证有质量的医疗卫生资源的可及性；③降低疾病感染风险；④缩小不同人群不同地区之间医疗保险覆盖差距；⑤确保医疗资源的供给和有效使用；⑥推进国家卫生部管理的国家统一医疗保险系统。在这些原则的指导下，墨西哥政府准备强化国家卫生部的职能，加强国家医疗卫生系统与私人医疗卫生系统的合作，同时加强医疗设施的监管，落实质量健康，推进疾病预防和健康的生活方式，提高医疗卫生资源的配置与管理效率。此外，在该计划下还建立了一项流动医疗服务，专门解决贫困落后地区的医疗服务需求。

墨西哥政府还致力于提高药品采购的效率。2014 年 10 月，墨西哥社会保障协会同联

---

① Carbonell J, Carbonell M. El Derecho a La Salud: UNA Propuesta Para México 49 (Universidad Nacional Autónoma de México 2013).

邦医疗卫生机构和 17 个省级机构共同发起"采购年"行动,通过合同竞标拍卖的方式降低医疗设备和药品采购价格,大约 9000 万居民获益,采购总额高达 37 亿美元。此外,墨西哥社会保障协会还采取措施确保竞标透明性、有效性和一致性,这种机制的推广促进了不同医疗保险计划在既有的预算范围内提高了经费使用的效益。

为了应对由于缺乏中央集中管理而产生的低效率和不同计划、不同地区之间医疗卫生资源分配和使用的不均衡,必须在中央层面建立一个参保者能够在不同计划和不同地区之间可携带可转移的机制。但是实施这一方案至少面临以下五个方面的问题。

(1) 结算报销。由于不同计划之间的治疗手段、费用标准和保险规则差别很大,因此,允许患者自行选择诊疗机构必须建立一项跨计划的转移接续机制,而且必须考虑不同地区和不同计划在诊疗费用上的差别。例如,参保群体最大的墨西哥社会保障协会计划在诊疗费用上一般低于其他计划,因此其他计划将倾向于将自己的诊疗服务外包给墨西哥社会保障协会系统。但是,实现这个方案将需要重新建立在不同计划之间转诊和结算的信息交互系统,既面临系统升级和维护成本,在短期内也难以一蹴而就。

(2) 病历共享。不同医疗保险计划之间的转移接续,不仅需要建立转诊、结算、报销和补偿系统,还需要实现患者的病历共享,从而避免诊疗风险和重复看病的道德风险。这就需要建立实现不同计划参保者的患者病历共享的信息系统,这不仅面临很大的技术难题,而且涉及患者的隐私。而事实上,即使在每个计划内部,也没有实现患者病历存储的电子化,因此要实现不同计划之间的信息共享难度不小。

(3) 诊疗标准。由于不同计划独自建立,使用不同的诊疗设备和药物,因此即使是针对同一种病,也可能存在不同的诊疗标准。因转移接续机制不仅需要不同计划之间的互认,还需要确保患者不会因为选择不同的诊疗机构而接收不同的诊疗标准,否则难以实现不同计划之间的结算和报销。如果患者在某一计划看病所使用的诊疗技术或药物在另外一个计划内还未应用,则会出现转移接续困难和结算报销难题。

(4) 医护人员。由于每个计划都有自己单独的医护人员雇用体系和标准,转移接续将带来医护人员的流动。工作量增大而待遇又不能改善的医护人员将流失,从而增大医疗卫生资源供给的压力。特别是,在某些地区或计划内,部分医疗机构可能会因为就业量不足而倒闭或与其他机构合并,从而造成医护人员的失业和地区医疗资源的进一步集中,这势必会引起地方政府的反对。

(5) 医疗资源。不同计划之间的转移接续将产生一笔额外的开支,这对于本已经资金不足的计划来说难以为继。不同计划之间的互认和联合将势必带来医疗卫生资源的重新分配。而由于诊疗标准的差异又必然要求医护人员接收再培训来减少这种差别。此外,由于若干个计划,例如墨西哥社会保障协会计划,既承担参保人的医疗卫生保险,也包括参保者的社会养老保险,由于要确保养老金的发放,对于本已财务不可持续的计划只能选择减少医疗保险部分的开支和资源投入,这样势必影响到整体医疗卫生资源的分布和配置问题。[1]

---

[1] Manatt. Mexican Healthcare System Challenges and Opportunities. www.manattjones.com,2015.

二、医疗卫生指标的变化

根据世界卫生组织的数据，2014年，墨西哥医疗卫生开支占GDP的比例为6.3%，2020年之前将达到GDP的6.4%。如果按计划建立覆盖全民的真正统一的医疗保险制度，需要在2018年之前另外投入GDP的3%。

2014年墨西哥医疗卫生投入占整个医疗卫生开支的51.8%，低于OECD国家70%以上的平均水平。另外，墨西哥医疗卫生直接付费的比例在所有OECD国家中也是最高的，但是自2005年以来一直处于下降趋势，从2005年的53.48%下降到了2014年的44%。

2014年，墨西哥总人口中只有4%的参加了私人医疗保险计划，所有医疗卫生费用中只有4.2%来自私人预付费保险计划。

据估计，2015年，墨西哥每千人拥有医生数量是2.4人，处于OECD国家中最低水平之列，但是在拉美地区属于较高水平，预计到2020年将达到2.6人。每千人拥有护士数量从2000年的2.2人上升到2014年的2.7人，大大低于OECD国家接近10人的平均水平。不同地区之间的医护人员资源差别很大，首都墨西哥城每千人拥有的医疗卫生专业技术人员数量超过11人，但是在Chiapas州不到4人。2014年，墨西哥每千人拥有医院床位数量是1.62张，属于OECD国家中的最低水平，OECD国家的平均水平是4.8张。

表9-3统计了2000~2014年墨西哥卫生医疗资源占有量，包括医生、护士、牙医、医学院毕业生、医院和医院床位数。每千人医生、护士和牙医数量处于缓慢上升趋势，但是每千人医学院毕业生处于下降趋势。每百万人医院数量和每千人医院床位数保持相对稳定。表9-4统计了1995年以来墨西哥医疗卫生开支情况。外部卫生资源开支在卫生总费用中的占比很小，多数年份不足0.5%，且近期呈现下降趋势。公共卫生费用在卫生总费用中的占比超过一半，且近期呈现出上升态势，私人现款支付医疗费用在卫生总费用中的占比呈现缓慢下降的态势，尤其是自2003年人民保险计划实施之后，目前已经下降到44%。私人现款支付医疗费用在私人医疗开支中的占比处于下降态势，但是依然保持在90%以上，说明私人医疗卫生服务网络中的预付费占比很低。公共卫生费用在GDP中的占比保持处于上升态势，特别是人民保险计划实施后，上升趋势稳定而明显。总卫生费用和私人卫生费用在GDP中的占比都保持相对稳定。自1995年以来，人均卫生费用增幅明显，从172.44美元增长到2014年的677.19美元，尽管最低几年增幅趋缓。自2003年公共卫生费用在政府开支中的占比中超过11%，之后一直稳定在该水平之上。从多项卫生费用开支中可以明显发现，2003年人民保险计划的实施带来了政府公共医疗卫生费用的显著提升。

表 9 – 3　　　　　　　　2000～2014 年墨西哥医疗卫生资源占有量

年份	医生（名）数量	医生每千人	护士（名）数量	护士每千人	牙医（名）数量	牙医每千人	医学院毕业生（名）数量	医学院毕业生每千人	医院（家）数量	医院每百万人	医院床位（个）数量	医院床位每千人
2000	160861	1.59	220653	2.19	9962	0.1	8923	55.47	3952	39.17	178574	1.77
2001	152064	1.49	223315	2.19	9711	0.1	8725	57.38	3978	38.95	176810	1.73
2002	155246	1.5	226034	2.19	9843	0.1	9999	64.41	4088	39.53	177548	1.72
2003	162747	1.55	220285	2.1	9675	0.09	9641	59.24	4150	39.63	177807	1.7
2004	172771	1.63	220803	2.08	10202	0.1	10885	63	4110	38.79	180623	1.7
2005	187115	1.75	233769	2.18	9957	0.09	11638	62.2	4243	39.6	181575	1.69
2006	202320	1.87	238943	2.2	10437	0.1	10619	52.49	4245	39.16	176252	1.63
2007	209772	1.91	249263	2.27	10954	0.1	11936	56.9	4344	39.57	180583	1.64
2008	216021	1.94	255607	2.3	11615	0.1	12912	59.77	4379	39.34	180953	1.63
2009	222570	1.97	265681	2.35	12101	0.11	12631	56.75	4406	39.04	179340	1.59
2010	228028	2	275171	2.41	13225	0.12	12812	56.19	4456	38.99	182007	1.59
2011	243008	2.1	290317	2.51	13451	0.12	13231	54.45	4430	38.32	183528	1.59
2012	247662	2.12	298907	2.56	13677	0.12	13618	54.99	4421	37.82	183953	1.57
2013	256281	2.17	310441	2.63	14494	0.12	11716	45.72	4436	37.55	190935	1.62
2014	265621	2.23	322524	2.7	15391	0.13	—	—	4534	38	192726	1.62

资料来源：经济合作与发展组织（OECD）医疗卫生数据库。

表 9 – 4　　　　　　　　1995～2014 年墨西哥医疗卫生开支情况

年份	外部卫生资源（%）①	现款支付（%）②	现款支付（%）③	人均卫生费用（美元现价）④	私人卫生费用（%）⑤	公共卫生费用（%）⑥	公共卫生费用（%）⑦	公共卫生费用（%）⑧	总卫生费用（%）⑧
1995	0.32	56.15	97.04	172.44	2.93	42.13	8.90	2.13	5.06
1996	0.34	56.62	96.63	179.25	2.69	41.41	7.51	1.90	4.59
1997	0.25	53.07	95.98	218.92	2.61	44.71	8.20	2.11	4.72
1998	0.88	51.79	95.94	230.92	2.59	46.02	9.26	2.21	4.80
1999	1.19	50.03	95.86	271.48	2.61	47.81	9.90	2.39	5.01
2000	1.01	50.94	95.33	322.09	2.66	46.56	10.52	2.32	4.98
2001	0.88	52.43	95.00	366.31	2.95	44.81	10.82	2.40	5.35
2002	0.65	53.23	94.83	389.26	3.10	43.87	10.70	2.42	5.52
2003	0.33	54.96	95.08	412.98	3.48	42.20	11.57	2.54	6.02
2004	0.04	53.15	94.89	446.92	3.42	43.99	12.79	2.69	6.11
2005	0.03	53.48	94.37	490.72	3.43	43.33	12.05	2.62	6.04

续表

年份	外部卫生资源(%)①	现款支付(%)②	现款支付(%)③	人均卫生费用(美元现价)	私人卫生费用(%)④	公共卫生费用(%)⑤	公共卫生费用(%)⑥	公共卫生费用(%)⑦	总卫生费用(%)⑧
2006	0.10	52.68	93.90	522.31	3.27	43.90	11.18	2.56	5.83
2007	0.16	51.64	93.33	565.53	3.27	44.67	11.33	2.64	5.92
2008	0.13	50.75	93.21	603.92	3.30	45.55	10.65	2.76	6.06
2009	0.12	49.12	92.58	526.08	3.50	46.94	11.38	3.10	6.60
2010	0.07	47.50	92.28	591.71	3.29	48.53	11.53	3.10	6.39
2011	0.76	45.05	91.47	615.10	2.98	50.75	11.36	3.07	6.04
2012	0.64	45.00	91.57	633.09	3.05	50.86	11.47	3.16	6.21
2013	0.35	44.00	91.22	673.81	3.04	51.74	11.58	3.26	6.30
2014	—	44.00	91.22	677.19	3.04	51.77	11.58	3.26	6.30

注：①②⑤表示在卫生总费用中的百分比；④⑦⑧表示占GDP的百分比；③表示在私人卫生开支中的百分比；⑥表示在政府开支中的百分比。

资料来源：世界银行《世界发展指数》。

第十章 捷克医疗保障改革追踪研究

第一节 捷克概况

捷克共和国是中欧地区的一个内陆（与德国、波兰、斯洛伐克、匈牙利接壤）国家，国土面积78866平方公里（略小于奥地利，是瑞士的两倍），2016年人口1056万[①]，其中约90%以上为捷克族，斯洛伐克族占2.9%，德意志族占1%，此外还有少量波兰族和罗姆族（吉普赛人）。官方语言为捷克语。主要宗教为罗马天主教。捷克主要人口指标见表10-1。

表10-1　　　　　　　1980~2012年捷克部分年份主要人口指标

项目	1980年	1990年	1995年	2000年	2005年	2010年	2012年
人口（百万）	10.3	10.3	10.3	10.3	10.2	10.5	10.5
女性人口比例（%）	51.5	51.5	51.4	51.3	51.3	50.9	50.8
0~14岁人口比例（%）	23.5	21.5	18.6	16.5	14.8	14.2	14.6
15~64岁人口比例（%）	62.9	65.8	68.2	69.7	71.1	70.4	69.2
65岁及以上人口比例（%）	13.5	12.7	13.2	13.8	14.1	15.4	16.2
总和生育率	2.1	1.9	1.3	1.2	1.3	1.5	1.5
毛出生率（每千人）	14.9	12.6	9.3	8.9	10.0	11.2	10.3
毛死亡率（每千人）	13.2	12.5	11.4	10.6	10.6	10.2	10.3
扶养比（%）	58.9	52.0	46.7	43.5	40.6	42.0	44.4
城市人口占比（%）	75.2	75.2	74.6	74.0	73.7	73.5	73.4
高等学校入学率（%）	16	16	21	28	49	63	65

资料来源：世界银行，2014年；捷克统计办公室。

从1993年1月1日起，捷克成为独立主权国家。1994~2002年间，捷克居民数量有

[①] 资料来自外交部网站，http://www.fmprc.gov.cn/web/gjhdq_676201/gj_676203/oz_678770/1206_679282/1206x0_679284/。

所减少，从2004年起，居住人口开始增加。全国共划分为14个州级单位，其中包括13个州和首都布拉格市。各州下设市、镇。

议会是国家最高立法机构，实行参众两院制。众议院共有议席200个，任期4年。参议院共有议席81个，任期6年，每两年改选1/3参议员。本届众议院于2013年10月选举产生，有7个政党进入议会。

2013年10月，捷克举行议会众议院选举。社会民主党在选举中获胜，并与ANO2011运动、基督教民主联盟—捷克斯洛伐克人民党组成中左三党联合政府，社会民主党主席博胡斯拉夫·索博特卡（Bohuslav Sobotka）担任总理。现政府于2014年1月29日正式就职。

捷克为中等发达国家，工业基础雄厚。2009年受国际金融危机影响经济下滑，2009年国内生产总值（GDP）下降4.5%，且政府债务剧增。由于制造业实力强劲，2010年和2011年实现恢复性增长，但2012年和2013年经济再次下滑。2013年GDP为1940亿美元，同比下降0.5%。2014年GDP为2054亿美元，同比增长2%。2015年GDP为2155亿美元，同比增长4.3%，人均GDP为20434美元。截至2016年5月底，通货膨胀率为0.4%，失业率4.9%。

2012年，婴儿死亡率为2.6‰，出生时预期寿命为男性75.1岁、女性81.3岁，见表10-2，高于欧盟十三国①的平均水平（男性72.1岁、女性79.9岁），但低于欧盟十五国。② 2011年平均水平（男性78.8岁、女性84.1岁）。导致死亡的疾病主要是循环系统疾病、恶性肿瘤、呼吸系统疾病等。酒类消费较高和较高的吸烟率，是导致循环系统疾病的主要诱因。捷克青少年中吸烟和饮酒者的比例不断升高，高于经合组织其他国家。

表10-2　　　　1980~2012年捷克部分年份出生时预期寿命和死亡率

项目	1980年	1990年	1995年	2000年	2005年	2011年	2012年
出生时预期寿命（岁）	70.3	71.5	73.3	75.2	76.2	78.1	78.2
男性出生时预期寿命（岁）	66.8	67.6	69.8	71.8	73	74.9	75.1
女性出生时预期寿命（岁）	73.9	75.5	76.8	78.6	79.3	81.2	81.3
成年男性死亡率	1641.8	1565.4	1335.6	1161.6	1076.7	918.4	903.2
成年女性死亡率	1003.4	888.4	798.8	690.5	657.2	545.5	542.6

注：死亡率为每10万居民死亡人口。
资料来源：世界卫生组织欧洲地区办公室（2014a）。

① 2004年5月1日之后加入欧盟的10个新成员国：捷克、爱沙尼亚、匈牙利、拉脱维亚、立陶宛、波兰、斯洛伐克、斯洛文尼亚、塞浦路斯、马耳他，2007年增加的罗马尼亚、保加利亚，2013年增加的克罗地亚，共计13个国家。
② 2004年5月1日前已有的欧盟成员国，即奥地利、比利时、丹麦、芬兰、法国、德国、希腊、爱尔兰、意大利、卢森堡、荷兰、葡萄牙、西班牙、瑞典、英国等15个国家。

第二节 近一年医疗保障改革政策和思路

一、医疗保障制度概况

捷克实行全民参保的法定医疗保险制度,参保者获得统一的基础待遇包(实物津贴形式由第三方提供)。医疗保险制度的资金来源为基于参保者工资或收入的保费、个人支出和财政拨款。参保者缴费由医疗保险基金进行管理,全国共有 7 个医疗保险基金(2014年)。医疗保险基金是准公共性质的自我管理机构,它们负责购买医疗服务、支付医疗费用。

医疗保健方面的主要法律法规是 20 世纪 90 年代制定的,此后没有进行重大修订。

卫生部负责拟定医疗保健政策、推动医疗保健立法、监督医疗保健系统,同时负责经营管理几家医疗护理机构。另外,卫生部还管理公共卫生网络(public health network)、国家公共卫生协会(National Institute of Public Health, SZU)、国家药品控制协会(State Institute for Drug Control, SUKL)、地方公共医疗主管部门等机构。各州、市、镇政府也承担了管理公共卫生的职能,它们自己直接管理运营不同类型的医疗护理机构,同时审查医疗服务提供机构的资质并进行备案。

各个医疗保险基金负责与医疗服务提供机构签约。有资格参加医疗保险的人员可以自愿加入任何一个医疗保险基金,并自由选择医疗服务提供机构。医疗保险基金不得通过风险选择对参保人进行限制,它们需要通过竞争赢得更多的参保人。

国防部和司法部也负责管理几家医疗护理提供机构。病假工资和其他现金津贴不从法定医疗保险中列支,而是从社会保障制度中列支,由劳动和社会事务部进行管理。

近年来的立法主要致力于提高医疗服务效率,提高效率的手段包括使用者费用、出台按疾病诊断组付费、重组公共卫生行政管理部门等措施。2011 年出台的法规加强了患者权利。药店、诊疗化验实验室以及接近 90% 的门诊医疗机构,都是私营部门经营。某些门诊专家是医院的员工,同时也在联合诊所出诊。大多数急救服务由公共部门提供。

捷克的信息技术尚处于发展阶段,也缺乏必要的手段对医疗技术进行评估。

二、医疗保障制度建立的历史背景

(一)1887~1939 年建立并初步发展

19 世纪晚期,捷克隶属于奥匈帝国,在社会保障领域受到俾斯麦模式和疾病保险的影响。1887 年,出台了针对蓝领工人的强制意外保险,次年出台疾病保险。这两部保险制度包含了残疾津贴、遗属津贴、医疗待遇和病假工资(Niklicek, 1994; Murray et al., 2007)。疾病保险的资金来源于自主运营的疾病基金,该基金由双方代表性组织组成的董事会进行管理（Niklicek, 1994）。1918 年，第一次世界大战结束之际，奥匈帝国形成了碎片化的社会保障制度，数百个机构按职业、提供社会保障津贴和疾病保险。

1918 年，捷克斯洛伐克独立之后，从奥匈帝国时期就建立起来的俾斯麦式的医疗制度得到传承和发展。1919 年，出台的法律将强制疾病保险的覆盖范围扩大到蓝领工人的家庭成员以及所有工薪劳动者，从而使农业工人首次进入疾病保险的覆盖范围。1924 年，具有里程碑意义的社会保险立法，创立了社会保险中央基金（USP），将此前碎片化的社会保险制度整合到单一的体制机制之内。社会保险中央基金负责管理两项保险的基金，新型养老保险基金和疾病基金。同时，1924 年立法限制了疾病基金的数量（约 300 个疾病基金）、提高了待遇水平，尤其是病假工资的水平。同时，将疾病基金的名称改为健康保险基金，通过更改名称使待遇的形式从现金待遇转为实物待遇。尽管健康保险基金依然进行自我管理，但是法律要求基金管理方应代表社会保险中央基金行使征缴养老保险缴费等义务。1925 年，包含医疗津贴的疾病保险开始覆盖公共部门的雇员。截至 1938 年，50%的人口加入了强制医疗保险（Necas, 1938；Niklicek, 1994）。

（二）1945～1989 年集体所有制的影响

第二次世界大战之后，在全国范围内实施的集体所有制对医疗制度的发展产生了深远的影响。1948 年，将社会保险好医疗保险统一为覆盖全民的强制保险制度。国家中央保险基金（Central National Insurance Fund）建立，包括医疗护理和疾病津贴。该项保险的缴费费率为工资的 6.8%，全部由雇主缴费（国家保险法，1948）。1952 年 1 月，出台了基于谢马什科模式的统一的国家医疗护理制度。国家负责推行人人享有医疗护理的制度，并通过税收为医疗护理提供资金。医疗护理服务免费提供给患者。同时，对医疗护理提供机构实施国有化，合并为国家卫生体制下地方分支机构。在捷克斯洛伐克的捷克境内，共有 7 个州、76 个地方行政区，每个州和地方行政区，均有国家医疗州机构或地方机构。各行政区的国家医疗地方机构包括中小型医院、诊所、健康护理中心、药房、卫生中心、工作场所医疗护理中心、急救部和护士等。各州的国家医疗地方机构包括大型医院、州健康护理中心，大多数还设有血液中心。

新的医疗制度较为高效地解决了 20 世纪 50 年代早期的医疗问题。当时，婴儿死亡率下降较快，肺结核的发病率得到有效遏制，其他重型传染病以及营养不良也得到缓解。到 60 年代初期，公众健康指标在国际上普遍属于较高的水平。

但是，20 世纪 60 年代晚期是医疗制度的转折点。集权带来的制度僵化，无法适应因生活方式改变和环境变化带来的新问题。因此，从 60 年代末到 80 年代末，无论是医疗制度还是国民健康指标都停滞不前。

（三）1989 年之后民主化进程下的医疗保健制度

1989 年之后的改革和民主化进程对捷克斯洛伐克，以及日后的捷克共和国的医疗保健制度产生了深远的影响。改革引入了自由选择医疗护理机构的原则，此前建立的庞大的州、地区国家医疗机构被撤销。20 世纪 90 年代早期，捷克医学会（Czech Medical Chamber）、捷克牙医学会（Czech Dental Chamber）、捷克药师学会（Czech Chamber of Pharmacists)以及其他医学专业化组织都进行重组。开始实施新型的家庭护理制度。同时，初级卫生保健、专科诊所、药品行业、药房和矿泉治疗机构等设施几乎全部实现私有化。

20世纪90年代初，颁布了多部法律，实施新的医疗制度，1991年的《医疗保险法》（General Health Insurance Act）、《医疗保险基金法》（Act on General Health Insurance Fund），1992年的《部门、职业、企业及其他医疗保险基金法》（Act on Departmental, Professional, Corporate, and Other Health Insurance Fund）。通过实施上述3部法律，医疗制度过渡为强制医疗保险模式，多个准公共的自主管理的医疗保险基金成为医疗服务的购买方和支付方，筹资来源为强制的以工资为主要来源的缴费。1992年成立的综合医疗保险基金（General Health Insurance Fund，VZP）是第一家具有上述性质的医疗保险基金，也是迄今为止最大的医疗保险基金。由于它的市场占有率较高，该基金也成为那些即将倒闭或破产的医疗保险基金的安全网。到1993年年初，多家医疗保险基金建立起来，他们是第一批这样的基金。到20世纪90年代中期，有27家医疗保险基金在市场上并存，但截至2014年减少为7家。

在1989年改革后的最初5年内，医疗保险基金不断地与公立和私营医疗护理机构签约，付费方式为按服务项目付费。但是，按项目付费方式导致了成本不断攀升，1997年开始在初级卫生保健支付制度中，以按人头付费作为主要付费方式，并在医院中将固定的前瞻性预算制作为辅助的付费方式。同时，在门诊专门护理方面，也将按服务项目付费的方式更改为药品预算制，并缩减了全额报销的服务项目。

2003年，在公共行政管理方面出台了重要举措，约半数医院的所有权从国家所有制转换为由14个新成立的、具有自治性质的州政府所有。在这种非集权化改革进程中，某些州决定改变医院的法律形式，即将大多数原本直属于州政府的医院整合成股份制公司，州政府拥有多数股权。

为了控制医疗费用，2008年开始实施使用者付费制度。捷克民众对该制度的反应强烈，从而使制度设计反复修改。同时，各州公共卫生管理部门的行政管理体制得到了巩固和加强，提高了经济效益。20世纪90年代末期，在医学研究领域开始研究如何在捷克共和国的医院支付系统中，实施按疾病诊断组（DRG-based）付费为基础的支付制度。从2007年开始，以所有病人疾病诊断组付费（AP – DRG）为基础的按病例付费的支付方式，占医院财政支出的比重不断提高（2013年约占医院总支出的55%~60%）。

三、组织结构

捷克共和国医疗制度的组织结构有3个显著特征：①法定医疗保险全民参保，实行强制的以工资为基数的缴费方式；②医疗服务提供方式多样化，门诊护理提供方主要是私营部门，住院服务主要由所有制形式不同的公立部门提供，由医疗保险基金与各医疗服务提供方签约；③主要参与方就医疗保险的覆盖人群和报销事宜进行谈判，政府对谈判进行监督。

各级政府机构（主要是卫生部）及他们的派出机构、医疗保险基金、专业协会（参与度较低）对医疗政策的制定具有一定的影响。医疗服务提供方协会，主要是外科医生协会，也在政策制定过程中发挥重要作用。

（一）政府及其派出机构的作用

多个政府部门共同发挥作用：议会立法，财政部负责征缴工资税，为非经济活动人口提供法定医疗保险缴费；卫生部、国防部和司法部都有自己下属的医疗机构，卫生部和财政部负有监管的职责。

卫生部是主要的行政管理机构，负责保护公共健康，支持医疗领域的科研，为医疗执业者发放执照，管理直属的医疗机构，管理自然疗法资源，监管药店和医疗技术进步，与财政部共同管理医疗保险基金，管理医疗保健信息系统。卫生部直接管理多家跨区域的大型医院，并且，所有的精神病学医院和部分治疗康复中心由卫生部管理。另外，卫生部还负责管理国家公共卫生协会（National Institute of Public Health）、国家药品控制协会（State Institute for Drug Control）。国家药品控制协会是行政管理机构，由国家预算对其拨款。协会的主管由卫生部长任免。该协会的职责是保障药品和医疗救助安全、优质及合理使用，批准并发放药品执照，并在药品上市后对其进行监管。自2008年以来，国家药品控制协会负责规定法定医疗保险可报销药品的最高价格和报销比例（此前由财长部和卫生部负责规定最高价格和报销比例）。

（二）州政府的作用

州政府负责公立和私营医疗机构的登记备案。私人诊所开业之前，医生必须在相应的州主管机构进行登记。州和市镇也拥有自己的医院。医院可以直属于州和市镇政府，也有采取股份制公司的形式，由州和市镇政府拥有多数股权。

（三）医疗保险基金的作用

医疗保险基金负责向个人或机构征缴并管理法定医疗保险缴费。医疗保险基金还负责与医疗服务提供方签约购买服务并付费。最大的医疗保险基金是捷克共和国综合医疗保险基金（VZP），它还负责管理一项特别账户。该账户的资金根据风险调控计划，用于统筹医疗保险缴费，并在全国7家医疗保险基金中间进行再分配。

（四）专业组织和病患组织的作用

在捷克，根据法律建立起来的专业化组织有3个，分别是捷克医学会、捷克牙医学会、捷克药师学会。每个职业的医师、牙医和药剂师必须加入上述3个学会之一。学会代表会员的利益，并要确保会员都具有职业操守。

除了上述3个必须加入的学会之外，还有多个自愿加入的协会。例如JEP捷克医疗协会，有35000个会员，它的宗旨是推动询证医学的发展并促进将这些知识应用到实践中（JEP捷克医疗协会，2014）。

卫生部长可以推荐学会、协会等组织加入医疗服务工作组（health services working group）。医疗服务工作组设立在卫生部内，成员来自卫生部、专业化组织、其他专业化组织、医疗保险基金、医疗器械制造商、学术界、病人组织、医院的代表，主要任务是通过谈判确定医疗服务目录（list of health services）。医疗服务工作组的具体构成人员依据谈判的具体内容确定。

捷克医疗系统最重要的工会组织是健康和社会护理工会，医生工会俱乐部—捷克医生协会、医疗护理员工专业工会等3家工会组织，他们通过集体协议与雇主进行工资谈判。

捷克的患者组织一般按具体病种分类，主要提供医疗服务、社会服务，或是将患者组织起来拥护他们的主张。这些组织多为非营利性的非政府组织，资金来自欧盟、国家或者捐赠。

私营部门包括制药商、药店、私人药店、私人执业医师以及相对较少数量的医院。捷克制药公司协会（Czech Association of Pharmaceutical Companies）和创新制药行业协会（Association of Innovative Pharmaceutical Industry）代表私营部门企业的利益。2012年，捷克共有2736个药店，多数为私人所有（捷克医疗信息和统计研究所，2013f），多数日间护理服务（81.7%）由在私人诊所执业的医生提供（捷克医疗信息和统计研究所，2013c）。

第三节 近几年支付制度介绍及改革

一、医疗支出

20世纪90年代初，捷克法定医疗保险建立以来，医疗支出迅速增长。医疗支出占国民生产总值（GDP）的比例，从1990年的4.4%，上升到1995年的6.7%；1996年下降至6.4%，在2001年之前一直保持该水平。2001~2007年，医疗支出占GDP的比例维持在6%~7%之间，但是，2008~2009年增长到8%，主要原因是经济下滑导致GDP增长乏力，同期的医疗支出却维持惯性水平甚至更高。此后下降至7.5%左右并保持稳定。2010~2011年，医疗保险基金迫于压力减少了支出。2012~2013年，医疗支出受到报销指令（reimbursement directive）的严格限制。医疗支出占GDP比例等指标，见表10-3、图10-1。

表10-3　　　　　　　　　　捷克医疗支出变化趋势

支出	1995年	2000年	2005年	2010年	2011年	2012年
按美元购买力平价计算的人均医疗支出（美元）	896	982	1474	1884	1966	2046
医疗支出占GDP的比例（%）	6.7	6.3	6.9	7.4	7.5	7.5
医疗支出年均实际增长率中位数（%）	N.A.	4.9	7.2	4.2	2.8	N.A.
公共医疗支出占比（%）	90.9	90.3	87.3	93.8	84.2	84.1
私人医疗支出占比（%）	9.1	9.4	12.5	15.8	15.8	15.9
现金支付占医疗支出的比例（%）	9.1	9.7	10.7	14.9	14.7	14.2

资料来源：世界卫生组织欧洲地区办公室（2014a）；捷克医疗信息和统计研究所（2013b）。

2012年，与欧盟十五国相比，捷克医疗支出占GDP的比例处于较低水平，但是，如果跟欧盟十三国相比则处于较高水平。捷克医疗支出水平较低的现实，遭到国内医疗领域多个利益相关方的批判，尤其是自身工资增长受到影响的群体，例如，医生和其他医疗护理员工。

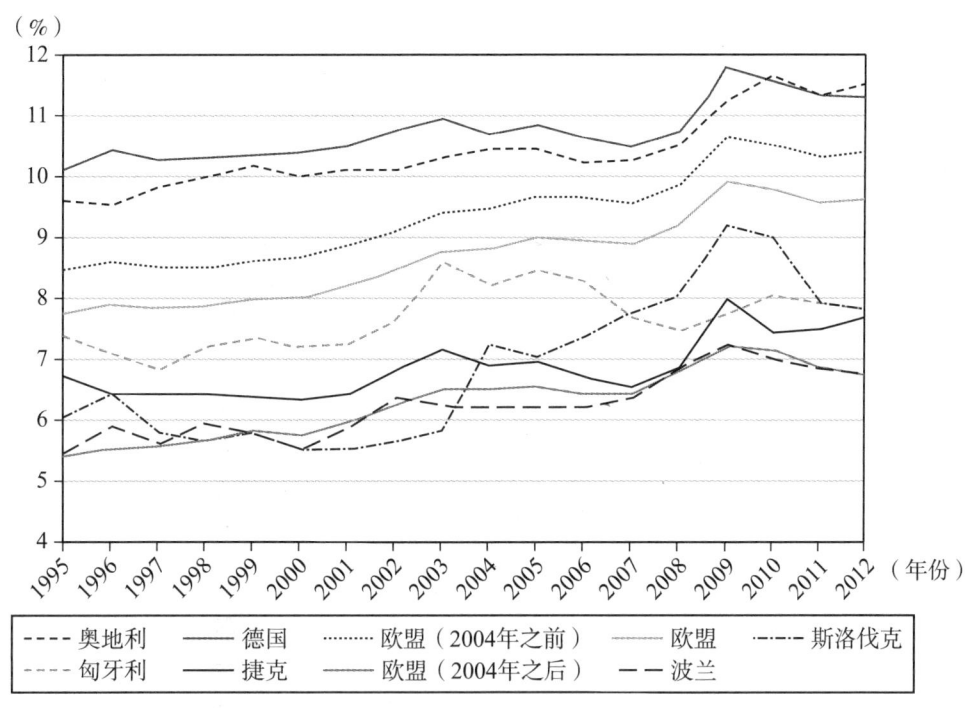

图10-1　1995~2012年捷克医疗支出占GDP的比例

资料来源：世界卫生组织欧洲地区办公室（2014a）。

2012年，捷克按美元购买力平价计算的人均医疗支出，与欧盟十五国相比处于较低水平，但远远高于欧盟十三国水平，同时也是维谢格拉德集团中最高的国家（捷克、匈牙利、波兰、斯洛伐克等四国组成的跨国组织）。在公共支出占比方面，捷克是世界卫生组织欧盟地区公共支出占医疗支出比例最高的国家。这反映出法定医疗保险覆盖面较广、待遇包内容丰富。使用者费用（user fees）的实施和不断调整，略微影响到公共支出占比。

2012年，50.9%的医疗保险基金支出用于医院的门诊和住院治疗。门诊治疗（非医院内的）的医疗支出占26.1%。2000年以来，由于某些基础药品从法定医疗保险报销目录中剔除、处方药收取使用者费用、医疗服务其他项目的支出大幅度上升等原因，药品的支出相对而言大幅度下降。见表10-4。

表10-4　　　　　　　　　　捷克医疗保险基金支出项目占比　　　　　　　　　　单位：%

项目	2000年	2002年	2004年	2006年	2008年	2010年	2012年
门诊护理	23.0	22.6	23.2	23.6	24.9	25.7	26.1
牙医	6.3	5.7	5.5	5.0	4.7	4.6	4.4

续表

项目	2000年	2002年	2004年	2006年	2008年	2010年	2012年
全科医生	5.2	5.0	4.8	4.9	5.2	5.8	5.8
康复治疗	0.9	0.9	1.0	0.9	0.9	1.0	1.1
诊断	3.5	3.4	4.0	3.9	3.8	3.8	3.8
家庭护理	0	0	0	0	0	0.6	0.6
专科门诊服务	6.3	6.7	6.9	7.8	7.7	8.1	8.4
其他	0.4	0.5	0.5	0.6	1.9	1.8	2.0
医院护理	47.5	48.2	46.2	49.9	51.2	51.8	50.9
医院（含医院门诊）	43.1	43.2	41.1	44.4	46.1	47.7	46.8
长期护理医院	1.9	2.0	2.0	2.1	1.8	1.0	1.1
温泉疗养	2.4	2.2	2.1	1.7	1.5	1.5	1.1
其他	0.1	0.4	0.4	0.5	0.5	0.3	0.3
交通	1.0	0.9	0.8	0.7	0.8	0.7	0.6
急救	0.6	0.6	0.6	0.7	0.7	0.8	0.9
药品	21.8	21.5	22.9	20.3	16.9	15.9	16.1
医疗救助	2.7	2.7	2.7	2.7	2.9	2.8	2.8
海外医疗护理	0	0	0	0.1	0.2	0.2	0.3
其他	3.4	3.9	4.1	3.3	3.7	3.4	3.8

资料来源：捷克卫生部（2013b）。

2012年，卫生部和医疗保险基金的管理成本为3.47亿欧元，占医疗支出的3%（包含各州政府的医疗预算）。

二、筹资来源

捷克医疗支出的主要来源为法定医疗保险缴费、国家和地方预算、个人支出。

（一）社会保险缴费

法定的以工资为基础的医疗保险缴费是捷克医疗护理的主要筹资来源。2012年，以工资为基础的缴费占法定医疗保险制度收入的74%，国家为非经济活动人口的缴费占当年法定医疗保险收入的26%，法定医疗保险制度缴费收入占捷克医疗支出的77.9%。

雇主、雇员（雇主代缴）、自雇人员以及国家未替其缴费的没有计税收入的人员，需向各个医疗保险基金缴纳保费。其中，自雇人员的缴费按年度提前缴纳，其他人员按月缴纳。

缴费基数为税前工资的13.5%，其中，雇主缴纳9%，雇员缴纳4.5%，年度缴费上限为月工资的48倍。2010年，年度缴费上限调整为两年前月度工资的72倍。2013～2015年，年度缴费上限暂时取消，目的是在经济不景气之后动员更多资源稳定财政收入（2012年第500号法案）。2014年，政府提出永久取消缴费上限的计划。自雇人员缴费基数与工薪人员相同（13.5%），但是缴费基数仅为其利润的50%。另外，法定医疗保险有最低缴费额的规定，雇员和国家未替其缴费的没有计税收入的人员的缴费不得低于月度最低工资的13.5%，自雇人员缴费不得低于上年度平均工资一半的13.5%。

2012年，雇主和雇员缴费额为58.52亿欧元，自雇人员缴费额5.52亿欧元，国家未替其缴费的没有计税收入的人员缴费额为9700万欧元。参保者中有24.2万人被同时认定为雇员和自雇人员。

国家为非经济活动人口的缴费，该部分人员成为"受国家保险者"，由法律作出规定，包括儿童、学生、正在休父母亲假的父母、退休者、失业者、生活在贫困线以下的人员、服刑人员、寻求庇护的人员。2012年，财政部共计为这个人群缴费21亿欧元，资金来源为一般性税收。2001～2010年，该部分缴费每年递增5.7%，2013年开始保持稳定。2012年参保人数量及缴费金额见表10-5。

表10-5　　　　　　　2012年法定医疗保险参保人数量及缴费金额

缴费额（欧元）	参保人数	人员类别
	（占总人口比例）	
58.52亿	393.4万（35%）	雇主和雇员
5.52亿	69.2万（6%）	自雇人员
9700万	25万（2%）	无计税收入人员
21.02亿	610万*（57%）	非经济活动人口

注：*非经济活动人口数量为2011年数据。
资料来源：捷克卫生部，2013b。

（二）国家和地方预算

在医疗支出中，国家、州、市镇的预算开支①占4.5%，资金来源为一般性税收。国家级的预算投资于卫生部直属医疗机构，例如，医学院、专科护理机构、研究所和研究生教育、空中急救服务等。各州预算用于州、市镇所属医疗机构，但这些医疗机构可同时向卫生部申请国家级预算。欧盟提供的专项资金也通过捷克一体化运行项目，为医疗机构提供资本投资。捷克总医疗支出中各部分资金来源占比情况见图10-2。

---

① 不包括为"受国家保险者"的缴费。

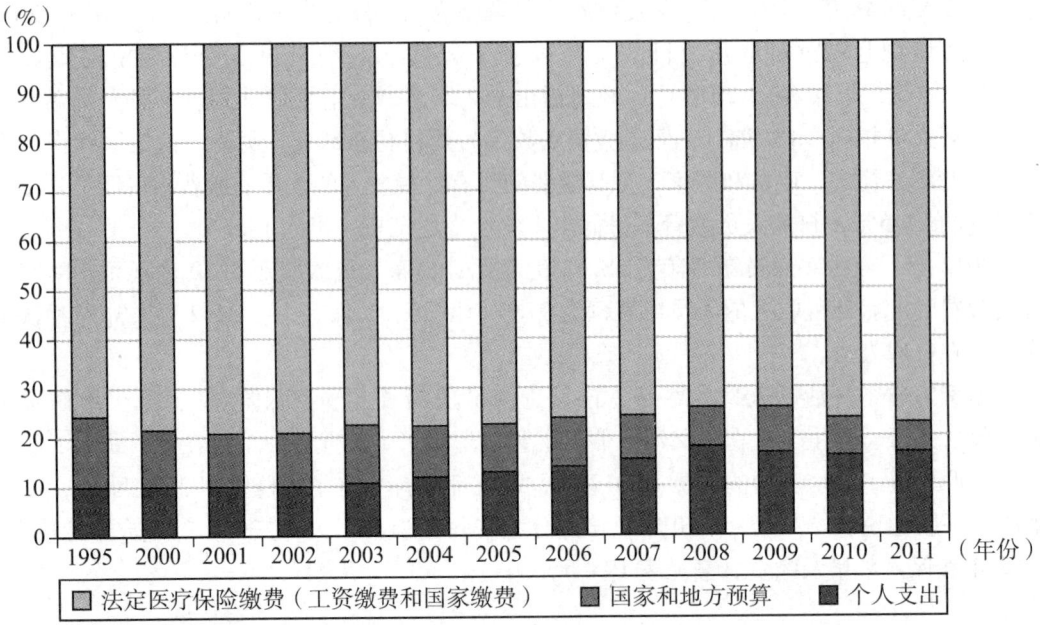

图 10-2 1995~2011 年捷克总医疗支出中各部分资金来源占比情况

资料来源：捷克医疗信息和统计研究所，2012a。

（三）个人支出

个人支出主要是现金支付的资金。现金支付包含 3 个部分：①直接支付费用购买非处方药、某些牙科治疗项目；②共付费用，即医疗救助的共付费用，以及处方药实际价格超过该特定类型处方药指导价时，参保人支付的共付费用；③使用者费用包括处方药和多种医疗服务。2011 年，个人支出占医疗开支的 15.7%。在经合组织国家中，捷克是个人医疗支出占家庭支出的比例最低的国家之一（经合组织，2014a）。个人支出在捷克医疗制度中所占比例较低，从 20 世纪 90 年代至 2008 年一直稳定增长，从占比不到 10% 增长到 16.4%。2010~2012 年，降至 16% 以下并保持稳定。图 10-3 所示为捷克医疗支出的资金来源。

三、医疗保险基金

医疗保险基金是准公共性质的自我管理机构。基金不得进行营利性活动。只有捷克境内的法律实体才能申请成为医疗保险基金。捷克最大的医疗保险基金是综合医疗保险基金（General Health Insurance Fund），它的组织结构和作用与其他医疗保险基金有显著差别。第一，国家对综合医疗保险基金的盈亏进行托底，因此，对其他面临破产的医疗保险基金而言，它发挥了安全网的作用。第二，综合医疗保险基金负责管理中央特别账户，该账户用于对法定医疗保险基金进行风险调剂。

在组织结构上，综合医疗保险基金是全国性机构，在全国 14 个行政区都有分支，其他医疗保险基金的规模较小。

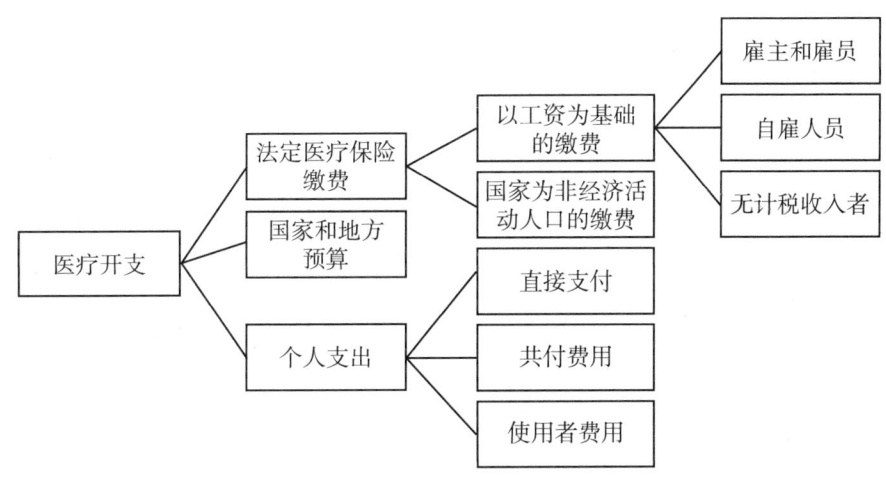

图 10-3 捷克医疗开支的资金来源

资料来源：作者整理。

在管理上，各医疗保险金都设有信托委员会，该委员会任命一名主管管理基金。委员会负责监督主管的决策。与其他医疗保险基金不同，综合医疗保险基金的信托委员会成员数量是 30 人，其中 10 人由卫生部提名、由政府任命，另外 20 名由众议院根据各政党席位比例确定人选。其他医疗保险基金的信托委员会有 15 名成员，遵循三方制原则，来自政府、雇主、工会的代表各占 1/3。来自雇主的代表为医疗保险缴费最多的雇主（通常来自产业，某些情况下也来自公务员）。雇主和工会代表的投票程序由政府指令加以规定。所有的信托委员会成员，都不以个人名义对委员会作出的决定负责，也不对基金的运营状况负责。

每个医疗保险基金由一个监督委员会负责监督其运营。但是它的职责较为有限，主要监督医疗保险基金按照自己的内部准则和运营计划进行管理。综合医疗保险的监督委员会由 13 名代表组成，其中 3 名由卫生部、财政部、劳动和社会事务部提名，由政府任命，另外 10 名由众议院根据各政党席位比例确定人选。其他医疗保险基金的监督委员会有 9 名成员，来自政府、雇主、工会的成员各 3 名。来自政府的成员产生方式与综合医疗保险基金的相同。

每年秋季，各医疗保险基金必须提交次年的财务和运营计划，经各自的信托委员会批准后，提交到卫生部由卫生部和财政部进行会审。审核之后提交给中央政府，再经由众议院审批。如果在年底之前未获得众议院批准，则需要启动临时性程序。另外，各医疗保险基金提交的年度结算报告，也遵循相同的审批程序。通常情况下，卫生部和财政部对计划和报告进行实质性审查，而众议院仅作形式上的审批，一般予以通过。

各医疗保险基金每个季度应当向卫生部和财政部提交财务情况和其他信息，卫生部和财政部还进行定期监察和现场检查。如果发现违规情况或是财务状况恶化，医疗保险基金可能被强制管理，甚至被吊销营业执照，其参保人自动成为综合医疗保险基金的参保人。2005 年，综合医疗保险基金因债务严重，被强制管理 6 个月。这是历史上唯一一次医疗保险基金被强制管理的情况。

四、医疗保险基金统筹

综合医疗保险基金根据风险调剂的原则，在整个制度内部对基金进行再分配。

由于各个医疗保险基金的参保人构成各异，每个医疗保险基金的资金分配和开支也各不相同。多种因素导致这种情况的出现，但是最主要的是历史原因。如前所述，综合医疗保险基金成立于1992年1月，此后一年间是捷克唯一的医疗保险基金，直到1993年1月第二家医疗保险基金成立。1993~1997年，各个医疗保险基金可以经营高于法定医疗保险待遇水平的其他产品。此后，原本加入综合医疗保险基金的年轻人被免费海外旅游医疗、福利活动补贴等保险待遇吸引，更换了医疗保险基金。选择的结果导致留在综合医疗保险基金的参保人大多是医疗需求较高的人群。

为了缓解高危参保人众多造成的财务负担，降低风险选择的潜在危险，法定医疗保险建立起风险调剂计划，将缴费在各个医疗保险基金之间再分配。2014年，制定了按年龄（每5岁一个年龄组）和性别划分的均摊公式，共形成36个组。另外，若参保人的开支超出法定医疗保险制度参保者年均开支25倍以上，则超出部分的80%将得到事后补偿。这一举措避免医疗保险基金资金因突发事件受到重大冲击。

2014年，卫生部制订了药品成本组（PCG）试点计划，预计将改善今后的报销流程。这一计划遭到了某些医疗保险基金的反对，他们质疑该计划是否能够真正改善资金再分配的程序。当前，资金再分配程序由综合医疗保险基金通过一个中央特别账户进行管理。各医疗保险基金每月向综合医疗保险基金报告本月保费收缴情况、参保人的性别和年龄。根据风险调剂计划计算的结果，有资金盈余的医疗保险基金应当将盈余资金汇缴到中央特别账户，该账户的资金与国家为非经济活动人口的缴费资金合并。综合医疗保险基金将根据风险调剂计划计算的结果，将中央特别账户中的资金在出现赤字的医疗保险基金之间进行再分配。来自各医疗保险基金、卫生部、财政部、劳动和社会事务部的代表组成监督委员会，对中央特别账户的运行进行监督。

五、购买服务

医疗保险基金是医疗服务的主要购买方。国家对购买服务进行监管。卫生部是购买服务过程的主要裁决人，它发起年度谈判过程，并规定报销条件和支付制度。中央政府和州政府在购买服务过程中都发挥了重要作用。

若住院医疗服务提供方希望与医疗保险基金签约，或反之，则卫生部有责任召集提供方代表、医疗保险基金代表、医疗协会和其他利益组代表组成委员会。该委员会将形成不具有约束力的建议，内容涉及提供方是否应当与医疗保险基金签约。提出建议的依据是现有医疗服务提供方的分布密度和可及性。当提供门诊医疗的机构希望与医疗保险基金签约，或反之，则由州政府召集类似的委员会作出不具有约束力的建议。签约之前通常要经历漫长的过程。实践中，医疗保险基金往往会遵从委员会提供的建议。

医疗保险基金与每个提供方签订为期5年或8年的长期合同，合同期的长短由提供方的性质决定。卫生部发布长期合同指令，对合同的实质性条款进行规定，包括提供医疗服务的人事条件、技术设备、支付制度、合同终止的条件、双方权利义务等条款。但不包含具体的报销条件，由每年开展的谈判确定报销条件。

通常情况下，提供方和医疗保险基金不能就所有方面都达成协议，因此，卫生部发布了报销指令，对具体的报销条件框架进行规定。这些条件需每年经谈判加以确定，作为长期合同的补充。

报销指令作为指导方针，可以帮助提供方和医疗保险基金达成一致。如果双方无法达成一致，则报销指令具有约束力。因此，提供方无法确定的预知对方能支付的金额数量，医疗保险基金也可能承担高于预期的财务负担，他们则可能选择拖欠付费。

年度谈判通常从2月开始，至10月达成或不达成，卫生部于12月至次年1月发布指令，1月以后形成最终协议。关于报销指令的年度谈判见图10－4。

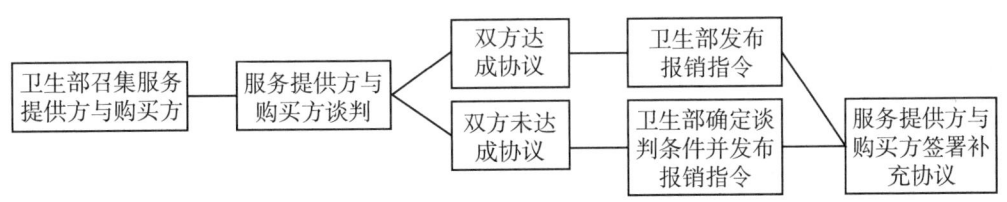

图10－4 关于报销指令的年度谈判

资料来源：作者整理。

六、支付制度

（一）对医疗服务的支付

医疗服务的支付制度是多种支付方式并存，主要包括封顶的按服务项目付费、按疾病诊断组为基础按病例付费、总额预算制、单独合同等。封顶的按服务项目付费制度从2007年开始实施。根据医疗服务目录，不超过规定门槛的专家门诊和医院门诊服务，都以按服务项目付费方式进行报销。超过规定门槛的服务，也按服务项目付费方式进行报销，但服务项目要按照较低价格计价。2007年，在较小范围内的住院服务中，开始实施按疾病诊断组的医院服务制度，目前已经成为住院服务的主要支付制度。全科医生大多以按人头付费方式付费，对于某些诊疗程序则按服务项目付费。

表10－6列出了各种医疗服务机构的付费制度。由于报销指令不具有约束力，各个医疗保险基金与医疗服务提供方之间可以自由约定支付方式。综合医疗保险基金通常按照报销指令的规定进行支付。医疗保险基金每个月支付下个月的费用，次年进行年度结算。每个月支付的费用，是根据两年前支付给该医疗服务提供的费用数额，乘以系数计算出每个月应该支付的金额。系数应当反映出该医疗服务提供方的医疗服务成本、数量方面的增减情况。每个医疗服务提供方对应一个系数。2012年，对于多数医院而言，系数是1。但是，由于成本增长和增值税提高，多数医院面临了现金流问题。

表10-6 2013年捷克支付制度情况

项目	法定医疗保险基金	卫生部	州、市政府
全科医生	按人头付费；按服务项目付费		
专科医生服务	按服务项目付费		
急性医疗照护医院	封顶的按疾病诊断组付费；封顶的按服务项目付费或总额预算	卫生部、州政府、市政府补贴各自的直属医院并参与资本投资	
长期照护和康复医院	封顶的按服务项目付费；按服务天数的总额预算	卫生部、州政府、市政府补贴各自的直属医院并参与资本投资	
医院门诊服务	封顶的按服务项目付费；总额预算	卫生部、州政府、市政府补贴各自的直属医院并参与资本投资	
牙医	按服务项目付费		
药店	每销售单位最大利润		
救护车服务	封顶的按服务项目付费（每公里）	卫生部负担空中急救服务；州和市政府参与承担交通服务运行成本	
公共医疗服务	—	完全由卫生部和州政府负担	

资料来源：2012年第475号报销指令。

医院内的支付。20世纪90年代至21世纪初，医院内多种支付制度并存，主要包括按服务项目付费、按服务天数付费和总额预算制。2004年，预付制的总额预算制占主导地位。尽管预算按照医院的服务进行计算，但是，这种制度在一定程度上促使医院避免过度医疗，也不鼓励患者过度就医。

2007年，多数医院的住院服务包含3~4种支付方式，以按疾病诊断组为基础按病例付费、总额预算制、单独合同等。2009年，封顶的按服务项目付费制度在医院门诊服务中实施。2011年，报销制度实施统一报销费率，按2009年总费用的98%计算。2012年，报销制度重新进行调整，形成4种支付制度并存局面，以按疾病诊断组为基础按病例付费、总额预算制、单独合同、医院门诊的按服务项目付费等。以按疾病诊断组为基础按病例付费的医疗服务数量不断增加，2012年已经成为医院的主要支付手段（据卫生部估计约占总支出的60%）。

单独合同。对于某些服务项目，医疗保险基金通常与医疗服务提供方单独签订合同，主要以打包付费的方式支付。卫生部每年发布报销指令，公布可以通过这种方式进行报销的医疗服务项目。单独合同规定了一篮子服务内容，涉及术前、术后检查、手术流程、早期康复手段等，并对流程的数量和成本进行具体规定。法规对单独合同的规定是，合同中列出的服务项目，至少应当按照前一年的服务流程数量和金额进行报销。

对医院门诊的封顶的按服务项目付费。2009年，医院门诊服务开始实施与非医院的门诊服务相同的报销方式，即封顶的按服务项目付费方式或按人头付费方式。

总额预算制。医疗保险基金也与医院约定按总额预算制支付。总额预算金额按照以往医疗服务加以确定。近年来，随着按疾病诊断组支付方式的兴起，总额预算制的重要程度不断下降。2014年，大多数的总额预算制支付方式都与按疾病诊断组支付制度关联。

全科医生和专科门诊支付制度。1997年之前，私人执业医生的服务是按服务项目付费。由于不设封顶，这种支付制度导致过度医疗，尤其是专科门诊，公共医疗支出的非医院门诊护理部分大幅度上涨。1997年，卫生部实施全科医生风险调剂按人头收费制度，将参保人按年龄分为18个组（不考虑性别差异），例如，零至四岁儿童的指数是3.8，20~24岁的成年人为0.9，85岁及以上老人的指数是3.4。在全科医生较少或较为偏远的地区，如果某个全科医生登记参保人数量低于该医疗保险基金全国平均水平的70%，则该全科医生可以收取较高的人头费。全科医生如果加班时间很长或参保人可以自由选择就诊时间，全科医生可以获得奖金。另外，某些服务仍然按服务项目收费。2001年以来，非医院的专科门诊服务报销方式是封顶的按服务项目付费。最初，服务量的封顶线设定的较为严格，导致某些医生过度提供医疗服务。为了解决这个问题，2007年开始设定门槛，低于门槛的服务费用报销按服务项目付费。卫生部发布报销指令每年调整服务费水平。

（二）对医务人员的支付

捷克的医务人员分为自雇的门诊护理医生和工薪人员两类。大多数门诊医生是自雇的医生或牙医。他们的收入是按人头付费和按服务项目付费两种制度混合计算，具体的构成比例取决于他们与医疗保险基金签约时的约定。他们也可通过提供法定医疗保险待遇之外的医疗服务获得收入。关于服务价格，卫生部仅对三类服务规定价格，一是向欧盟成员国公民提供的医疗服务，二是向非欧盟成员国的人员提供的急救服务，三是法庭或警察要求提供的医疗服务。除此之外的医疗服务，自雇医生可以自己定价。

2011年，门诊牙医收入的43%来自现金支付。自雇医生必须自己解决所有的费用，包括自己员工的工资。

工薪医务人员的收入取决于工作机构是公立还是私营部门。在本文中，公立或私营指的是法律形式，完全或部分由政府机构运营的医疗服务提供机构是公立的。股份公司形式的医院，即使政府掌握控股权，该医院也属于私营部门。法律规定，公立部门的工资每年由医疗服务提供方和工会进行协商，最终由提供方根据法律（不得低于最低工资规定）确定。2011年，39%的医务人员在公立部门，月均工资为1187欧元，比2010年上涨5.2%。公立部门医务人员的工资共16档，大多数医生位于12~14档，护士和助产士位于9~11档。2011年，第14档的月均工资为2705欧元，第9档的月均工资为921欧元，对于多数医务人员而言，尤其是对于医生和牙医而言，奖金和加班费占收入的比重较大。2011年，公立部门的医生和牙医月均收入为2346欧元，其中51%是按档位计算的工资。

私营部门医务人员的工资每年由提供方和雇员或工会谈判，最终由提供方确定。2011年，他们的月均工资为1006欧元，比2010年上涨4.6%。医生和牙医的月均工资为2258欧元，护士和助产士的月均工资为963欧元。

第四节 近几年药品定价制度介绍及改革

一、医药行业概况

捷克的制药业在20世纪早期基本实现私有化，此后药品价格不断上涨，国内药品在医疗护理中的市场占有率较高。2012年，捷克共有2736家药店、464个医疗器材店（包括分支机构）。99%的药店为私营公司，其余的1%由公立医院运营。每3935名居民拥有1家药店，但是，全国范围内药店的分布不平衡，大城市的密度较大。

2012年，药店的医药收入为24亿欧元，其中直接发给患者的处方药收入为13亿欧元，发给医疗服务机构的处方药收入为4.9亿欧元，非处方药收入为6.1亿欧元。

2008年以来，药店可以经营仿制药。同时，为了降低慢性病的治疗成本，某些处方药改成了非处方药，并推出了"有限制的处方药"。对于有限制的处方药而言，不论患者的处方数量如何，每个患者只能购买有限数量的药品。2012年，药品支出占医疗保险基金支出的16.1%，近10年来占比处于下降趋势。

2008年捷克开始使用电子处方。2012年，纸质处方7500万个，而电子处方只有30万个，约有800多个药店接受电子处方。2013年，政府决定于2015年开始强制推行电子处方。此决议引起强烈反响，各方质疑医疗成本将上涨、信息安全问题，政府也感受到来自医疗服务提供方的抵触情绪。因此，2014年1月，卫生部长取消了强制实施电子处方的决议。截至目前，电子处方还处于自愿使用阶段。

二、药品的管理

卫生部、国家药品控制协会（State Institute for Drug Control，SUKL）、环境部、国家核安全办公室共同管理药品。

卫生部负责审批具体的治疗项目，管理非注册药品，参与欧盟药典的编纂，确定捷克药典中的药品参数，核准并公布可以回收未使用药品和过期药品的人员名单。

环境部对含转基因物质的药品进行评估，并评估药品对环境的影响。国家核安全办公室管理放射性药品的登记和药效评定。

国家药品控制协会是管理药品的主要机构，它向卫生部报告工作，属于国家级公共行政管理部门。该协会负责监管人用药品的研制、销售和使用过程的质量、安全和药效。

三、药品价格的管理

2008年之前，财政部确定药品价格，卫生部则负责确定药品报销的条件。从2008年开始，国家药品控制协会开始负责确定药品的最高定价，以及药品的报销水平和条件。

法定医疗保险制度之外的药品价格，不进行监管。药品价格的管制的两个机制：第一，消费者购买药品的最高价格，不得超出欧盟国家中3个最低价格的平均水平；第二，药品的最高利润由卫生部签发的价格指令确定（通常为工厂交货价格的特定比例）。

药品能够从医疗保险中报销，需要满足一定条件，通常有患者共同负担费用的规定。同时，规定了参考组制度，每个参考组内的药品具有类似的药效和安全水平，患者在治疗之初可以用参考组内的其他药物代替治疗。根据法律规定，在现有的195个组中，至少应当有一种药品能够全额报销。现实中，约有1500种能够全额报销的药品。

在确定药品的报销水平时，国家药品控制协会要求药品申请者提供材料证明该药品的临床效果和成本效益，以及将其列入报销药品之后，对法定医疗保险可能产生的正面影响分析报告。

国家药品控制协会努力实现对药品价格的实时估价，从而降低药品支出，但是迫于能力所限未能实现。2009年之前，药品价格一直上涨，但此后则处于稳定状态。为降低药品成本，某些医疗保险基金设定了正面清单。每个医疗保险基金设定对本基金而言最佳的药品价格，并且以经济利益鼓励医生选择清单上的药品开具处方。从理论上而言，医疗保险基金可以就药品价格与生产商进行谈判。

四、对分销商和药店的管理

经国家药品控制协会（State Institute for Drug Control）的许可，分销商才能够经销药品。国家药品控制协会可以实施罚款、取消许可、暂时吊销许可证等惩罚措施，控制分销商。药店需要在国家药品控制协会登记，他们的雇员必须满足特定的教育和培训要求。国家药品控制协会列入清单的分销商，才能够经营邮购或网购业务，并且只能经营非处方药和非限制药。网络经销商必须公布其销售药品的所有信息，并且要确定递送过程的安全性。订单必须在48小时内送货。药剂师或其助理必须保证在工作时间及时提供咨询服务。

第五节 近几年诊疗项目管理制度及改革

捷克的按疾病诊断组付费制度是将国际上精炼的按疾病诊断组付费制度本土化之后的制度，2013年一共有1046个诊疗项目组。捷克国家指导中心（National Reference Centre，NRC）制定了诊疗项目组，每年对相关权重表进行更新。同时，国家指导中心每年根据收集到的12家代表性医院（自愿参加）的数据，对基础费率进行调整。报销金额由基础费率乘以相关权重得出。按疾病诊断组付费制度的收入占医院收入的绝大部分，因此，2008年制定了"风险走廊"，避免医院的年度收入产生剧烈变化。风险走廊是指，根据医院两年前的收入确定最大偏离值。若医院的盈余或亏损超出了最大偏离值，则报销制度将作出调整，对超出部分进行抵销。

第六节 其他医疗保障改革措施

自20世纪90年代以来,捷克医疗保险的财务长期处于不稳定状态,此后的各项改革均围绕着解决财务问题展开。2008年的经济危机,使改革更为紧迫。在失业率不断上升的情况下,法定医疗保险中"受国家保险者"人数增加,而这部分由国家缴费人员的缴费基数是最低工资,其增幅有限,制约了医疗保险基金的增长速度。因此,近期的改革采取多种紧急措施控制费用,例如,增加医疗服务个人支出比重、改革报销机制等。其他的改革则注重保障患者权利、重组公共医疗机构等。主要的改革活动如下:

1991~1992年,出台医疗保险法,医疗保险基金法,部门、职业、公司及其他医疗保险基金法,建立起医疗保险制度。

1994~2005年,随着医疗支出的增加,整合了几个医疗保险基金;公共医疗保险法列出不纳入医疗保险制度的诊疗流程(1997年);国家提高了为非经济活动人口缴费的支出;医疗服务的提供方由中央政府转移到州政府(2002~2003年);风险选择导致几个医疗保险基金积累了大量历史债务,尤其是综合医疗保险基金;捷克兼并机构清理了综合医疗保险基金的债务(2002年);综合医疗保险基金由卫生部接管(2005年)。

2005~2011年,稳定措施:在医疗保险基金之间建立新的风险调节和平衡计划,改善再分配过程,即:①按年龄和性别分组;②月度缴费上限由月均工资的48倍,调整为72倍。公共预算平衡法(2007年),逐步改革医院支付制度,即:①实施单一支付标准;②4种不同类型的报销方式并存;③2012年以后,按诊疗项目报销方式成为主流。实施使用者费用制度和超标准护理项目,以降低医疗支出。保险公司债务沉重,导致多数医院无法支付医生工资。2011年全国医生大罢工。

2011~2013年,继续实施稳定措施与改革。设立保险基金再分配制度,为其他保险公司积累储备金(2012年);医疗保险的历史债务导致拖欠,国家投入17亿紧急资金;全面缩减主要医疗卫生机构预算,包括卫生部和公共机构;报销指令对医疗支出进行限制(2012~2013年)。逐步取消使用者费用和超标准护理计划;改革医疗保险风险调剂金制度(2013年),增加药物成本,取消工薪人员和自雇人员月度缴费上限;增加国家对非经济活动人口的缴费支出。

公共卫生改革。兼并各州的公共卫生主管机构,重组国家公共卫生系统,全面削减预算。更改免疫计划,增加免疫项目,医疗保险基金开始负担免疫费用。

患者权利改革(2011年)。医疗服务法和特别医疗服务法重新修订了法律框架,增加了服务内容;政府令规定加强医疗档案管理,需记录患者就诊过程、医疗保险基金的义务等信息。

参考文献

- 中文文献

[1] 常峰, 崔鹏磊, 夏强, 等. 德国药品参考价格体系对构建我国医保支付标准的启示 [J]. 中国卫生政策研究, 2015, 8 (7): 55-60.

[2] 符定莹, 兰礼吉. 印度、巴西和墨西哥的医疗保障制度及其对我国的启示 [J]. 医学与哲学, 2011, 32 (19): 44-46.

[3] 董文勇. 德国社会医疗保险用药费用控制制度及其对中国的启示 [J]. 环球法律评论, 2006, 28 (2): 208-217.

[4] 高红玉, 周利生. 美国药品福利管理模式的科学价值及其在我国的应用 [J]. 价格理论与实践, 2014 (5): 100-102.

[5] 黄超, 赵靖. 美国公共医疗保险对医生薪酬支付模式改革的回顾及最新政策介绍 [J]. 中国卫生经济, 2016, 35 (11): 91-93.

[6] 李明强. 美国的处方药利益管理 [J]. 中国卫生, 2017 (4): 107-108.

[7] 林晨蕾. 美国 DRGs 支付制度对我国医疗保险支付方式的启示 [J]. 中外企业家, 2010 (10): 115-116.

[8] 刘芳, 赵斌. 德国医保点数法的运行机制及启示 [J]. 德国研究, 2016 (4): 48-63.

[9] 刘国恩, 葛楠, 石菊. 医疗保险政策国际比较 [J]. 中国药物经济学, 2017, 12 (7).

[10] 刘晓平, 吴振生. 美国、加拿大药品流通监督管理概况 [J]. 中国医药情报, 2001 (5): 6-11.

[11] 刘宗. 美国 PBM 的药品费用控制措施 [J]. 世界临床药物, 2005, 26 (1): 6-10.

[12] 马丹, 任苒. 巴西医疗保障体系 [J]. 医学与哲学, 2007, 28 (19): 1-3.

[13] 王莉. 医疗保险框架下药品支出控制政策的国际比较 [J]. 中国卫生经济, 2009, 28 (10): 19-24.

[14] 汪丹梅, 王静. 中美医疗保险支付方式的比较分析及启示 [J]. 中国经贸导刊, 2013 (8): 23-26.

[15] 魏万宏. 国外 DRGs 付费制度对我国疾病付费模式的启示 [J]. 医学与哲学, 2012, 33 (21): 45-47.

[16] 许飞琼. 以色列的医疗保险制度及对中国的启示 [J]. 中国医疗保险, 2017 (9): 68-71.

[17] 杨惠芳, 陈才庚. 墨西哥和巴西的农村医疗保险制度及其对中国建立农村新型合作医疗制度的几点启示 [J]. 拉丁美洲研究, 2004 (5): 50 – 53.

[18] 袁曙宏. 英、以、波医疗卫生体制改革比较分析及对我国的启示 [J]. 行政管理改革, 2012 (4): 18 – 22.

[19] 张洁, 孙利华, 赵东升, 等. 加拿大的共同药品审评（CDR）制度及对我国的启示 [J]. 中国药事, 2006, 20 (5): 272 – 274.

[20] 周宇. 加拿大医疗保险支付制度的特点和改革实践 [J]. 中国卫生资源, 2005, 8 (4): 185 – 187.

[21] 朱明君. 德国法定医疗保险费用支付制度 [J]. 中国医疗保险, 2012 (4): 68 – 70.

外文文献

[1] Laurell A C. The Mexican Popular Health Insurance: Myths and Realities [J]. International Journal of Health Services, 2015, 45 (1): 105 – 125.

[2] Barua B, Ren F. Leaving Canada for Medical Care, 2015 [R]. Fraser Institute Bulletin, 2017.

[3] Ess D S M, Schneeweiss S, Szucs T D. European Healthcare Policies for Controlling Drug Expenditure [J]. Pharmacoeconomics, 2003, 21 (2): 89 – 103.

[4] Fleury S, Belmartino S, Baris E. Reshaping Health Care in Latin America: A Comparative Analysis of Health Care Reform in Argentina, Brazil, and Mexico [R]. Canada: International Development Research Centre, 2010.

[5] Kirk N. Counterpoint: New Zealand Should Adopt a Universal Healthcare System [J]. New Zealand Points of View Universal Health Care in New Zealand, 2014.

[6] Kuhn D M. Health Care Reform in Mexico and Brazil: The Politics of Institutions, Spending, and Performance [D]. Harvard University, 2012.

[7] Levaggi R, Capri S. International Price Regulations in the Pharmaceutical Sector: A Common Model to Sharing the Benefits [J]. Social Science Electronic Publishing, 2004.

[8] Gragnolati M, Lindelow M, Couttolenc B. Twenty Years of Health System Reform in Brazil: An Assessment of the Sistema Único de Saúde [R]. Reconstruction and Development Washington D C: The World Bank, 2013.

[9] Neuwelt P, Matheson D, Arroll B, Dowell A, Winnard D, Crampton P, Sheridan N F, Cumming J. Putting Population Health into Practice Through Primary Health Care [J]. The New Zealand Medical Journal. 2009, 122: 98 – 104.

[10] Elias P E M, Cohn A. Health Reform in Brazil: Lessons to Consider [J]. American Journal of Public Health, 2003, 93 (1): 044 – 48.

[11] Gauld R. Healthcare system restructuring in New Zealand: Problems and Proposed Solutions [J]. Asia Pacific Journal of Health Management, 2016, 11 (3): 75 – 80.

[12] Steinbrook R. Private Health Care in Canada [R]. N Engl J Med, 2006, 354: 1661 – 1664. doi: 10.1056/nejmp068064, Retrieved, 2011 – 02 – 10.

[13] Rosen B, Waitzberg R, Merkur S. Israel: Health System Review [J]. Health Systems in Transition, 2015, 17 (6): 1-212.

[14] Social Security Administration. 2016 [R]. Social Security Programs Throughout the World: The Americas, 2015 (SSA Publication No. 13-11802).

[15] Vekov T. European Policies for Control of Drugs Expenditures [J]. Meditsinski Pregled, 2013: 26-30.

后　　记

我国医疗保障改革成就巨大，得到了国际社会的认可，也得益于对国际医疗保险改革经验的充分借鉴。深入研究国外主要国家的改革措施、主要做法和理念变化，学习借鉴国际经验，对于完善我国医疗保障制度具有十分重要的意义。

本书所涉及研究课题的管理团队由中国医疗保险研究会熊先军副会长率领的团队担任，研究团队由中国劳动和社会保障科学研究院莫荣副院长所率领的团队担任。一年来，课题组的各位同志从我国实际需要出发，以美国、加拿大、瑞士、新西兰、以色列、巴西、德国、墨西哥、捷克等国的医疗保障制度改革情况为重点，全面系统地研究了不同国家和地区医疗保障制度的药品管理和药费控制制度、医疗保险支付制度、诊疗项目管理制度、医疗保障的筹资和经费控制体系等方面的问题，并分析了医疗保障改革发展的趋势。为保证高质量完成研究任务，课题组多次组织课题思路研讨会，召开阶段性成果论证会，多方听取意见。

课题组成员由中国劳动和社会保障科学研究院的科研骨干组成。莫荣副院长为课题主持人，李明甫研究员任课题组长。莫荣副院长负责对课题的研究思路、基本框架、主要内容进行设计；李明甫负责对初稿的编辑和修改。各章的具体的负责人是：第二章美国医疗保障改革追踪研究，由李明甫撰写；第一章2017年世界医疗保障改革的环境分析、第五章新西兰医疗保障改革追踪研究和第八章德国医疗保障改革追踪研究，由闫蕊撰写；第三章加拿大医疗保障改革追踪研究和第四章瑞士医疗保障改革追踪研究，由翁仁木撰写；第七章巴西医疗保障改革追踪研究和第九章墨西哥医疗保障改革追踪研究，由殷宝明撰写；第六章以色列医疗保障改革追踪研究和第十章捷克医疗保障改革追踪研究，由张玉杰撰写。感谢在中国劳动和社会保障科学研究院实习的刘奕汝硕士，她为本书的撰写做了很多工作。

在本课题的研究过程中，人力资源和社会保障部医疗保险司等单位给予了大力支持，医疗保险司陈金甫司长、中国医疗保险研究会熊先军副会长，以及部分省市人力资源和社会保障厅局负责医疗保险的领导参与了课题研讨、论证，对课题给予了指导和帮助。在此一并表示感谢。由于时间仓促、外文资料庞杂，内容难免有所错漏，也请读者不吝指正。

国际医疗保障改革追踪课题组
2018年2月14日